信息技术引领会计变革的研究

陈曙光 著

图书在版编目（CIP）数据

信息技术引领会计变革的研究/陈曙光著．—北京：
中国商业出版社，2023.1
ISBN 978-7-5208-2296-1

Ⅰ．①信… Ⅱ．①陈… Ⅲ．①会计—管理信息系统—
研究 Ⅳ．①F232

中国版本图书馆 CIP 数据核字（2022）第 211022 号

责任编辑：滕　耘

中国商业出版社出版发行
（www.zgsycb.com　100053　北京广安门内报国寺 1 号）
总编室：010－63180647　编辑室：010－83118925
发行部：010－83120835/8286
新华书店经销
昌昊伟业（天津）文化传媒有限公司印刷
*
787 毫米×1092 毫米　16 开　11.75 印张　260 千字
2023 年 1 月第 1 版　2023 年 1 月第 1 次印刷
定价：39.80 元
* * * *
（如有印装质量问题可更换）

前　言

信息技术自人类社会形成就产生了，并随着人类文明的进步而不断发展。在传统信息技术时期，语言、文字是人类传达信息的最基本方式。纸张和印刷术的发明使信息传播范围大大扩展，人类文化得以薪火相传。电的应用解决了能源问题，电通信则使信息技术实现了跨越式发展，人类进入现代化信息技术时期。现代化信息技术悄然改变了人类的生活方式、沟通方式和商业架构，无论是会计审计准则、内部控制标准的贯彻实施，还是宏观经济决策与微观经营管理，人们都更加倚重于信息化发展。现代化信息技术已经渗透进财务会计工作的方方面面，它的爆裂式发展为会计行业带来了日新月异的变化和前所未有的挑战，会计电算化、企业 ERP、可扩展商务报告语言（XBRL）、财务共享服务、云会计、业财融合、大数据、电子会计档案、“互联网＋代理记账”、区块链等各类新概念、新思想层出不穷。面对这一时代的飞速发展，会计变革与会计人员的转型已然成为共识。

本书通过对信息技术和会计发展的历史追溯，探求信息技术与会计的历史渊源，试图按照影响、融合、变革三个层面深入分析这一影响的演变逻辑。通过研究发现，信息技术与会计的本质关系是交叉融合的关系，信息技术不仅是构成会计系统的环境影响因素，而且是会计系统的一个基本构成要素。在传统信息技术时期，信息技术的发展与会计的发展相互促进、相互影响；进入现代化信息技术时期初期，计算机与局域网被引入会计，实现了新技术与会计的融合发展；进入 21 世纪以后，“大智移云物区”（大数据、人工智能、移动互联网、云计算、物联网、区块链）等技术的爆发，引起了会计系统的内在构成要素和外在环境因素发生巨大变化，而当信息技术的发展超越会计的可用范围时，新一代信息技术必然会引起会计系统全方位的变革。因此本书力图在历史发展的长河中，通过理论联系实际来剖析这些变革，以期在新一代信息技术冲击下为我国会计事业的发展提供一些思路与借鉴。

面对新技术的挑战，我们要更加注重培养适应新环境的会计人才，消除技术带来的威胁，提升会计人员对新技术的驾驭能力，推动会计事业向自动化、数字化、智能化方向进发。

本书在写作过程中参考了大量文献，在此向所有学者表示衷心的感谢！由于作者学术水平有限、时间仓促，书中难免存在疏漏之处，恳请广大读者批评指正。

陈曙光

目　录

第一章 信息技术

近年来，我国信息化发展迅速，取得了举世瞩目的成就。这些成就的取得，一方面是受全球信息化迅猛发展的影响，另一方面是由于信息技术的应用日益深入各行各业。一说到信息技术，人们自然而然首先想到的是电子计算机、通信网络、互联网等现代信息技术，然而真正意义上的信息技术的内容远远不止这些。人类文明源远流长，在这个历史长河中，信息技术一直伴随着人类文明发展的步伐不断前行，只是前期很长一段时间内，信息技术的发展呈现十分缓慢的状态。从 17 世纪开始，信息技术的发展逐渐加快。到了 20 世纪中期以后，以计算机和互联网为代表的现代化信息技术实现了飞越式发展，21 世纪的“大智移云物区”等新一代技术则将人类带入崭新的、万物互联的、无边无界的信息世界。

第一节 信息技术概述

人类社会的发展与进步，离不开技术的革新迭代：蒸汽机与电力解决了动力需求，而计算机与互联网则引起了信息生成、处理与传递方式的巨变。

一、信息技术的含义

人类属于群居动物，从远古时期开始，为了完成简单的协作，人类会进行一系列交流。从语言、文字、数字的出现，到造纸术、印刷术的发明，再到电通信，然后是计算机、移动通信、互联网技术的推广，信息技术的不断变革推动着人类社会前进的步伐。

究竟什么是信息技术？目前还没有一个权威的定义，但是应该明确一点，即在不同的历史时期均存在信息技术，只是其所涵盖的内容和体现的形式有所差别。信息技术的含义可以从以下两个层面来理解。

从本质层面来理解，信息技术是指能充分利用与扩展人类信息器官功能的各种方法、工具与技能的总和，这是广义上的概念。从功能层面来理解，信息技术是指对信息进行采集、存储、加工、传输、表达的各种技术的总和。

现代常说的信息技术（Information Technology，IT）是研究信息的获取、传输和处理的技术，由感测技术、通信技术、计算机技术、控制技术等结合而成，严格意义上应该叫作“现代化信息技术”，突出了计算机技术的应用。

其实，信息技术是在不断发展的，人们对它的认识也在不断进步，它的含义也在不断变化，体现了相应的时代特征。

二、传统信息技术时期和现代化信息技术时期

虽然信息技术自人类社会出现以来就存在，并随着科学技术的进步而不断变革。语言、文字是人类传达信息的初级方式，烽火台则是远距离传达信息的最简单手段之一。纸张和印刷术的发明，使信息传播速度和范围大大扩展。自 19 世纪中期人类学会利用电和电磁波以来，信息技术的变革速度大大加快。电通信的发明和使用让人与人之间的信息交流与信息传递快速而有效。20 世纪中后期，半导体、集成电路、计算机的发明，数字通信、卫星通信的发展形成了新兴的电子信息技术，使人类的信息技术手段发生了质的飞跃。人类不仅能在全球任何两个地点之间准确地交换信息，还可借助机械设备收集、存储、加工、处理和控制信息。机械设备开始取代人的部分脑力劳动，扩大和延伸了人的思维、神经和感官的功能，使人们可以从事更富有创造性的劳动。这是前所未有的变革，是人类在改造自然中的一次新的突破。

本书以电子计算机技术的诞生为标志，将信息技术的发展过程划分为两个大的时期：传统信息技术时期和现代化信息技术时期。

计算机出现之前的信息表现形式及其承载表现为自然状态，信息的获取通过人体器官来完成，比如看、听、说、感觉等，信息的传递则通过语言、文字、图形、图像等人工方式进行，信息处理主要是人的大脑或借助简单的机械工具完成。本书将这一时期称为传统信息技术时期。

计算机出现之后的信息获取则由人的感觉器官延伸到了电子设备领域，信息的传输、承载与表现形式转变为数字化二进制编码形态。本书将这一时期称为现代化信息技术时期。

现代化信息具有传统信息无可比拟的优势：它几乎没有质量，可以忽略时空障碍

极快地传播；可以无限重复、无限共享使用；被使用时几乎不发生损耗，可以永久保存。这些巨大优势改变了人类生活的方方面面。

三、信息技术的功能结构

不论是传统信息技术时期，还是现代化信息技术时期，虽然人类所使用的工具千差万别，但从功能上都可分为感测技术、通信技术、信息处理技术和控制技术，它们之间的关系可以用图 1－1 表示。

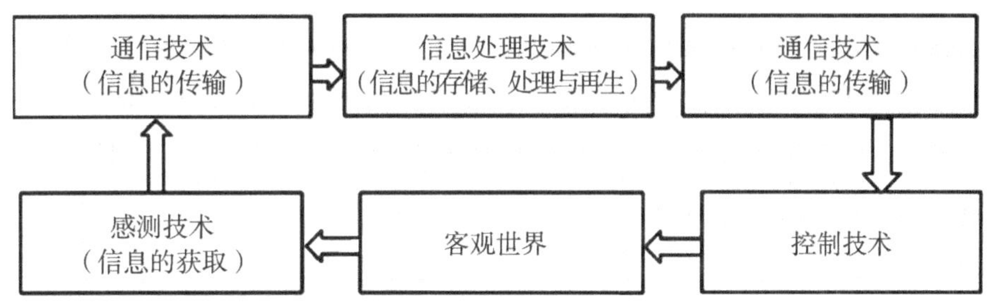

图 1－1 信息技术功能体系结构

在图 1－1 中，系统的核心技术是通信技术和信息处理技术，感测技术和控制技术是联系纽带。感测技术用于获取外部客观世界信息，信息处理技术完成知识存储、处理与再生，控制技术把结果和行为反作用到客观世界，完成认识世界、改造世界的过程，使其形成一个有机的整体。这个机体与自然的人体系统很相似：人通过眼、鼻、耳及手等感官来感知外界；通过人的神经系统将外部信息传递给大脑；人脑对信息进行存储、分析、判断和处理，再用加工后的信息指挥效用器官实现对客观世界的改造。这是人类认识并改造世界的过程，也是人发挥主观能动性的重要体现。

（一）感测技术

“感”是指感知，“测”是指探测、测量。人体的感觉器官帮助人类从客观世界获取所需信息，而受限于时间、空间等因素，人体自然形成的感觉器官逐渐不能满足人类需求。为了解决这一问题，就需要研制各类辅助性感测器具，例如生活中常用的光学望远镜、体温表、燃气报警器等。可以认为，感测技术是人类感觉器官的延伸或拓展。

进入现代化信息技术时期，传感技术的发展突飞猛进，不仅能收集传统信号，还可获取以前人类不能感知的信息。在单感知器的基础上，人们制造出了复合型敏感元件，扩展并提升了人类获取信息的能力。随着移动技术、IT 技术的不断提高、普及，相应感测技术将得到进一步发展，但本质依然是为了从外界获取信息。

（二）通信技术

通信技术的任务是延展人类传递信息的功能。从远古的烽火狼烟、击鼓传音、快马驿站、飞鸽传书等，到现代的电通信、光通信、量子通信等，随着科学水平的飞速发展，通信技术和信息传递方式有了革命性的惊人变化，但其本质仍然是如何快速地实现信息的有效传递与传播。

（三）信息处理技术

信息处理技术主要用于提高处理信息的能力。在传统社会，信息量不大，主要依靠人的大脑来完成各种或简单或复杂的处理工作，辅之以有限的机械工具。进入 20 世纪后，大量深奥复杂的计算课题不断涌现出来，而人脑与已有的计算工具在这些任务面前的表现都不尽如人意，这一矛盾促成了电子计算机的诞生。当今世界，信息处理技术（主要是电子计算机技术）与现代通信技术（互联网技术、移动互联技术）一起构成了现代信息技术的核心内容。

（四）控制技术

控制技术广泛存在于信息系统各个环节，可以控制信息的获取、传输、处理与利用等。此处主要理解为信息的利用技术，对应于人的效应器官，人类利用处理完成的信息，借助人体自身的器官和外部的工具完成对客观世界的改造。

第二节　信息技术的五次革命

通常，人们把语言的产生和使用、文字的出现和使用、造纸术与印刷术的发明和推广、电通信技术的应用、计算机与互联网的应用这五个阶段称为信息技术史上的五次革命。在这五次革命之后，人类社会进入了新一代信息技术阶段。

一、语言的产生和使用

人类语言种类繁多，它是人们进行沟通的首要工具。语言被认为是人类最伟大的发明，它成为人类完成协作、进行思想交流和传播信息必不可少的工具，语言的产生和使用被称为信息技术的第一次革命。

至于语言是怎么产生的，也有许多不同的版本。达尔文认为：“鸟类发声在好几个方面为人类语言的发展提供了最近的类比。”他认为语言可能起源于鸟鸣。恩格斯（1876）在论文《劳动在从猿到人转变过程中的作用》中提出，劳动是语言产生的唯一源泉，没有劳动就没有语言。由于劳动，人类才能获得足够的营养，促进大脑的发育与进化，大脑皮层形成，为人类意识的产生准备了不可或缺的条件；由于劳动，人类需要进行复杂的协作，必须借助语言来完成，因此，劳动必然促成语言的产生。

二、文字的出现和使用

在人类诞生初期的漫长岁月里，生存环境极端恶劣，原始人类需要交换信息、传递信息，完成简单的协作，因此催生出了语言。语言虽可以实现当面沟通，但它无法保存，也不能传达到很远的地方。随着生产力的进步，劳动剩余出现，并且逐渐丰富，所以对可以记录的“文字”产生了特殊的需求。当然，文字的产生绝不是一蹴而就的，人类的语言经过漫长的进化与完善后，才逐渐出现记录它的文字。在文字出现之前，经历了漫长的堆石记事、结绳记事、刻记记事等阶段，这些形式出现的最初目的均是用于记录劳动剩余品。

堆石记事、结绳记事在世界各地都出现过，前者以内陆居多，后者多在沿水地域出现。堆石记事、结绳记事主要是帮助记忆一些简单的事情，多用于记录数量，起表意作用，所以它不可能发展为文字。刻记记事则比结绳记事前进了一大步，它不仅可以定性记录，还可以通过刻记符号来表达数量的多与少。刻记的最大优势便是可以把数量刻在石头、竹片或木片等自然载体上。一开始，大家所用的符号并不一致，但其所表达的意义双方都能看得懂。为了使表达更为形象，慢慢地出现了图画记事，与前两者相比，图画记事除了帮助记忆，还能表达一定的思想。图画记事是介于图画和文字之间的一个过渡阶段。

随着生产力的进步，劳动剩余越来越多，品种也越来越丰富，需要的图画数量也越来越多，图画记事也就不能保证再像过去那样画得逼真了，少画几笔、潦草一点大家也都知道画的是什么，时间一长，图画就向象形文字方向转变。因此，象形文字中还多少能看出这种图画文字的模样来。

文字的出现和使用就是信息技术领域的第二次革命，它使人类对信息的保存和传播突破时间与空间的局限，使得人类文明得以广泛传播与传承。科学界一般将文字出现之前的历史称为史前史，文字出现之后的历史称为人类文明史。中国的甲骨文、古埃及的象形文字、苏美尔人的楔形文字、玛雅人的玛雅文等，均是世界有名的古文字。

有了文字，就需要有书写的载体，早期人类会把文字写在岩壁、甲骨、竹简、丝帛、岩石、泥土板、树叶等载体上。但这些载体要么粗糙、笨重，要么昂贵，成为影响文明传播的重要障碍。

三、造纸术与印刷术的发明和推广

信息技术史上的第三次革命是我国的造纸术与印刷术的发明和推广，它们使得纸质的书籍成为人类文明传播和传承的重要载体。它们的发展和演进如表 1 – 1 所示。

表 1 – 1 造纸术与印刷术的发展和演进

时间	发明人	概况
105 年（东汉时期）	蔡伦	改进了造纸术，用树皮、麻头、敝布及渔网等易于获取的原料，经过挫、捣、抄、烘等工艺制造而成的纸，是现代纸的渊源。其制作简易、价格便宜、质量较高
172—178 年（东汉末年）		出现了拓印石碑的方法
581—907 年（隋唐时期）		出现了雕版印刷术
960—1279 年（宋朝）		雕版印刷事业发展到全盛时期
1041—1048 年（宋仁宗庆历年间）	毕昇	在雕版印刷的基础上，经过反复试验，制成了胶泥活字，实行排版印刷
1440—1448 年	德国金银匠、印刷商谷腾堡	改良了活字印刷术，发明铅活字，并采用机械方式印刷

（一）造纸术的发明和推广

在造纸术发明之前，我国主要使用甲骨、竹简、丝帛等作为文字载体，国外主要使用岩石、泥土板、树皮、树叶等作为载体，这些载体或笨重或价格昂贵，很大程度上制约了人类文明的传播和传承。造纸术的发明，改善了信息的存储载体和存储方式，扩大了信息的交流渠道，提高了信息传递的效率，使书籍等纸制媒介成为重要的信息储存和传播的媒体。最初由于材料和工艺限制，所制造的纸张质地粗糙，一般用于包装物品。东汉时期，蔡伦在原有基础上改进了造纸术，用易于取得的材质制造纸张，并且生产出来的纸张质量较好。从此，纸作为记录载体逐渐在我国得到普遍使用。

后来，造纸术先后传到朝鲜和日本，然后又沿着丝绸之路途经中亚、西欧向整个世界传播，纸质书籍从此成为优秀文化传承的主要载体。

（二）印刷术的发明和推广

自蔡伦改进造纸术以后，书写材料既轻便又经济，促进了书籍的传播。但是古代人工抄写的方式既费时费力，还容易出错，大大制约了信息的传播效率，远不能适应社会经济发展的需要。

历经东汉末年拓印石碑和隋唐时期雕版印刷术的发展，毕昇于 1041—1048 年间在前人的基础上，用胶泥制作活字，施行活字排版印刷。活字印刷术克服了传统雕版印刷的缺点，因而得到迅速推广。

至元朝时，中国的活字印刷术沿着丝绸之路被带到了欧洲。1440—1448 年，德国人谷腾堡发明了由铅、锑、锡三种金属按科学、合理的比例熔合铸成的铅活字，并采用机械方式印刷，成为人类规模印刷时代的开始。从 16 世纪开始，印刷机的速度大大提高。1812 年，德国出现高速印刷机。两年后，用高速印刷机印刷的《泰晤士报》首次发行；这一年，柯尼斯又发明了双面印刷机，这标志着印刷机械化时代的到来。

在信息技术的发展史上，中国的造纸术与印刷术为人类社会发展作出了重大贡献，留下了浓墨重彩的一笔。

四、电通信技术的应用

电从被发现到被利用经历了漫长的时间。人类对电的认识始于静电。2500 多年前，古希腊人就发现琥珀中存在一种能吸引轻小物体的特殊“神力”，并将其称为“电”。我国西晋张华（232—300 年）在其著作《博物志》中最早记述了梳子与丝绸摩擦起电引起的放电及发声现象。这些都是人们对于电的初步认知。

18 世纪中叶，美国发明家本杰明·富兰克林揭示了电的性质，并提出了“电流”这一术语。1800 年，意大利教授亚历山德罗·伏特发明了世界上第一个发电器——伏特电池，开创了电学发展的新时代，因此电压单位被命名为伏特。1820 年 4 月，丹麦物理学家、化学家奥斯特发现了电流的磁效应。同年，法国物理学家安德烈·玛丽·安培又进一步做了大量关于电的实验，总结出安培定律。1831 年，英国科学家法拉第发现了电磁感应现象，并制造出了世界上第一台发电机。从这时起，人类开始使用电及电通信，电气化时代开启。

借助电来传递消息的通信方式称为电通信。信息技术的第四次革命就是人类进入电通信时代。电通信分为有线电通信和无线电通信两种。电通信的出现是信息技术史上的一次飞跃，将信息传递的时间与空间障碍缩小。电通信的发展见表 1－2。

表 1－2 电通信的发展（模拟信号通信）

时间	发明人	概况
1800 年	亚历山德罗·伏特	发明了世界上第一个发电器——伏特电池（伏打电堆），也是电池组、干电池的前身，开创了电学发展的新时代
1831 年	法拉第	发现当一块磁铁穿过一个闭合线路时，线路内就会有电流产生，这个效应称为电磁感应；随后他制出了世界上最早的发电机——法拉第圆盘发电机。有了电，人类开始使用电，并进入电气化时代

续表

时间	发明人	概况
1834 年	莫尔斯	成功地用电流的“通断”和“长短”来代替了人类的文字进行传送，这就是大名鼎鼎的莫尔斯电码
1837 年	莫尔斯	制造出了一台电报机（电磁式电报机）。电报的发明，开创了人类利用电来传递信息的历史，从此，信息传递的速度大大加快
1860 年	安东尼奥·梅乌奇	首次向公众展示了他的电话发明，并在纽约的意大利语报纸上发表了关于这项发明的介绍。电话的发明，从根本上改变了人类的通信方式，距离不再是人们互相交谈的障碍，从此揭开了通信史上崭新的一页
1875 年	亚历山大·贝尔	发明了电话机，并于 1878 年在相距 300 公里的波士顿和纽约之间进行了首次长途电话实验
1893 年	尼古拉·特斯拉	首次公开展示了无线电通信
1895 年	古列尔莫·马可尼	发明了无线电报，并于 1896 年在英国获得了无线电技术的专利。1901 年 12 月，马可尼将无线电信息成功地穿越大西洋，从英格兰传到加拿大的纽芬兰省

（一）有线电通信

1. 电报

电报是人类历史上使用最早的、可靠的即时远距离文字通信方式。1834 年，莫尔斯发明了大名鼎鼎的莫尔斯电码。不久之后，他又制造出了一台电磁式电报机。1844 年 5 月 24 日，莫尔斯用莫尔斯电码发出了人类历史上的第一份电报，实现了长途电报通信。电报的发明使信息传递的速度与效率有了极大的提高。

2. 电话

电话的发明，实现了人类远程语音的传递，距离不再是人们使用语言交流的障碍。1860 年，意大利人安东尼奥·梅乌奇首次向公众展示了他的电话发明。1875 年，苏格兰人亚历山大·贝尔发明了电话机，并成功地在 1878 年进行了首次长途电话实验。

（二）无线电通信

无线电通信的传递媒介是电磁波（Electromagnetic Wave）。1864 年，英国物理学家麦克斯韦预言了电磁波的存在。1887 年，德国物理学家海因里斯·赫兹用实验证明了麦克斯韦的电磁理论，成为近代科学技术史上一个重要的里程碑。1893 年，美籍科学家尼古拉·特斯拉首次公开展示了无线电通信。1895 年 5 月 7 日，俄国物理学家亚历山大·波波夫演示了他发明的无线电接收机。同年，意大利工程师古列尔莫·马可尼发明了无线电报。

五、计算机与互联网的应用

如果蒸汽机、发电机分别是18、19世纪最伟大的发明，那么计算机和互联网则当仁不让地成为20世纪世界上最伟大的发明。蒸汽机和发电机解决人类社会生产生活中的动力问题，而计算机解决了人类生产活动中的脑力问题，互联网则消除了时空的限制，使计算机与互联网一跃成为现代化信息技术的核心。

计算机与互联网相互融合，推动社会经济在变革中快速前行。这体现在生产单元、生产线和整个工厂的自动化中，体现在通过管理信息系统提高管理效益与效率中，体现在对物流、资金流、信息流等的及时掌握与控制中……新的信息技术延伸出了新的工作方式、生活方式、生产方式与商务方式。可以说，现代化信息技术为人类提供了社会发展和经济发展新的途径与技术经济发展新范式，信息化时代已经到来。

（一）计算机的发明与使用

1946年电子计算机的问世标志着信息技术进入了第五次革命。它的发明，极大地提升了人类处理信息和决策的能力。当前，计算机技术已取得了飞速的发展，计算机体积日趋缩小，功能则日趋强大与智能。

在第二次世界大战期间，以美国宾夕法尼亚大学的莫克利和他的学生埃克特为首的研发团队，在美国军方的大力支持下，开始研制世界上第一台电子多用途计算机埃尼阿克（ENIAC）。在数学家冯·诺依曼的帮助下，1946年2月14日，ENIAC被成功地研制出来，其运算速度达每秒5000次加法运算，解决了美国军事领域的诸多计算难题。

计算机的发展经历了20世纪60年代的二代晶体管计算机、三代集成电路计算机阶段，于20世纪70年代进入第四代——大规模集成电路和超大规模集成电路计算机阶段。随着技术进步和发展，计算机的体积越来越小、成本越来越低、性能却越来越强。除了军用以外，其他单位也逐渐引入计算机辅助完成部分工作，并借助计算机开展研究工作，微机的出现又进一步加速了这一过程。

在短短的70多年时间里，无论是计算机的运算速度、处理能力，还是存储容量方面都发生了人们难以预料的巨大进步，它极大地提高了人们的工作效率，提高经济效益，使人们的生活发生了巨大的变化，这种作用是其他任何现代技术都无法比拟的，是现代化信息技术的基础。

但是集成电路的集成度如今似乎已经达到了物理和技术上所能容许的极限，因此科学家把注意力从电子转移到量子、光子、生物分子等，并努力开始进行新一代的计算机的研发。

（二）互联网的发明和发展

互联网的出现，在创新信息交流的同时，也催生了很多全新的商业模式和业务模式。

国际互联网（Internet，以下简称互联网）是由一台台计算机连接起来的能够远距离传输数据信息的计算机网络。互联网的发展大致经历了五个阶段：20 世纪 60 年代，互联网起源；70 年代，TCP/IP 协议出现，互联网随之发展起来；80 年代，NSFnet 出现，并成为当今互联网的基础；90 年代，互联网进入高速发展时期，并开始向全世界普及；2007 年开始，世界进入移动互联网时代。

六、新一代信息技术

当今之际，信息技术创新代际周期大幅缩短，创新活力、集聚效应和应用潜能裂变式释放，更快速度、更广范围、更深程度地引发了新一轮的科技革命和产业变革。新一代信息技术中的“新”指的是网络互联的移动化和泛在化，信息处理的集中化和大数据化，信息服务的智能化和个性化。大数据、人工智能、移动互联网、云计算、区块链、物联网等新技术正驱动网络空间从人人互联向万物互联演进，数字化、网络化、智能化服务与应用变得无处不在、无时不在。

（一）新一代信息技术的特征

2018 年 4 月，习近平同志在致首届数字中国建设峰会的贺信中指出：“当今世界，信息技术创新日新月异，数字化、网络化、智能化深入发展，在推动经济社会发展、促进国家治理体系和治理能力现代化、满足人民日益增长的美好生活需要方面发挥着越来越重要的作用。”①

当今世界，信息资源的战略地位日益重要，信息技术正深刻地影响着人类的生产方式、认知方式和生活方式，信息技术和应用水平已是衡量一个国家综合竞争力的重要指标。

数字化、网络化、智能化是新一轮科技革命的突出特征，也是新一代信息技术的核心。数字化为社会信息化奠定基础，其发展趋势是社会的全面数据化。数据化强调对数据的收集、聚合、分析与应用。网络化为信息传播提供物理载体。智能化体现信息应用的层次与水平，其发展趋势是新一代人工智能。②

1. 数字化

数字化是指将信息载体（文字、图片、图像、信号等）以数字编码形式（通常是

① 习近平致信祝贺首届数字中国建设峰会开幕［N］. 人民日报，2018-04-12.

② 徐宗本. 数字化 网络化 智能化 把握新一代信息技术的聚焦点［N］. 人民日报，2019-03-01（9）.

二进制）进行储存、传输、加工、处理和应用的技术途径。数字化本身指的是信息表示方式与处理方式，但本质上强调的是信息应用的计算机化和自动化。

大数据是社会经济、现实世界、管理决策等的片段记录，蕴含着碎片化信息。随着分析技术与计算技术的突破，解读这些碎片化信息成为可能，这使大数据成为一项新的高新技术、一类新的科研范式、一种新的决策方式。大数据深刻地改变了人类的思维方式和生产生活方式，给管理创新、产业发展、科学发现、行业变革等多个领域带来前所未有的机遇。

2. 网络化

作为信息化的公共基础设施，互联网已经成为人们获取信息、交换信息、消费信息的主要载体。但是，互联网关注的只是人与人之间的互联互通以及由此带来的服务与服务的互联。物联网是互联网的自然延伸和拓展，它通过信息技术将各种物体与网络相连，帮助人们获取所需物体的相关信息。物联网通过使用射频识别、传感器、红外感应器、视频监控、全球定位系统、激光扫描器等信息采集设备，通过无线传感网络、无线通信网络把物体与互联网连接起来，实现物与物、人与物之间实时的信息交换和通信，以达到智能化识别、定位、跟踪、监控和管理的目的。互联网实现了人与人、服务与服务之间的互联，而物联网实现了人、物、服务之间的交叉互联。

3. 智能化

智能化反映信息产品的质量属性。智能一般包括感知能力、记忆与思维能力、学习与自适应能力、行为决策能力等。智能化是信息技术发展的永恒追求，实现这一追求的主要途径是发展人工智能技术。人工智能技术诞生60多年来，历经起落，目前已经取得较大的成就，开始进入新一代人工智能阶段。

（二）新一代信息技术的构成

新一代信息技术主要就是人们日常所说的“大（大数据）智（人工智能）移（移动互联网）云（云计算）”，再加上新近横空出世的物联网和区块链等技术，可统称为“大智移云物区”技术。

1. 大数据技术

互联网和移动互联网融入了人们生活的方方面面。在智能手机、穿戴设备、物联网融入人们生活的过程中，时时刻刻都在产生海量的数据，与传统的结构化数据不同，这些数据不仅量大，而且是非结构化的、实时的。人们日常生活中产生的巨量数据早已经远远超越了目前人力所能处理的范畴。在记录这些海量数据的同时，对这些数据进行再加工、再分析、再利用就显得迫在眉睫，因此大数据技术应运而生。

根据国际数据公司（IDC）的监测数据，全球大数据储量呈爆发式增长，几乎每两年就翻一番。2013—2020年全球大数据储量变化见表1-3。

表1-3 2013—2020年全球大数据储量变化

年份	全球大数据储量/ZB	环比增速/%
2013	4.3	—
2014	6.6	53.49
2015	8.6	30.30
2016	16.1	87.21
2017	21.6	34.16
2018	33	52.78
2019	41	24.24
2020	47	14.63
平均增速/%		42.40

注：表中数据根据公开资料整理而得。

大数据时代，不仅仅是能产生并拥有海量的信息，更强调对海量信息的管理和利用。

2. 人工智能

随着社会的发展，人们对人工智能（Artificial Intelligence，AI）的需求变得越来越迫切，这给人工智能技术的发展提供了新的广阔空间。"智能"一词来源于拉丁语，字面意思是采集、收集、汇集，并由此进行选择。一般认为，智能是指人类在认识世界和改造世界的活动中，由脑力劳动表现出来的能力，即个体对客观事物进行合理分析、判断及有目的的行动和有效处理周围环境事宜的综合能力。一般认为，人工智能是研究、开发用于模拟、延伸和扩展人的智能的理论、方法、技术及应用系统的一门新的技术科学。人工智能可以理解为一个知识处理系统，而知识获取、知识表示、知识利用则成为人工智能系统的三个基本问题。

3. 移动互联网

移动互联网的出现是电信业和信息产业上最伟大的转型之一，它改变了人类生活及消费方式，使各行各业都在与移动互联网的融合与碰撞中前行。

移动互联网（Mobile Internet）是指利用互联网提供的技术、平台、应用以及商业模式，与移动通信技术相结合并用于实践活动的统称。用户借助移动终端通过移动通信技术访问互联网。移动互联网的产生、发展与移动通信技术的发展趋势密不可分。

移动通信已历经1G、2G、3G、4G、5G等阶段的发展。每一次代际跃迁、每一次技术进步，都极大地促进了产业升级和经济社会发展。从1G到2G，实现了模拟通信到数字通信的过渡，移动通信走进了千家万户；从2G到3G、4G，实现了语音业务到数据业务的转变，传输速率成百倍提升，移动互联网开始具有广泛且实际的市场意义，促进了移动互联网应用的普及和繁荣；从4G到5G，不仅解决了人与人的互联互通，更解决了人与物、物与物的互联互通问题，5G成为支撑经济社会数字化、网络化、智能化转型的关键新型基础设施。

根据2021年8月27日中国互联网络信息中心（CNNIC）在北京发布的第48次《中国互联网络发展状况统计报告》数据：截至2021年6月，我国网民规模达10.11亿，手机网民规模达10.07亿，网民使用手机上网的比例为99.6%。我国整个移动互联网发展历史可以归纳为四个阶段：萌芽阶段（2000—2007年）、培育成长阶段（2008—2011年）、高速发展阶段（2012—2013年）和全面发展阶段（2014年至今）。

4. 云计算

云计算（Cloud Computing）是基于互联网的相关服务的增加、使用和交付模式，通常涉及通过互联网来提供动态易扩展且经常是虚拟化的资源。“云”是网络、互联网的一种比喻说法，后来也用于抽象表示互联网和底层基础设施。云计算甚至可以让用户体验每秒10万亿次的运算能力，而拥有这么强大的计算能力可以模拟核爆炸、预测气候变化和市场发展趋势。

从技术上看，大数据与云计算的关系就像一枚硬币的正面与反面一样密不可分。大数据必然无法用单台的计算机进行处理，必须采用分布式架构。它的特色在于对海量数据进行分布式数据挖掘，因而它必须依托云计算的分布式处理、分布式数据库和云存储、虚拟化技术。

5. 物联网

物联网通过智能感知、识别技术与普适计算等通信感知技术，广泛应用于网络的融合中，也因此被称为继计算机、互联网之后世界信息产业发展的第三次浪潮。

（1）定义。物联网（Internet Of Things，IOT）是通过射频识别、红外感应器、全球定位系统、激光扫描器等信息传感设备，按约定的协议，把任何物品与互联网相连接，进行信息交换和通信，以实现智能化识别、定位、跟踪、监控和管理的一种网络。

物联网是物物相连的互联网。其实质包含了以下两层含义：物联网的核心和基础仍然是互联网，是在互联网基础上延伸和扩展的网络；用户端延伸和扩展到了任何物品与物品之间，然后进行信息交换和通信，它可进行物与物、人与物、人与人的信息交换，实现人类社会与物理系统的整合，以更加精细和动态的方式管理生产和生活。

（2）产生与发展。1995年，比尔·盖茨在其《未来之路》一书中提及物联网概念。1998年，MIT的Auto-ID中心的Kevin Ashton把RFID技术与传感器以及比尔·盖茨在《未来之路》中提及的物联网概念应用于日常物品中形成一个“物联网”。1999年，EPC global的Auto-ID中心认为，物联网是成千上万的物品采用无线方式接入Internet 网络，这是物联网概念的真正提出。2005 年，在突尼斯举行的信息社会世界峰会（WSIS）上，国际电信联盟（ITU）发布了《ITU 互联网报告 2005：物联网》。报告指出，无处不在的“物联网”通信时代即将来临，世界上所有的物体，从轮胎到牙刷、从房屋到纸巾都可以通过物联网主动进行交换。射频识别技术、传感器技术、纳米技术、智能嵌入技术将得到更加广泛的应用，即物联网是通过 RFID 和智能计算等技术实现全世界设备互联的网络。该报告把物联网的概念拓展到了传感网络。

（3）物联网的基本特征。

①互联网特征。需要联网的“物品”，一定要能够互联互通形成网络。

②识别与通信特征。纳入物联网的“物品”，一定要具备自动识别与物物通信的能力，即能利用 RFID、传感器、二维码等随时随地获取物体的信息，实现各种物品信息的全面感知。

③智能处理。物联网能利用云计算模糊识别等各种智能计算技术，对海量的数据和信息进行分析和处理，对物体实施智能化的控制，以在网络上进行综合的感知信息分析与利用。

6. 区块链

区块链技术，就像 20 世纪 90 年代的互联网那样，它的出现将改变金融世界运作方式，价值传递的方式也很可能被彻底改变。它通过透明和可信规则，构建不可伪造、不可篡改和可追溯的块链式数据结构，“去中心化”是其核心灵魂。

新一代信息技术的发展日新月异，我们唯有更加努力地学习并善于借信息技术之势创新，才能跟上时代的步伐。

第二章 会计与信息技术

美国会计学家利特尔顿在其《会计的再发现》一书中指出，未来会计将朝着两个方向发展：一是科学会计，二是技术会计。其中，技术会计的重要方面，就是在注重借鉴相关科学技术成果的同时也为相关科学技术的发展服务，而在当前，主要表现的是信息技术在会计中的应用。信息技术不仅作为会计信息化的环境因素，同时，也是企业信息化治理和会计系统重构的催化剂与驱动器。杨周南教授认为：虽然会计学本身是一个非常古老的学科，但是这个古老的学科在信息技术大浪的推动下，也在快速地发展。伴随着信息技术的发展，我们的会计工作从个体应用提高工作效率，再到组织应用提高企业的能力，这一历程对于会计行业具有革命性的影响。

第一节 会计的产生与发展

随着社会经济环境的发展和变化，会计得以产生并逐步发展。如果没有私有制的产生和奴隶制国家的出现，就不可能使会计成为“从生产职能的附带部分发展为具有独立性的特殊职能的工作”；如果没有意大利地中海沿岸地区空前活跃的商业贸易活动，就不可能孕育出具有划时代意义的复试簿记制度；如果没有 18 世纪如火如荼的产业革命和 19 世纪风起潮涌的股份公司，就不可能演绎出近现代会计多姿多彩的学科体系。20 世纪，电子计算机和互联网的出现，改变了会计的工作方式，开启了会计变革之路。21 世纪，信息革命的大潮滚滚而来，信息技术的超倍速发展给人类社会带来了政治、经济、文化等全方面的深刻巨变。可想而知，新一轮会计变革的高潮也必将由社会经济环境的巨变而引起。

一、会计产生的基础

（一）会计产生的社会基础

真正促使原始会计行为独立的社会基础是私有制的产生与国家的出现。

原始人类经历了新、旧石器时代与金石并用时代后，进入了第一次农业与畜牧业分离的社会大分工时代——铁器时代。在生产力不断发展的同时，农业部族与畜牧业部族的生产生活资料在满足部族成员的基本生存需要的前提下出现了剩余与积累，由此导致了交换的产生。而早期的交换一般是由原始氏族的首领或族长主导的，但他们却往往利用职务之便将部分氏族财物据为己有，这种情况在第二次社会大分工之后更为明显与突出，这样私有制便逐渐产生了。

与私有制相伴随，以交换为目的的商品经济也慢慢形成并发展起来，并且促进了私有制的进一步发展。在私有制基础上，阶级和国家也出现了。为了维护特定利益者的财产权利，必须有相应的记录方法来达成这一目的，加之文字、数字等技术日趋成熟，会计走出了生产附带职能的从属状态，开始了独立发展之路。

（二）会计产生的信息技术基础

会计从本质上可以说是人们对物质生产活动的一种记录与反映方式，它必然融合在人们日常生活的记录之中。而在其发展的萌芽时期，连维持生存的基本条件都难以满足的情况下，根本不可能出现经济活动，也更谈不上对其加以记录，因此可以认为，原始社会时期人们对日常生活的一些记录为后来会计的产生和发展准备了较为次要的条件。

在原始社会，个体与自然界相比是微不足道的，在生存本能的驱使下，人们结为团体，并在采集植物和狩猎动物的过程中逐步形成原始的分工与合作关系，但由于当时人们对自然界的认知水平极其低下，生产力水平极为落后，因此人们过着朝不保夕、勉强维持生存的生活状态，根本没有多余的生产资料可供人们向其他方向发展，所以原始人类思维世界的发展也是极为缓慢的。一些留存下来的原始壁画向我们展示了当时的记录手段与记录形式。而由这种绘画式的记录又进一步衍生出了更为简化的绘图文字、象形文字等，因此说，仅有语言是远远不够的，文字、数字的出现与发展是促进会计早期发展的一个重要客观条件。

二、会计的发展

会计的历史源远流长，它是人类管理科学中一门历史最为悠久的学科，它的历史起点可以追溯到文明时代之前。

（一）原始计量记录阶段（原始社会）

在世界各地考古所发现的种类繁多的计量和记录符号都体现了远古时代人类在文化创造中的卓越才能。在中国、古巴比伦、古埃及、古希腊，以及在世界上其他古老的国度里的会计发展历程中，不可或缺的就是原始计量记录这一阶段。

物质资料生产是人类存在和发展的前提。人们总是力求耗费较少的劳动，去取得尽可能多的劳动成果。在生产过程完成后对劳动产品进行分配时，为了便于掌握劳动产品的数量，把它们相对公平地分给每个人，就需要把劳动产品的多少进行清点、计数以及记录。因此，人类最初的计量记录行为就出现在了人类生产和分配活动中。在我国旧石器时代晚期的骨片和鹿角棒上，有被刻画过一些简单的线条纹道的痕迹，估计这些线条纹道就是古人进行计量活动时所留下的标记。

在原始社会漫长的历史岁月里，原始人类生活在为谋取生存的基本条件而与自然界持续抗争的恶劣环境中，在这种状况下，会计产生的概率几乎为零。到了原始社会末期，伴随着生产力的发展，社会生产创造出逐渐稳固的社会物质基础，会计产生的可能性由此提高。当人们可以比较稳定地获得最基本的生活必需品后，偶尔还会剩余一些劳动产品。掌握某种剩余产品的人们为了得到自己缺少的东西，通常会用自己的剩余产品同其他人所掌握的别种剩余产品互通有无，于是，这种简单、偶然的交换行为便诞生了。商品货币关系由此出现。

随着人类对自然界的认识逐渐深入和生产力水平不断提高，社会生产的分工逐渐细化，生产专业化的程度大幅提高，劳动产品的数量得以增加，出现了越来越多的剩余劳动产品。再像过去那样单靠语言和手势表达已经无法胜任计量、统计和分配工作，需要用某种载体来帮助记忆和记录。会计的历史起点出现了。由于氏族部落的首领凭借自己的地位和权力逐渐将属于公有的剩余产品据为己有，公有剩余产品成为私人财产，财产私有制便由此浮现。财产私有制的出现进一步强化了在产品交换中等价交换的内在需求，同时也就形成了对会计的现实需要。人类为了持续地进行物质资料的生产活动和有序地组织产品的分配与交换，经过长期的探索，因时制宜、因地制宜地创造出多种多样的原始计量记录方法。人类最初的会计行为在这些原始计量记录行为上得到了基本映射。

史前时期人们所进行的计量记录，只是一种无规则的备忘性记录。在一个漫长的历史时期内，这种记录一直停留在对实物数量的单一而简单的表现方面。人类最初的计量和记录行为，属于一种综合性质的行为，它仅仅粗略地反映了会计的一些原型，表现了一定的不具有独立意义的会计思想。所以我们把会计的这个阶段称为“原始计量记录阶段”，它属于会计的萌芽阶段。

在原始计量记录阶段，人类最初所使用的那种极其简陋且随意性很强的刻画符号，便是仿照大自然而形成的最早的图画线条。其后产生了包括原始数字在内的图画文字乃至象形文字。

原始计量记录在不同时期有着不同的表现形式，即使在同一时期也会因地域差异而有所差别。其主要形式有结绳记事（计数）、实物记事（计数）、堆石记事（计数）、绘画记事（计数）、刻记记事（计数）等。作为一种综合性质的人类原始计量记录行为，它既是人类会计行为产生的条件，也为人类文字、数字等信息技术的孕育和产生提供了前提，同时还体现出用数进行反映的会计思想。

（二）古代会计（奴隶社会至15世纪）

在进入文明社会之后的最初阶段，世界上各个国家在账簿设置方法应用方面几乎都受到了相同文化环境的影响：一是书写工具的改进十分有限，使账簿方法的应用被局限在狭小的范围之内；二是簿记事项记录载体的选择余地也十分有限，大体上都是一些粗笨之物，改善仅仅停留在可移动与便于集中保存方面；三是簿记记录处理者的簿记文化十分有限，记录规则因人而异，记录方式的表现五花八门，故无论从任何角度来考察，最初的簿记记录都还处在“草流”状态。“草流”对于原始计量记录法的改进仅仅体现在它把时间、数量、计量单位，以及记账方位等记录要素明确起来，它符合了单式簿记法创立最基本的要求，可以讲，这是单式簿记创立的历史起点。

单式簿记是自然经济发展到一定阶段的产物，它是在原始自然经济，即采集经济—渔猎经济—农牧经济这三个相关联的阶段应用的原始计量记录法演进的基础上产生的。它起源于奴隶制时代，并在此阶段取得了初步发展，而后在进入封建制时代后获得全面发展，最终形成了具有一定科学性、系统性的单式簿记的方法体系。

自奴隶社会取代原始社会后，在文字的出现和原始计量的基础上，逐步形成了最早的会计制度。在中国，有关会计事项记载的文字最早发现于商朝的甲骨文；而“会计”称号的命名以及会计的职称则均起源于西周，其含义是通过日积月累的零星核算和岁终的综合核算来达到正确考核王朝财政经济收支的目的。“会计”名字的由来，说明了此时的会计已经从国家职能的附属部分逐渐独立出来，并成为一个独立的部门。据《周礼》记载，西周国家设立了“司会”一职对财务收支活动进行“月计岁会”，又设有职币、职岁、职内和司书四职分理会计业务，并建立了定期会计报表制度、专仓出纳制度和财物稽核制度等。其中，职币掌管财务结余，职岁掌管财务支出类账户，职内掌管财务收入账户，司书掌管会计账簿。这表明大约在西周时期，我国已初步形成了会计工作组织系统，形成了按时间先后顺序排列的文字叙述式的“单式记账法”。

大约在公元前4000年，奴隶制国家古埃及产生。在国家的财政组织中，设置了国库长官、记录官、出纳官、监督官等职位，官厅会计成为其不可缺少的组成部分。记录官负责计算财政经济收支，但尚未成为专职会计官员，也未设置独立的会计机构。在会计记录上一般将经济业务综合以文字叙述的方式登记于纸草之上，不定期对财产物资进行盘点清查，实行收支报告逐级编制、汇总、上报制度。纸草文书是古埃及古老的原始账单，也是世界上最早的会计文献之一。

簿记在这一阶段得到了初步的发展，此后，单式簿记成为在自然经济占主导地位的各种社会形态中被普遍采用的主要会计方法。

（三）近代会计（15 世纪至 20 世纪 50 年代）

随着经济、文化和相关技术的发展，近代会计在古代会计的基础上，逐渐形成了一套较完善的方法体系。该体系包括会计核算、会计分析和会计检查三个部分。一般认为，近代会计的雏形形成于复式簿记形成前后。

伴随着资本主义商品经济的发展和经济管理水平的提高，复式簿记适应着对其的客观要求而产生、发展、完善，并趋于成熟。在中国，中式簿记所固有的、非常成熟的复式记账法——“龙门账”和“四脚账”是在明清时期产生并运用的。

1494 年以前，威尼斯、意大利一带的复式簿记就已经比较成熟。这一年，由意大利著名数学家卢卡·帕乔利（Luca Pacioli）所著的《算术、几何、比及比例概要》在威尼斯出版发行，立即引起了世界的关注。其内容分为五个部分，其中第三部分为簿记，专门阐述了复式记账的基本原理，这是会计发展史上的第一个里程碑，是人类首次对复式簿记进行的理论总结，标志着近代会计的产生。

从 16 世纪末到 19 世纪，意大利经济逐渐走向衰落，资本主义在德国、法国、荷兰、英国等欧洲国家的迅速发展，使得意大利的复式簿记迅速在欧洲得以传播和发展，经过不断的发展和完善，最终确立了借贷复式簿记的科学理论体系。这期间，出版了许多专门研究和论述簿记、会计的理论书籍，会计知识得到普及。1600 年世界上第一个公司制企业——东印度公司诞生，会计所要处理的经济关系更加复杂，对会计公正性的要求随之日益增强，促使公共会计惯例和原则的提出和研究。1853 年，英国在苏格兰又成立了“爱丁堡会计师协会”，这是世界上第一个注册会计师的专业团体。自此以后，会计开始成为一种社会性专门职业，也成为通用的商务语言，这被称为会计发展史上的第二个里程碑。

近代会计的发展成熟为现代会计的发展打下了坚实的基础。

（四）现代会计（20 世纪 50 年代至今）

第一次世界大战结束后，资本竞争加剧和股份公司的形成与发展，使企业的规模跨越了地区和国界限制。为了加强对经济活动的控制，提高经济效益，社会对会计活动提出了更新的要求：不仅要能进行事后的核算、分析和检查，还要能进行预测、决策及控制。因此，在原来会计基础上产生了管理会计、成本会计等分支。更为重要的是，伴随着网络技术、电子计算技术等的产生以及发展，会计的预测、决策、控制、确认与计量、记录、报告和信息传输的手段也产生了质的飞跃，逐渐脱离了手工状态，与现代信息技术融合，逐渐呈现出网络化、数字化、智能化的趋势。会计走出了会计电算化，经过了会计信息化，正在走向会计智能化。

目前，人类已经进入前所未有的迅速发展时期。新兴信息技术层出不穷，并渗透到社会生产、生活的各个领域，对经济增长和社会演变产生了深远的影响，人类走进了信息社会。空间在奇迹般地扩大，时间在超强度地缩短，新信息技术革命像潮水般地冲击着人类知识体系的各个学科领域。会计作为一门技术性极强的经济管理科学，也在这个浪潮中不断革新，并且随着信息技术的发展在社会经济管理中发挥出日益重要的作用，人们对其的理解和认知也在不断加深。

三、传统信息技术时期与现代化信息技术时期的会计

纵观会计的发展，首先，其产生和发展离不开社会经济和物质资料生产的发展，同时，社会经济和物质资料生产的发展也离不开会计；其次，信息技术的发展为会计的发展提供了客观条件，使会计借助信息技术手段得以实现。可以预见，随着世界社会经济的进一步发展，会计将在经济建设中发挥更加重要的作用。

本书以计算机技术的诞生为分水岭，将会计发展历程简要划分为两个大的时期（见表2－1）。计算机出现之前的信息表现形式及其承载表现为自然状态，信息的获取主要通过人的感觉器官来完成，比如看、听、感觉等，信息的传递通过人工进行，对信息的处理主要是通过人的大脑或借助简单的机械工具完成，故称为传统信息技术时期；计算机出现之后的信息获取则变成了人的感觉器官与光电设备并存，信息传输、载体与表现形式转变为二进制编码形态，可称为现代化信息技术时期。

表2－1　会计发展的简要历程

<table>
<tr><th>时期</th><th>会计阶段</th><th>特征</th><th>标志性时间</th><th>标志性事件</th></tr>
<tr><td rowspan="3">传统信息技术时期</td><td>原始计量记录</td><td>简单无规则，备忘性记录</td><td>石器时代</td><td>用数来记录的思想产生：堆石记事（计数）、结绳记事（计数）、刻记记事（计数）、绘画记事（计数）</td></tr>
<tr><td>古代会计</td><td>单式记录核算</td><td>铁器时代</td><td>私有制的产生、国家的出现</td></tr>
<tr><td>近代会计</td><td>复式簿记</td><td>1494年</td><td>意大利数学家卢卡·帕乔利在《算术、几何、比及比例概要》中专门阐述了复式记账的基本原理</td></tr>
<tr><td rowspan="3">现代化信息技术时期</td><td rowspan="3">现代会计</td><td>电算化</td><td>20世纪50年代</td><td>计算机与会计融合，会计分化为财务会计和管理会计两个分支</td></tr>
<tr><td>信息化</td><td>20世纪末至21世纪初</td><td>管理思想引入，基于网络的ERP系统</td></tr>
<tr><td>智能化</td><td>2016年</td><td>财务机器人出现</td></tr>
</table>

四、会计的本质

对会计本质的认识有不同的观点，存在管理活动论与信息系统论的争议，但从其产生基础上来讲，会计的各项活动都表现为对信息和数据的某种作用，彼此形成了一个有秩序的数据处理和信息生成的过程。会计基本功能实现的是记录与反映。因而从信息系统论角度来看：会计是一个包含生成会计信息（通过确认、计量、记录、报告的过程来反映生产活动）与利用会计信息（进行分析、控制、预测、决策、反馈等管理活动）在内的信息系统，它的各个环节都离不开信息技术的支持。

从图 2－1 可以看出，业务数据进入组织并被存储到系统中，其中的会计相关数据在会计信息系统进行加工处理后生成相关会计信息，继而传递给内、外部利益相关者，各方据此做出一定的行为然后再次反馈到会计系统中。

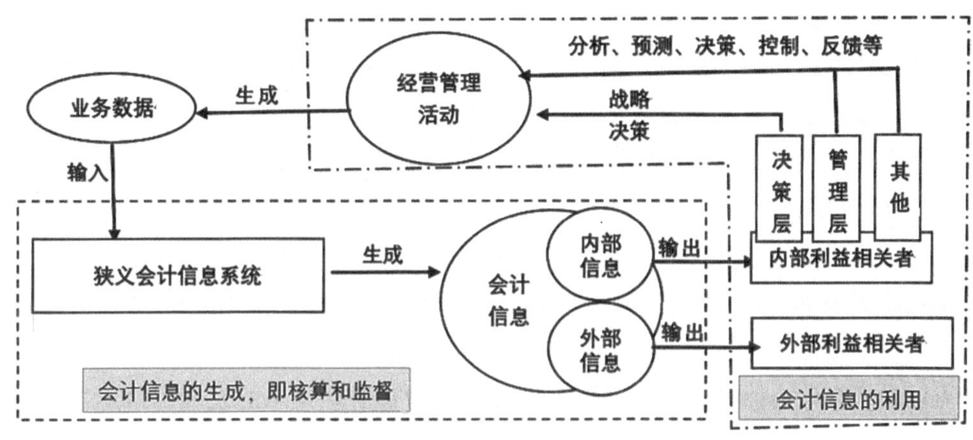

图 2－1　信息系统论下的会计功能结构图

在这个系统中，会计信息的生产是基础工作，也是会计原始职能的体现。当然，会计信息是通过一定的技术方法加工处理形成的，由于对同一客观事物的处理方法不同，所以同一信息源可以得出不同的信息。会计信息的提供是否及时、到位，能否满足社会各个需求者的使用要求，与会计信息的技术提供有着紧密的联系。

传统手工会计和会计电算化，甚至在会计信息化初期，工作重点均在会计信息的生成环节。会计信息的利用则涉及多个方面：国家相关机构、决策层的企业战略规划与实施，业务主管部门的宏观规划与调控，债权人和投资人的决策，财务会计机构的财务战略、财务计划（预算）、控制活动、检查措施和财务会计制度等，企业员工的民主监督等，内部各职能部门的决策、控制、反馈等。在会计信息化中后期，尤其是进入会计智能化阶段后，会计工作的覆盖面大大扩展，会计信息的利用取代会计信息的生成，成为重点工作环节。

第二节 会计中信息技术的应用

人类社会的发展离不开生产活动，而会计通过对生产活动的反映，又可使生产活动更加有效。会计在助力人类文明的进步的同时，也推动了文字、数字等传统信息技术的产生，其发展也受到了信息技术的反作用。

一、会计与信息技术的关系

信息技术是会计提供信息必不可少的方法、手段和工具，它解决了会计“提供哪些会计信息”和“怎样提供会计信息”的问题。当沿着历史长河去回溯信息技术和会计发展的历程时，我们会发现，信息技术不再仅仅是会计系统的一个环境影响因素，更成了会计系统中一个重要的构成因素。

在传统信息技术时期，信息技术的发展相对缓慢，它对会计发展过程的影响呈现渐进性。而在信息化社会，信息技术对会计发展的影响力日渐凸显，尤其是在进入以计算机为代表的现代信息技术时期后，会计与信息技术先是实现了有机融合，然后信息技术逐渐引发对传统会计体系的冲击、改造和变革，并引领着会计呈现横跨式的发展。

可以说，会计的计量、记录、报告等需求驱动着信息技术的发展，信息技术的进步又反过来推动着会计的不断创新与变革。

二、会计中传统信息技术的应用及影响

会计是人类管理科学中历史最为悠久的学科之一，这项管理工作活动可以追溯到文明时代之前。只是早期的会计工作只能被称为“记录”，而不能被称为“核算”。

在传统信息技术时期，信息技术发展较为缓慢，会计的发展滞留在手工操作阶段，会计的工作主要聚焦于会计信息的生成，相关的信息技术也基本是服务于此。这一时期大致可划分为三个阶段——原始计量记录阶段、古代会计阶段、近代会计阶段，主要的信息技术是语言、文字、数字、造纸术、印刷术、算盘、电及电通信等。

语言的诞生满足了人类沟通、交流信息的需求，而人们对会计信息的需求又促进了数字与文字的产生和发展。原始的计量记录行为都是基于对会计记录的需求而产生和发展的。对会计信息更高层次的需求又促进了数字、文字的出现和广泛使用，同时

这些技术又反作用于会计，让会计的发展逐渐趋于成熟。

早期会计发展的重要条件之一是数的概念与记录。刻记记事（计数）、结绳记事（计数）、堆石记事（计数）、绘图记事（计数）等，均是人类用“数”来对生产活动进行记录的会计思想的萌芽形态。数字里最早使用的就是罗马数字，它因起源于古罗马而得名。760 年，印度数字和计算方法传入了阿拉伯国家。1202 年，意大利数学家斐波那契系统地将阿拉伯数字和计算方法引进罗马，大大地推动了西式会计的发展，也对后来意大利式簿记法的全面形成起到了重要作用。阿拉伯数字的出现，推动了会计的快速发展。

早期会计发展的另一个重要条件就是文字的出现与使用。文字使得生产活动可以被具体地记录下来，从而推动人们对被记录的内容进行整理、加工、保存与传播。数字与文字相结合，使会计的雏形基本形成。

另外，信息的记载则遍历了岩石、泥土板、纸草纸、龟甲、兽骨、竹片、丝帛等不同的载体。蔡伦改进造纸技术后，极大地降低了纸的使用门槛，纸开始取代之前所使用的各种材质的载体。印刷术与造纸术相结合，共同促进了世界文化的传播，也让会计理论、会计方法和会计信息找到了更合适的载体。

19 世纪电和电通信技术的发明，是信息技术史上的一次飞跃，它使得人类进入了电气化时代。电通信可以让信息更加迅速地在世界范围内传播，会计信息也找到了更加便捷的传输渠道。

三、会计中现代化信息技术的应用及影响

20 世纪中期电子计算机的出现，为人类开启了现代化信息技术的大门，它对社会生活产生了巨大的影响。从此，人类社会开始进入现代化信息技术时期。

现代化信息技术的出现，将人类社会转变成一个没有边界的信息世界，它不仅方便和丰富了人们的生活，还为经济社会的发展提供了强大的支持，同时极大改变了会计工作的环境和会计工作的内容。信息技术使得信息资源背后所蕴含的巨大的价值逐渐显现出来，如何挖掘其巨大的价值并实现有效利用，将是会计工作面临的一个重要任务。

（一）与会计相关的现代化信息技术

自 20 世纪 50 年代开始，会计发展就进入了第四个阶段，即现代会计阶段。这一阶段，以计算机为基础的现代化的信息技术纷纷出现，并且逐渐在会计中得到了应用。由于这些技术的引入，会计信息的生成工作逐渐从手工操作转变为计算机半自动化、自动化的处理，会计信息的获取和传输则通过互联网与移动互联可以随时随地进行。现代化信息技术在会计中的广泛应用，使会计信息的生成、传输与使用产生了根本性的变革。随着它们与会计的逐渐融合，那些规则性强、重复度高、机械性强的会计信

息处理工作的重要程度有所降低，而利用会计信息来支持企业管理和实现价值创造等工作的重要性越发凸显，这为会计功能与形式的突破开辟了广阔的空间，由此云会计、财务共享、会计大数据分析、区块链财务、业财融合、智能财务等一系列新兴概念产生并得以广泛使用。

在《中华人民共和国国民经济和社会发展第十四个五年规划和2035年远景目标纲要》中提出实施“上云用数赋智”行动，推动数据赋能全产业链协同转型。“上云用数赋智”行动是指通过构建“政府引导—平台赋能—龙头引领—协会服务—机构支撑”的联合推进机制，带动中小微企业数字化转型。“上云”的重点是推行普惠性云服务支持政策，“用数”的重点是更深层次地推进大数据融合应用，“赋智”的重点是支持企业智能化改造。“上云用数赋智”行动为企业数字化转型提供能力扶持、普惠服务、生态构建，有助于解决企业数字化转型中“不会转”“没钱转”“不敢转”等问题，降低了转型门槛。①“上云”“用数”“赋智”也正是会计发展的大趋势。

在现代化信息技术的影响下，会计实现了从单项核算到全面核算的转化，实现了从核算型向管理型的过渡。当前，新一代“大智移云物区”技术正引领着会计向“上云”“用数”“赋智”方向发展。在此，我们结合上海国家会计学院联合其他单位共同发起的“2017—2021年影响中国会计从业人员的十大信息技术评选”这一活动结果（见表2－2）来进行分析。

表2－2　“2017—2021年影响中国会计从业人员的十大信息技术评选”结果

年份	2021	2020	2019	2018	2017
十大信息技术	财务云	财务云	财务云	财务云	大数据
	电子发票	电子发票	电子发票	电子发票	电子发票
	会计大数据分析与处理技术	会计大数据技术	移动支付	移动支付	云计算
	电子会计档案	电子档案	数据挖掘	数据挖掘	数据挖掘
	机器人流程自动化（RPA）	机器人流程自动化（RPA）	数字签名	数字签名	移动支付
	新一代ERP	新一代ERP	电子档案	电子档案	机器学习
	移动支付	区块链技术	在线审计	在线审计	移动互联
	数据中台	移动支付	区块链发票	区块链发票	图像识别
	数据挖掘	数据挖掘	移动互联网	移动互联网	区块链
	智能流程自动化（IPA）	在线审计	财务专家系统	财务专家系统	数据安全技术

① 陈婧．以数字基建为基石　推动上云用数赋智［N］．中国经济时报，2020-05-20.

通过连续几年的评选结果可以看出，现代信息技术日新月异的发展，对会计进步产生了深远的影响，“大智移云物区”技术的影响结果正不断显现出来。

第一，在如此众多的技术中，由于基础性的互联网、移动互联网及智能移动终端技术不断发展和普及，财务云技术这几年持续雄居榜首。其中，大型机构的内部私有财务云发展成财务共享服务模式，专业会计服务机构利用外部云演化成云会计模式。无论是云会计还是财务共享服务，都推动了海量会计信息的汇集。

第二，信息化必然触发数字化。电子发票、电子合同等原始资料在源头的数字化是实现数字化转型的迫切要求，因此，电子发票连续5年稳居次席，助力会计的数字化转型。

第三，随着会计自动化、智能化发展的不断深入，机器人流程自动化（RPA）技术在会计领域的应用趋于成熟。人们通过建立并运用大量的规则与模型，将规则性强、逻辑性强的作业进行标准化，同时借助RPA技术，将看似复杂的财务业务自动化，会计传统工作被彻底颠覆。因此，对企业内部和外部沉积的巨量数字化信息资源进行大数据分析与挖掘利用是会计工作新的重要任务，数据挖掘与会计大数据分析技术也一直位居前列。出于对数字化信息“保真”的要求，区块链技术的位次呈现逐年上升的趋势。

纵观会计与现代化信息技术结合发展的历程，会计电算化是计算机技术与会计相结合的结果，而云会计、财务共享服务则可以理解为是互联网技术与会计相结合的产物。借助现代化信息技术，人们对财务进行流程再造，财务流程逐步自动化、标准化，最终实现财务与业务有机融合。业财融合可以有效提高会计工作效率、降低成本、提升质量、控制管理风险，为企业发展战略提供强力支持。RPA财务机器人技术的应用，又能进一步推动财务共享和云会计的发展，为业财融合与战略支持奠定基础。

（二）现代化信息技术对会计发展的影响

当今时代，现代化信息技术强烈冲击着传统会计模式，它成为会计变革的主要推动者和动力源。随着现代化信息技术先后进入会计信息化建设领域，在众多先进技术的共同作用下，企业会计信息化建设架构、业务系统建设方式、工作模式等都发生了重大变化。

1. 现代化信息技术驱动经济社会持续创新

近年来，大数据、物联网、云计算、人工智能、区块链等技术群落快速崛起，不断渗透到经济社会各个领域。以数字化和移动互联网平台为重要载体，数字经济发展开始兴起，人类社会进入信息化2.0时代。首先，互联网平台创造了全新的商业环境；其次，数据成为重要的资产。先进的信息技术，带来了商业模式、组织模式、就业模式的革命性变化，不断增强未来经济发展的技术延展性，不断拓展商业、产业、企业活动边界。会计服务的对象也正随着信息技术的进步呈现多元化特点。

2. 现代化信息技术丰富了管理手段

现代化信息技术的应用，既提高了企业经营管理的科学化水平和管理效率，也丰富了管理手段。它更加要求企业实行集成化管理，将上游供应商和下游客户有效衔接，形成一个完整的闭环，通过网络通信技术及时对全链条的资源进行优化配置，实现各方效益最大化。可以说，近年来互联网、移动互联网、大数据、云计算、“互联网+”等概念的出现，推动了企业信息化和运营模式的不断改变，也为管理提供了新的手段。

3. 现代化信息技术直接引领会计变革

社会环境在不断变化，会计发展需要不断变革以适应社会的新需求，这又需要先进的信息处理工具和处理技术来支撑，而现代化信息技术的飞速发展为会计工作变革提供了必要的基础条件，这在很大程度上推动了会计工作再次向前发展。

现代化信息技术本身对会计产生了更为直接的影响。它为会计信息的生产和发布提供了巨大的机遇，会计已经从传统的簿记转向关系数据库管理和企业资源计划，大量非财务信息的涌现也降低了传统财务信息的地位。面对环境变化和技术革命所带来的各种挑战和机遇，会计变革发展势在必行。这场变革可能引发财务会计与管理会计乃至整个会计体系的变革。

在变革中，管理会计的地位进一步得到提升，并呈现与财务会计融合的趋势。财务管理、管理会计等管理软件随着信息技术的发展以及管理思想的创新意识的不断提高而逐渐走向成熟。借助于智能技术与大数据技术，这类软件将呈现出更为强大的分析能力。同时，企业经营活动中的物流、资金流、信息流等信息资源，将主要以业务事件驱动完成会计业务的自动化处理，财务数据和业务数据融合趋势显现。业财融合不仅可以提高会计工作的效率，促进业务流程与财务流程的统一，还可以促进传统会计的转型和发展，迫使会计人员从业务的角度开展会计工作。2017 年 9 月出现的智能财务机器人，在几分钟内就能完成会计人员很长时间才能完成的一些基础性工作，并能够实时、自动根据收集到的财务信息及时生成财务报表，更加实时地反映企业经营信息。财务流程自动化技术的运用，使得会计变革进入了更深的层次，智能会计时代由此开启。

综上所述，在这一时期，现代化信息技术对会计发展的影响体现为，在历经工具替代、业务流程重组之后，会计迈入模式创新的新阶段。对传统会计工作进行模拟与再现可以看作现代信息技术与会计的融合过程，这一过程持续到 21 世纪初的头几年，其后由于“大智移云物区”等技术的迅速发展，会计信息化不再是简单地模仿传统的会计交易处理，而是充分利用新一代技术突破传统会计的局限性，实现会计数据获取的多元化、会计数据处理的集中化与云端化和会计信息呈现的实时化。同时，企业借助现代化信息技术，将会计信息系统与企业其他管理子系统有机融合，实现购、销、存与人、财、物的一体化核算、监督和管理，实现物流、资金流、信息流、知识流、工作流、增值流“数流”的协调统一，充分利用大数据技术进行财务分析和数据挖掘，满足不同的管理需求，进一步发挥管理会计的重要作用。这一过程则体现出了信息技术对会计发展的融合与引领。

第三节　现代化信息技术下会计的变革路径

管理思想大师彼德·德鲁克在《21 世纪的管理挑战》一书中指出，我们正经历着一场信息革命，这不是在技术上、机器设备上、软件上或速度上的一场革命，而是一场“概念”上的革命。20 世纪中后期开始，信息技术集中在数据上——收集、储存、传输和输出数据，其重点放在“技术”上；而进入 21 世纪后，新的信息革命则把重点放在“信息”上。会计作为管理信息的一个重要提供者，必然要顺应这一潮流，适应经济和社会变革，引领会计走向新的阶段。①

一、信息技术引领会计变革发展的路径分析

诚如 18 世纪的工业革命使得人类创造财富的基本方式由农业转向了工业一样，如今一场新的革命正在展开，一种新的财富创造方式——信息技术正在逐渐替代机器大工业成为生产方式的主导。尤其是 20 世纪 90 年代以来，随着计算机信息处理能力的大幅提高和日益普及，以及信息高速公路的建设与投入使用，人类已由工业时代跑步进入一个崭新的时代——信息技术时代。②

传统信息技术时期由传统会计所主宰，现代化信息技术时期则需要新型的会计与之相适应。新一代信息技术推动了会计的创新发展，依次反映为三个层面：第一层面是技术本身的内在扩展逻辑，体现为以电子计算机为代表的现代信息技术在会计中的直接应用，在实现对人的体力与脑力的替代之后，得出了会计电算化系统的诞生与应用的结果；第二层面是微观经济管理活动的扩张逻辑，体现为以互联网为代表的技术应用对会计业务流程重组带来的影响，从而使会计活动的时空范围扩展，会计组织结构从集中走向共享、会计流程与业务流程融合，典型的应用代表是 ERP 系统的实施和财务共享服务体系的构建；第三层面体现为以“大、智、移、云、物、区”为代表的

① 秦金霞. Web2.0 背景下的档案网站信息服务建设研究［D］. 济南：山东大学，2012.

② 秦力. 企业财务报告体系完善与发展的研究［D］. 哈尔滨：东北林业大学. 2000.

新一代信息技术对会计行为模式、业务逻辑的影响，如会计大数据分析、智能会计等的应用。

当前大数据、人工智能、移动互联网、云计算、物联网、区块链等新技术在会计工作中得到初步应用，各企事业单位开始积极使用财务机器人处理会计核算、费用报销、会计报告、资金结算等会计工作，部分企事业单位已开始探索推动财务会计工作的智能化，提升了会计核算、会计报告、管理会计、内部控制等会计工作的效率。

随着新技术的兴起，会计发展呈现日新月异的状态。通过相应的技术应用，RPA 财务机器人可以替代财务人员完成很多审计、核算方面的工作，这也为当前的会计教育和从业人员带来了前所未有的挑战。大数据和机器学习等技术的兴起，为海量数据的获取与利用提供了更多新的可能。财务共享、财务外包发展得如火如荼，区块链技术让彼此互不认识的两个人可以轻松地完成信息和价值互换，大大降低了交易信任成本，还可用于企业实时会计和智能合同，节省审计开支、降低预期财务困境成本和诉讼风险等。新的技术给传统的会计带来了巨大的冲击，深刻地影响着企业的商业模式、利益相关者、公司治理等诸多方面，催生着新一轮的会计变革。

本书的研究逻辑见图 2－2，各个发展阶段之间不是一蹴而就的，存在或长或短的过渡期，其时间点的划分也只是一个参考，并非绝对。本书以信息技术和时间推进为主线，先从传统信息技术与会计的相互作用历史过程进行分析，然后将我国 40 多年来现代化信息技术与会计结合发展的过程做了划分，认为在历经会计电算化、会计信息化两个阶段后，会计正在向智能化阶段迈进，借此对信息技术引领会计变革过程进行研究。

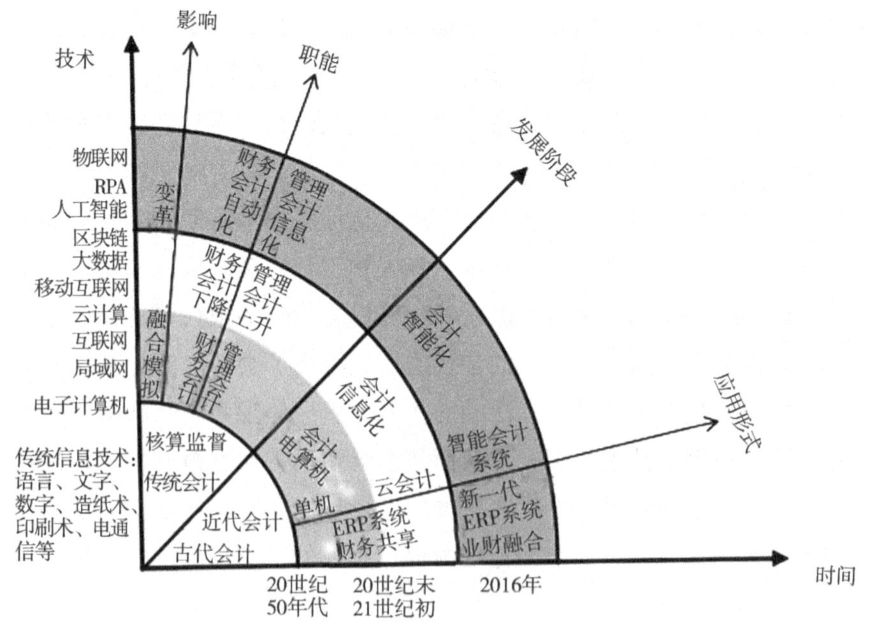

图 2－2　信息技术引领会计变革发展的研究逻辑

具体变革过程见图2-3。

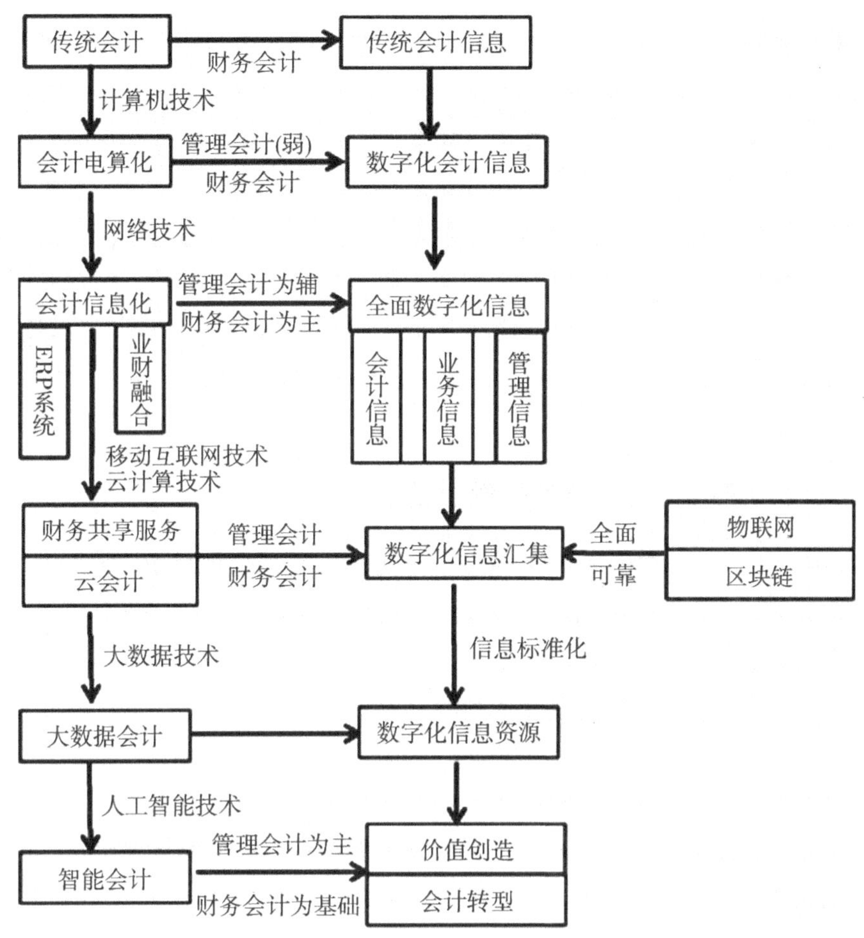

图2-3 信息技术引领会计变革发展的具体路径

在会计电算化阶段，电子计算机、局域网技术等被充分引入，实现了对传统手工会计的完美模拟，部分会计信息实现数字化。在会计电算化向会计信息化过渡的过程中，互联网技术被引入，会计信息系统从部门级向企业级越升，ERP几乎成为会计信息化的代名词，集中核算、财务共享、云会计纷至沓来，企业管理信息和业务信息均实现了数字化。在会计信息化向会计智能化迈进时，新一代信息技术的发展已经远远超越传统会计工作的需求，海量信息及其背后蕴藏的巨大价值成为人们关注的重点，这必然导致新技术引领会计变革发展，突破传统会计理论，开拓会计新天地。人工智能和大数据技术的应用，改变了会计信息的获取方式与加工方式，改变了企业的决策行为与控制行为，管理会计职能日渐突出。移动互联网的出现，使会计渗透到企业及社会的各个层面和各个时点，推动会计的全面覆盖。共享服务与云计算的应用，改变了会计数据和会计人员的分布和组织形式，促进了会计与业务流程连接方式的改变，加强了业务与财务的融合，实现了信息的集中化。物联网、区块链技术则有可能改变会计的记账模式、会计数据的处理模式和信息鉴证模式，使会计信息更为全面、及时和可靠。财务机器人的出现，则可替代简单且重复的会计业务活动处理，实现财务会计工作的自动化。物联网、智能化技术的应用，使得会计信息系统具备了对环境数据的感知能力、自主学习能力和优化能力，使会计更加智能化，实现会计的价值创造与转型发展。

依据现代化信息技术对会计发展的影响程度，可以分为会计与现代化信息技术的融合发展与现代化信息技术引领会计发展两个阶段进行研究。其中，融合发展阶段主要是将以计算机为基础的现代化信息技术引入会计中，实现工具替代与工作效率提升；引领发展阶段则突出在新一代信息技术条件下会计的突破与创新。

二、会计与现代化信息技术的融合发展

阎达伍教授在其论文《会计的未来发展及其对会计研究的挑战》中就明确指出：计算机信息处理技术在会计中的广泛运用，既对传统会计的观念、理论和实务产生了巨大冲击，也为会计的发展提供了机遇。

一般来说，会计与现代化信息技术的融合发展过程包含会计电算化阶段和会计信息化初期。

在融合发展阶段，由于计算机技术和局域网技术、互联网技术被引入会计中，会计人员依据原始凭证将记账凭证及其他数据录入系统中，相应系统便自动、高效、规范地完成数据的核对处理、传输、存储和输出等工作，使会计人员得以从繁重的记账、算账、报账等核算工作中解脱出来，并且由于计算机对数据处理速度远远高于手工处理，会计工作的效率得到极大提升。借助互联网技术，会计信息系统产生的数据可以实时传递到企业中其他管理部门，使企业经营管理者能及时、准确地掌握自身经济活动的最新情况，发现其中存在的问题，并采取预防措施。

在会计与计算机结合发展的初期，曾出现过几种截然不同的观点：有人认为计算机只是一种工具，有人认为传统会计将接受现代信息技术的改造，有人认为会计职业将在现代信息处理技术这一方面失去存在的意义。其中，工具论者为数众多，影响最大，他们认为计算机的应用无非是信息处理工具的更新，就像计算机替代了算盘一样，虽然处理效率提高了，但对会计理论和实务本身并没有影响。基于这样的思维角度，在具体的研究运用过程中，计算机会计信息系统一直是基于手工核算会计模型为蓝本来构建的，几乎没有考虑现代化信息技术本身的强大功能，这在一定程度上限制了信息技术优势的发挥。

在计算机与会计相结合的早期，人们仅仅将计算机视为一种工具并不奇怪，但在

今天，人们必须看到信息技术的进步，尤其是新一代信息技术的迅猛发展，必然会引起一场新的技术革命，传统会计也必将接受现代化信息技术的改造。面对新技术的挑战，人们必须正确认识信息技术对信息处理、对未来生活、对会计可能产生的影响，并重新定位会计的职能和地位。

三、现代化信息技术引领会计变革发展

进入21世纪之后，信息化浪潮冲击着人类传统社会生活的每一个角落，并在短时间内席卷全球，此后，信息化成为时代的主旋律。1999年4月2日至4日在深圳举办的“新形势下会计软件市场管理会计信息化研讨会”上，专家们提出的“会计信息化”概念具有鲜明的时代特征，会计领域也开始酝酿进行一场与信息技术相结合的巨大变革。在2013年8月的中国互联网大会上，中国工程院院士、互联网专家邬贺铨首次提出“大智移云”的概念，大数据、智能化、移动互联网和云计算的发展在影响着社会发展的同时，其相关新方法、新技术的突破性发展也对会计行业带来了巨大的影响，推动会计在变革中前行。从此，现代化信息技术成为创新会计模式的推动者和执行者。

当然，在会计的创新变革中，人也起到了举足轻重的作用。人们在认定传统会计模式非改不可的前提下，又难以取舍会计的一些传统思想。因此，我们必须明确：会计的许多基本理论都是源于当时的社会历史背景，不是一成不变的，变革是必然趋势。目前，新一代信息技术的发展已经超越会计的一般需求，它已经成为会计发展变革的一个重要驱动因素，而且还提供了解决方案。因此，在此条件下，会计的巨大变革具有必然性。

第三章 会计与计算机技术的融合

在会计活动出现后的漫长岁月里，石块、兽骨、木棍、木片、竹片、羊皮、树皮、树叶等自然物或自然加工物都是会计记录的载体，计算、计量工具也是手工工具。20世纪后期，随着计算机技术和互联网技术的巨大进步及其在会计领域的广泛运用，会计信息的相关技术，如会计信息的采集、存储、处理、输出发生了本质的变化，具体表现为电子化存储取代了传统纸质的凭证、账簿与报表等会计资料，计算机等电子设施设备也取代了算盘、计算尺、计算器等手工计量、计算工具。手工会计首先转化为会计电算化，会计与现代信息技术之一的计算机技术实现了初步的融合，此后又进一步融入网络技术升级为会计信息化。

第一节　初步融合——会计电算化

会计电算化的出现是会计“触电”的开始，拉开了会计活动和现代化信息技术特别是与计算机技术相融合的序幕，为会计发展作出了不可磨灭的贡献。从严格意义上讲，我国的会计电算化发展从1979年起步，到2013年前后转入会计信息化发展阶段。

一、会计电算化的概念

20世纪70年代末80年代初，微型计算机得到推广与应用，我国上下开始了一场学习计算机的热潮，会计电算化在这个大潮中应运而生。

（一）“会计电算化”术语的提出

会计电算化是国内的专用术语，并且国内会计电算化的应用要早于其概念的提出。

1981年8月19日，在长春市参加财务、会计、成本应用电子计算机讨论会的全体代表提议创办会计电算化研究会，并设立了“会计电算化研究会”筹备组。与此同时，将会计电算化研究会的目标初步确定为：有规划地研究并实现我国在会计工作电算化的理论、政策、步骤、方法和处理等技术上的重大问题，推动我国会计工作电算化事业的逐步开展，逐步提高我国财务会计工作水平。由此吹响了我国向会计电算化研究进军的号角。也正是在这次会议上，王景新教授提出了“会计电算化”这一会计术语，很快在社会上得到了公认，并广为传播。

“会计电算化”起初的含义是“电子计算机在会计中的应用”。它为手工会计迅速转入电算化会计轨道作出了贡献，尤其是为我国财务会计的信息化成熟及全面发展打下了夯实的基础。王景新教授当时给出的定义是：“会计电算化是用电子计算机代替人工记账、算账、报账，以及部分替代人脑完成对会计信息的分析、预测、决策的过程。”从起初的含义可以看出，会计电算化是指会计核算以计算机为主体的信息技术在会计工作的应用及相关管理工作，侧重于把计算机看成完成会计核算工作并提供会计信息的工具。

会计电算化在国内还有许多其他称呼，如电脑会计、计算机会计学、计算机会计信息系统等，但最为普及的仍然是会计电算化这一叫法。

（二）国外的概念

国外没有“会计电算化”的叫法，他们一般将现代信息技术与会计的融合称为“基于计算机的会计信息系统（Computer-Based Accounting Information System）”、“数据库会计（Database Accounting）”或“REA会计（Resource-Event-Agent Accounting）”等。

1987年，由国际会计师联合会在日本东京召开了以“计算机在会计中的应用”为主要议题的第13届世界会计师大会，第一次明确了以计算机会计信息系统作为会计核心要素，成为会计电算化系统广泛应用的一个重要标识。

二、国外会计电算化的产生与发展

会计电算化最早起源并发展于美国，比我国应用早20多年时间，一般将其发展经历划分为四个阶段。

（一）单项处理阶段

电子计算机诞生于20世纪40年代中期，最初主要应用于军事科技领域，后来逐步引入管理领域。1954年，美国通用电气公司首次利用计算机计算工资，标志着会计电算化的诞生，开创了利用计算机处理会计数据的新纪元。随后开始在会计中用计算机代替手工操作成批处理数据，通过模拟手工会计核算形式代替了处理内容，但仅局限于工资计算、库存材料的收发核算等一些数据处理量大、计算简单而重复次数多的经济业务，提高了会计工作效率。在这一阶段，会计信息系统还未产生，只有多种互相独立的会计核算程序，一种会计核算程序仅能对应某项会计业务独立完成，不同程序之间不存在联系。

（二）综合处理阶段

20 世纪 60 年代中期到 70 年代初，会计电算化进入综合处理阶段，开始利用计算机对某一会计子系统进行核算。在这个阶段，会计电算化能够针对某一会计子系统，进行较为综合的数据处理，程序已构成一个子系统，以文件方式管理数据，数据与程序有一定的相互独立性，其特点是电子计算机几乎完成了手工簿记系统的全部业务，且使用方式比较灵活。

以上两阶段统称为电子数据处理阶段。

（三）管理信息系统处理阶段

20 世纪 70 年代以后，形成了较综合性的管理信息系统，人们将部门内部的各个计算机应用进行集成，使各个应用程序能够共享数据。会计信息系统作为企业管理的一个子系统，成为整个管理信息系统的重要组成部分，一定程度上共享系统的资源。从处理方式上，一方面引入了数据库管理系统，实现了应用程序与数据互相独立、系统运行效率提高、数据冗余度大大减小等系列突破；另一方面引入了局域网技术，能将分散在企业内各部门的计算机和各主要设备联系起来，实现远距离的数据传递和通信。本阶段的基本特征是以文件或数据库作为软件的支持，数据共享性提高，容量大。

（四）决策支持系统处理阶段

20 世纪 80 年代开始，国外开始进入决策支持技术处理阶段，将孤立的分系统集成起来形成一个协调的企业信息系统，在处理方式上，应用程序和数据均有最大的独立性，数据冗余度最小，出现了分布网络系统和制造资源计划（MRP）。在数据处理方式上实现了完整的数据管理系统，建立了经济数学模型库，能提供较高层次的决策支持信息。20 世纪 90 年代开始，随着计算机技术的飞速发展，计算机会计信息系统在国际上也呈现出广泛普及之势，ERP 概念被提出，并逐渐得到推广。

从发展阶段的内容可知，第一、第二阶段居于电子数据处理阶段，发展到第三阶段才是真正意义上的会计电算化。但前三个阶段均属于对手工的仿真，功能上仍以核算为重心。到了第四阶段，引入网络技术，会计电算化的功能有了一定的扩充，它可以为决策提供信息资料和方案，相对应为我国的会计信息化阶段。

三、我国会计电算化的产生与发展

20 世纪 80 年代，信息技术的应用渗透到了国民经济和社会发展的各个领域与各个层次，大幅度地提高了社会生产力。以计算机、网络、通信等为核心技术的现代化信息技术以历史从未有过的速度持续发展，改变了人类社会开发利用信息资源的方式和能力，同时也为各学科的发展提供了机遇与挑战。我国会计电算化正是在这一环境中开始萌芽并成长的。在这个过程中，会计的思维和观念都处于不断变革和创新之中。

（一）我国会计电算化的产生

20 世纪 70 年代末，我国还以计划经济为主，在此背景下，政府通过财政拨款的方式推进会计电算化的试点和起步。政府部门的推动对我国会计电算化的发展起到了关键作用。

大多数人都将 1979 年作为中国会计电算化产生的时间，其标志性事件是：财政部和第一机械工业部拨款 560 万元，用于长春第一汽车制造厂从德国进口一台 EC-1040 计算机，进行计算机辅助会计核算的试点工作。这一时间节点比国外晚了 25 个年头左右。

（二）我国会计电算化的发展

对于我国会计电算化来说，其历史分期的划定，向来是一个见仁见智的问题。但也正是由于这些存在不同意见的观点，激励着人们进一步思考和探索，在一定程度上推动着这一事业的不断前进。

概括不同学者的认识，我国会计电算化发展阶段的划分有以下几种观点。

第一种观点主张我国会计电算化可以划分为缓慢发展阶段（1983 年以前），自发发展阶段（1983—1987 年），有组织、有计划地稳步发展阶段（1987—1996 年）和竞争提高阶段（1996 年至今）。此种观点出现在较多的会计电算化教材中。

第二种观点的代表人物是中国人民大学王景新教授，他认为可以划分为起步阶段（1982 年以前）、推广应用阶段（1983—1988 年）、普及与提高阶段（1988 年至今）。

第三种是厦门大学庄明来教授提出的观点，他认为可以划分为会计核算子系统单项开发与应用（1979—1988 年）、会计核算子系统多项开发与应用（1988—1996 年）、面向管理的会计核算网络系统的开发与应用（1996 年至今）。

以上几种观点虽然有所差异，但总体年度划分差别不大，均以相关年度的特殊性事件为划分依据，尤其是 1996 年是各种观点都会提及的。

本书采用 2009 年由中国会计信息化专业委员会出版的《辉煌历程：中国会计信息化 30 年》一书观点，认为应从信息技术及其应用角度进行“历史分期”研究。因为中国会计电算化的发展关键在于效率和效益两个方面，脱离其中任何一个方面而奢谈会计电算化，都是没有任何意义的，也是不负责任的。会计电算化技术决定着其效率，会计电算化应用决定着其效益。因而，从信息技术及其应用的角度进行“历史分期”，不仅符合我国会计电算化发展的历史事实，而且在逻辑的演绎上也能够“自圆其说”。

可以根据信息技术及其应用程度的不同，将其划分为四个发展阶段，即核算型开发与应用时期（1979—1996 年）、管理型开发与应用时期（1996—2000 年）、一体化开发与应用时期（2000—2006 年）、嵌入型开发与应用时期（2006 年至今）。

1. 第一阶段：核算型开发与应用时期（1979—1996 年）

这一时期是中国会计电算化起步与发展的初期，基本思路是模仿手工会计作业模式，主要侧重于核算型会计软件的开发与应用，重点关注利用计算机解决会计核算问题，或者说在计算机环境下解决基本的会计核算问题，计算机技术是实现会计核算功能的工具。

1979 年，长春第一汽车制造厂成为我国第一家会计电算化试点单位，会计电算化在我国开始实施。1987 年，财政部颁布《关于国营企业推广应用电子计算机工作中若干财务问题的规定》，从发展基金和严格管理成本两个方面推动会计电算化的发展。同年 11 月，中国会计学会正式成立会计电算化研究团队，其理论研究引起业界的广泛关注。1988 年 6 月，由财政部财政科学研究所主办的全国首届会计电算化学术研讨会在河北承德召开，会议提出要加强会计电算化的普及化、商业化，为会计电算化的发展指明了方向，我国开始涌现大量专业从事会计软件开发与利用的专业软件公司。同年 8 月，中国会计学会举办学术研讨会，对会计软件的实际运用提出了合理化建议。

1989 年，为交流会计电算化管理经验，促进会计电算化的进一步升级，财政部召开了会计电算化管理研讨会，讨论并修订了《关于会计核算软件管理的几项规定（试行）》。该规定明确了会计电算化的重要性，决定在各级财政部门推行会计电算化的试点工作，逐步取代传统的手工记账。从此，会计电算化开启了实践应用的新时代。

2. 第二阶段：管理型开发与应用时期（1996—2000 年）

这个时期可以说基本上是在中国财务软件厂商的推动下形成的。自从 1988 年中国会计学会组织召开第一次会计电算化学术研讨会之后，中国会计软件的商品化发展路径基本确定，经过几年的发展，一批软件厂商开始崭露头角，其中的典型代表是用友、金蝶等。1996 年 4 月在北京举行的会计电算化发展研讨会上，提出了“开发设计适合中国国情的管理型会计软件是当务之急”，首次正式介绍了我国管理领域的会计电算化，介绍了会计软件的概念，吹响了从会计到会计电算化管理转型的号角。也正因此，1996 年成为划分阶段的一个重要依据。

3. 第三阶段：一体化开发与应用时期（2000—2006 年）

自从有了专业化的商品化会计软件开发商，中国会计电算化技术和应用的实践就一直在影响着会计电算化的理论研究方向。2000 年前后，中国加入 WTO 的呼声高涨，国内财务及企业管理软件市场的竞争更加激烈，国外知名的财务软件厂商大规模进入中国。各种迹象表明，在产品的开发和应用中，互联网将扩大财务及企业管理软件的管理范围和管理能力，使移动管理成为现实。为此，1999 年 8 月，用友公司提出了

“网络财务”这一全新理念。2000年开始全面实施其互联网战略，成立国内首家应用服务提供商（Application Service Provider，ASP），即提供网上金融购买、销售以及面向中国中小企业的存储和客户关系管理应用服务的伟库网（www.weecoo.com），并开展“企业触网，应用为先”大型活动。2000年6月，国务院出台的《鼓励软件产业和集成电路产业发展的若干政策》，更是起到了良好的推动作用。同时，世纪交替之际，中国会计界又开始探讨会计信息化理念，开始了中国会计信息化的酝酿。

4. 第四阶段：嵌入型开发与应用时期（2006年至今）

伴随着财务与业务一体化发展，中国财务软件已经呈现出良好的管理与应用功能，在企业管理实践中发挥着越来越重要的作用。在此过程中，中国会计改革的进程也在不断推进。2005年11月8日，财政部会计准则委员会（CASC）与IASB联合声明，开始实施中国企业会计准则的国际趋同战略。2006年2月15日，财政部发布《企业会计准则（2006）》《中国注册会计师执业准则》，此后又陆续颁布修订后的《企业财务通则》《企业内部控制规范（征求意见稿）》等。在证券市场已经颇具规模的时代，这些会计法规引起了全社会的高度关注，也深刻影响着财务软件的发展路径。为适应XBRL的发展，中国会计电算化界提出财务软件的嵌入型开发与应用的发展思路。至此，进入嵌入型开发与应用时期。

四、会计电算化的时代意义

在会计电算化诞生后的一段时间里，实现了会计与计算机技术的初步融合。虽然在这一阶段，计算机主要是被当作实现会计核算职能的主要工具，但其发展具有重要的时代意义。

（一）减轻劳动强度，提高工作效率

会计工作实现计算机处理后，不仅能把广大财会人员从繁重的记账、算账、报账工作中解脱出来，而且由于计算机对数据处理速度大大高于手工处理，因而也极大提高了会计工作的效率，使会计信息的提供更加及时、准确。只要把会计数据按规定的格式要求输入计算机，计算机便自动、高速、准确地完成数据的校验、加工、传递、存储、检索和输出工作。

（二）全面、及时、准确地提供会计信息，提升会计信息质量

随着网络技术的不断发展，会计电算化系统中的数据可以迅速传递到企业的任何一个管理部门，使企业经营者能及时掌握企业自身经济活动的最新情况和存在的问题，并采取相应措施。在会计电算化系统环境下，大量的会计信息可以得到及时、准确的处理并输出，既可以根据管理需要，按年、季度、月提供丰富的核算信息和分析信息，

也可按日、时、分提供实时的核算信息和分析信息。

（三）提高会计人员素质，促进会计工作规范化

会计电算化系统的应用，在很大程度上促使了手工操作中不规范、易出错、易疏漏等问题的解决，会计实现电算化的过程，也是促进会计工作标准化、制度化、规范化的过程。在会计电算化系统环境下，会计人员除了要掌握会计专业知识之外，还必须掌握计算机技术的相关知识，充分认识计算机技术在改造传统会计过程中可能带来的风险。因此，对会计从业人员的素质要求大大提高了。

（四）推动信息化建设

财务软件用户除了对会计软件本身功能的需求外，还提出了对进销存、生产计划管理、商务管理、电子商务服务等一系列的需求。会计电算化为企业信息化建设提供了很好的经验，推动了企业管理软件市场的发展。

（五）促进会计职能的转变

随着全球以国际互联网为中心的计算机网络时代的到来，信息的使用者在地球的任何一个地方都可以实行会计电算化，可使广大财会人员从繁重的手工核算中解脱出来，减轻劳动强度，有更多的时间和精力参与企业的管理。此外，当会计电算化系统的信息传递到另一个地方时，又可以从那里获取所需的会计信息和其他信息。然而，会计如要真正发挥其管理、预测、决策以及控制功能，不仅需要丰富的内部财务会计信息，而且还需要丰富的外部信息，如国家经济政策信息、实时金融信息、市场销售信息等。计算机网络技术的发展和会计电算化系统网络的建立，实现了海内外数据共享和信息的快速传递，这恰恰能够满足部门管理、企业管理、行业管理、跨国公司管理对信息的需要，如物价变动信息、企业经营信息等。这将为财务管理人员、会计管理与分析人员、企业高层领导利用企业内部会计信息和外部信息进行管理、分析、预测和决策提供良好的机遇。

（六）促进会计理论的发展

传统会计是工业时代发展起来的，与工业时代的会计环境是紧密相连的，而随着人类由工业时代向信息时代迈进，会计所面临的环境发生了很大的变化，包括会计对象、确认、计量、职能、报告等。任何理论都有其赖以生存的客观环境条件，会计理论也不例外。未来会计学科将会越来越体现出其系统工程论、计算机和网络技术、数据库理论、运筹学、会计原理等多学科交叉的边缘学科的性质。

五、会计电算化发展的时代局限性

2008 年 11 月 12 日，时任财政部副部长王军在《抓基础　谋全局　谱新篇　共同

开创我国会计信息化事业的好未来——在会计信息化委员会暨XBRL中国地区组织成立大会上的讲话》中指出："我国广大企事业单位在探索、实施、规范、强化会计电算化工作中已经取得了较大成绩，但是，单纯的会计电算化或者形式上的系统改良、功能升级，已难以适应提高信息质量、满足信息需求、改进经营管理、提高监管效率的新要求。当前，我国正在大力推进信息化工程建设，对于促进会计电算化向会计信息化的实质性转变，是一个重要契机，我们应当顺应时势、抢抓机遇，以大世界的眼光、大战略的思维、大无畏的胆识、大合作的胸怀扎扎实实推动会计信息化相关工作，实现会计方法技术新的革新、服务效能新的拓展和地位作用新的提高，同时也为新时期国家信息化水平的新跨越做出新的积极贡献。"这一论断明确了会计电算化的发展虽然取得了良好的成绩，但随着现代信息技术的飞速发展和广泛运用，会计内外部环境发生了巨大变化，由信息技术时代所产生的变化必然要求会计对此做出相应的变革，而会计电算化发展后期对新技术的吸取滞后于技术本身的发展，已经不能完全适应当时经济社会发展的要求，显示出一定的局限性。以上讲话还指明了会计电算化向会计信息化转型升级的方向。

其历史局限性表现在以下几个方面。

（一）先进信息技术仅被作为工具，未能对会计系统产生明显影响

在会计电算化阶段，会计电算化系统是人工会计的模拟与再现，尽管系统提高了会计工作的效率和会计信息的质量，但会计处理程序和方法基本上是把手工的过程再现到电脑上去，很多会计人员甚至要求电脑屏幕上显示的项目内容和手工的一模一样，其实这种要求是不合理的。计算机等信息技术仅仅被当作传统会计的工具，只发生会计信息处理手段的改变。计算机及相关信息技术发展到今天，将以最大限度的简化为目的，不断增大科技含量，形成内在复杂、操作"傻瓜化"的趋势，这是未来会计发展的大方向。

（二）新的资源形态未能在会计系统中得到充分反映

在传统工业经济下，以资金形态表现的各种实物是会计核算与反映的主要对象。在信息化条件下，商业形态发生巨变，无形的信息资源等地位日渐凸显，各种无形的资源正在成为新型企业财富的主要创造者，这样势必会对会计理论体系产生冲击。但这些并未能在会计电算化阶段有所突破，会计面临着变革的需求。

（三）会计电算化系统缺少对管理与决策的支持

会计电算化软件的开发思路缺少企业需要的管理与决策功能，囿于对传统手工会计的模拟。在会计电算化阶段，经济业务仍在发生后才能进行确认与计量，系统除提供历史的财务信息之外，对非财务信息、经营管理信息、分析性和预测性信息几乎未有涉及，更谈不上个性化信息，导致会计功能发挥不全面，发展受限。随着会计电算

化的普及、会计信息处理和传递能力的提高以及企业组织结构的变革，会计提供信息的功能也势必要发生变化。

（四）会计电算化系统相对封闭

我国会计电算化应用远早于MRPⅡ和ERP的推广应用。有关调查资料表明，90%以上的大中型企业都实施了会计电算化，但都以部门级应用为主。部门级财务软件虽然提高了财务人员的工作效率，但实际上形成了信息孤岛，并未给企业整体效益带来明显的提高。先入为主、习惯成自然的做法在一定程度上阻碍了财务与业务的信息集成，甚至主观片面地强调会计信息的重要性而坚持让会计电算化系统处于自成体系的状态。

会计电算化是一种重在满足内部管理需要的、封闭式的系统，仅仅被财务会计部门和内部管理层使用，未能充分与企业管理信息系统（MIS）和企业外部其他系统连接。所有交易与事项还是要通过手工方式先开纸制单据，然后将业务与财务人为分离，再输入计算机，信息技术的优势被大大地限制，其作用仅仅停留在“计算器”和“记录器”的使用水平上。

由此可见，伴随着信息技术时代的到来，会计电算化也面临着前所未有的挑战，探索建立一套适应信息技术时代需要的新型会计模式，是历史的必然。正如时任财政部副部长王军在《抓基础　谋全局　谱新篇　共同开创我国会计信息化事业的美好未来——在会计信息化委员会暨XBRL中国地区组织成立大会上的讲话》中所言：“加强会计信息化建设，促进会计信息生成与披露的标准化、规范化，促进会计信息交换与利用的科学化、集成化，把过去电算化条件下时效迟滞的信息变为实时在线的信息、相对单一的信息变为联结价值链的整合信息、单向‘零售’的信息变为多向‘批发’的信息，对于提高监管效能和国民经济预测、预警与监测水平，增强宏观调控的前瞻性、针对性和有效性具有积极作用；同时，也对企业整合信息资源、延伸管理触角、实施精细管理、防范风险舞弊、做出科学决策具有重要意义。”

第二节　会计电算化对内部控制的影响与完善对策

一、会计电算化对内部控制的影响

（一）会计电算化对内部控制环境的影响

会计电算化的发展，改变了会计工作的环境，包括所使用的工具、会计机构、组成会计人员、会计工作业务流程等方面。尤其是随着以会计电算化为基础的企业管理信息系统的应用，企业的组织结构趋向扁平化发展，并且引导着企业组织从机械式向有机式最终向虚拟组织发展演变。这些变化将会引起会计电算化内部控制环境产生较大的变化，并对其产生影响。

（二）会计电算化对风险控制的影响

强大的、复杂的计算机系统增加了企业的潜在风险，如数据处理过于集中、数据存储的形式改变，这些新的风险点就构成了内部控制新的内容。随着会计电算化及网络的发展，尤其是随着 ERP 的应用推广，企业的业务流程的改变，极大地改变了以往封闭集中状态下的运行环境，使企业信息的采集、处理和运用更加依赖信息技术与信息系统的实施效果，进而改变了传统的风险控制内容和方法。

（三）会计电算化对信息与沟通的影响

会计电算化使会计核算从事后的静态核算转变为事前的动态核算，内部控制的部分内容在系统投入使用之前就设置好了每个管理人员和会计人员的权限。同时，基于网络的会计电算化系统，也使不同的职能部门之间的信息交换更加方便。此外，开放的信息系统使内部沟通与外部沟通更加方便。

（四）会计电算化对控制活动的影响

信息技术的特性，使得内部控制由对人的控制转变为对人机共同控制，由有形控制转为有形与无形相结合的控制。不仅如此，内部控制流程也与电算化相适应，控制手段更具有多样性、灵活性和高效性等特点，内部控制的预防、检查与纠正的功能得到强化。

（五）会计电算化对监督的影响

在会计电算化环境下，一部分的监督过程可以自动完成，并且可以实现实时监督，从而提高监督的效果和效率。电算化环境下监督的重点放在了信息系统的开发、实施、维护和操作过程中。但由于数据集中于计算机，一旦某一环节发生差错，错误可以被快速复制，进而影响信息的可靠性。

总的来看，会计电算化环境下的内部控制，其控制范围更为广泛、控制程序更为灵活多样，是一种综合性控制，是企业各职能部门和信息中心相结合的全面性控制，是人工控制和电算化系统自动控制相结合的全方位控制。以上这些变化要求我们要不断适应信息化环境所带来的变化与影响，逐步完善会计电算化环境下的内部控制。

二、完善会计电算化环境下内部控制的对策建议

（一）对企业内部控制环境进行完善

第一，应完善会计电算化系统的法规制度建设，加快其更新频率，并严格贯彻实施。

第二，完善企业组织控制结构，加强各部门之间的交流与沟通，塑造企业良好的文化氛围。良好的企业文化可以有效防范企业组织机构与管理方式变化所带来的各种不良影响，使企业的各项控制措施更为有效。

企业文化另一个重要方面是要做到以人为本。企业要建立切实可行的激励政策，重视员工主人翁精神的发挥，建立适当的激励制度，加强人力资源管理，做到人尽其用、人尽其责，适应内部控制环境变化的影响。

（二）优化风险管理，提高信息系统安全性

第一，增强对会计电算化风险进行管理控制的意识。加强对系统涉及人员风险管理培训，加大预防投入，提升系统风险预防能力，降低发生错误和舞弊行为的风险及所处开放网络环境的风险。

第二，加强授权与监督控制。为了有效防范会计信息系统数据被无痕迹修改，要进一步加强和落实系统操作和安全管理控制。这可以通过加强权限管理，建立岗位责任制，强化对系统操作的监督与记录来实现。

（三）构筑良好的信息沟通渠道

第一，会计电算化信息系统是企业未来建立企业管理信息系统的基础，企业要以此为出发点，充分研究各职能部门信息的需求，从而在系统中实现信息及时、有效的传递与沟通，防止出现信息孤岛。

第二，企业内部各职能部门要根据实际需要来对信息系统中的信息进行及时处理与传递，并以此为基础进行信息的收集、加工与处理，还要将信息及时反馈给相关管理人员，防止出现信息的延误。

第三，企业还需要对内部法人治理结构进行完善，防止出现“内部人控制”现象。使各部门在明确自身“权责利”的基础上，及时获取、处理、交换工作时所需的相关信息，从而保证企业内部控制的有效性、准确性和及时性。

（四）规范企业内部控制活动

第一，实现业务流程与信息系统处理控制流程的整合。由于会计电算化系统对企业的组织机构、管理模式、业务处理流程都产生了较大的变化与影响，因此必须针对电算化环境下企业内部控制的关键环节和薄弱环节，建立行之有效的内部控制活动

规范。

第二，加强系统内部控制的预防性功能。一个有效的内部控制系统需要有预防性的、检查性的和纠正性的控制。我们可以充分利用信息技术的特点，将部分控制手段嵌入会计信息系统中，从而可以实现对内部控制的实时监控，重点突出事前预防和事中控制。

（五）强化监督管理机制

第一，要加强对较集中的数据输入环节的审查与控制，防止人为舞弊或无意失误引起系统数据源的差错，避免由此引起的错误被连续复制或扩大。

第二，要进一步提高内部控制部门的独立性与权威性。对于组织机构比较完善的企业而言，可分别设立审计委员会与审计部这两个组织机构。对于那些经营规模较小的企业，其内部控制与监督的组织机构可由总经理直接领导负责，充分发挥内部审计监督的作用。

另外，会计电算化条件下的内部审计的职能不能再局限于查错防弊，而应向以内部控制为重点，包括内部控制评审、风险评估与防范及如何提高经济效益等综合性基础审计的方向发展。同时，将事后财务收支审计与事中、事前的管理效益审计相结合。

总之，随着会计电算化的普及应用和信息技术、网络技术的发展，企业内部控制也将面临更多的机遇与挑战，我们应当与时俱进，深入了解内部控制各要素的变化，有针对性地强化企业内部控制，提高会计信息质量，促进企业健康发展。

第三节　深度融合——会计信息化

20 世纪后期，以互联网技术为基础的现代信息技术给企业的经营管理方式和管理平台带来一场变革，也为会计电算化转型发展提供了技术支撑。互联网解决了跨地域、跨行业的企业集团或管理层级比较多、地理位置分散、业务量较大的大中型企事业单位的数据共享与分布存储的问题，也为企业内各部门协同工作和信息共享提供了技术基础，可以将企事业内各部门孤立的信息系统集成为一个协调统一的企业管理信息系统。在这一阶段，会计信息化系统成为企业管理信息系统的重要组成部分，ERP 几乎成为企业级会计信息系统的代名词。

一、会计电算化向会计信息化的转型突破

会计信息化和会计电算化之间，其实并没有十分明确的界限，两者均以信息技术

为基础，但它们在会计领域应用的深度和范围不同，在不同的时代所依靠的信息技术不同，因而在各自的外部延伸和内涵存在较大区别。

（一）会计信息化概念的提出

随着技术的进步与应用的不断深化，尤其是网络信息技术的飞速发展，会计电算化这一概念的内涵和外延不断丰富，突破了最初含义所赋予的范畴。于是，1999 年 4 月 2 日，深圳市的财政局和深圳金蝶软件科技有限公司举办了一场“新形势下会计软件市场管理研讨会暨会计信息化专家座谈会”。会上，厦门大学的王光远教授首次提出了“会计信息化”的概念。金蝶公司总裁徐少春认为，“会计信息化的关键含义应该是结合现代信息技术对传统会计进行重整，并据以建立开放的会计信息系统”。中国人民大学王景新教授认为，“采用会计信息化概念，有利于推进新形式下会计的研究和发展，有利于同国内其他领域进行交流，有利于同国际接轨”。天津财经大学的于玉林教授认为，“会计信息化是在会计工作中广泛应用信息技术，开发信息资源，利用信息促进企业发展经济和提高经济效益，并向社会各方面提供多方位信息服务的过程”。

会计信息化包括信息的生产和应用两大方面：一方面是开发会计信息资源，从各种渠道搜集和生成会计信息；另一方面是应用会计信息，用于企业内部和企业外部，在会计信息化的过程中要广泛地应用信息技术。理论界第一次提出了“从会计电算化向会计信息化”这样的发展方向。因为这一概念更契合会计学科与信息技术的结合，体现现代化信息技术的优势，与信息化潮流相统一。

（二）会计电算化到会计信息化的突破

从“会计电算化”到“会计信息化”，绝不仅仅是名称上的简单转变，而是观念上的转变。会计信息化反映的不仅仅是一种名词，而是一种方向、一种观念、一个趋势，它要求全面使用现代信息技术，处理高度自动化，实现会计信息资源的高度共享。会计信息化的内涵应该是结合现代信息技术对传统会计进行重构，并据以建立开放的会计信息系统。在这个开放系统下，会计的核算方式、会计的职能、会计报告的报送方式、会计人员的职责等都将会发生变化，信息技术开始真正引领会计变革。

“会计信息化”新概念的提出并不代表由会计电算化到会计信息化的转变已经完成，这一转变一直在持续进行中。湖南大学谢诗芬教授在 1999 年发表的《会计信息化：概念、特征和意义》一文中提出，“会计电算化是会计信息化的基础和前提条件”。杨周南教授在 2003 年讨论了现代信息技术环境下传统会计电算化向会计管理信息化转变的理论问题，认为“会计电算化”应该改称为“会计管理信息化”，简称“会计信息化”。2005 年 8 月，中国会计学会会计电算化专业委员会年会在山西太原召开，会上提出了“会计电算化”向“会计信息化”的发展理念。参会专家就这两个概念进行了热烈的讨论，一致认为用“会计信息化”可以更好地概括“会计电算化”的进一步发展，也可以进一步提升“会计电算化”的应用水平。

2008 年 11 月 10 日，财政部联合其他相关部门宣布中国会计信息化委员会暨 XRBL（可扩展商业报告语言）中国地区组织成立，这标志着从会计电算化向会计信息化的重大转型，为会计信息化提供了强有力的组织保障。2009 年 4 月 12 日《财政部关于全面推进我国会计信息化工作的指导意见》财会〔2009〕6 号中提出，全面推进我国会计信息化工作的目标是：力争通过 5～10 年的努力，建立健全会计信息化法规体系和会计信息化标准体系①，全力打造会计信息化人才队伍，基本实现大型企事业单位会计信息化与经营管理信息化融合，进一步提升企事业单位的管理水平和风险防范能力，做到数出一门、资源共享，便于不同信息使用者获取、分析和利用，进行投资和相关决策；基本实现大型会计师事务所采用信息化手段对客户的财务报告和内部控制进行审计，进一步提升社会审计质量和效率；基本实现政府会计管理和会计监督的信息化，进一步提升会计管理水平和监管效能。通过全面推进会计信息化工作，使我国的会计信息化达到或接近世界先进水平。

2014 年 1 月 6 日开始执行的国家财政部发布的《企业会计信息化工作规范》，第一次明确给出了“会计信息化”的概念，规范了会计与信息技术相结合的相关工作，此后的官方文件中均称为“会计信息化”。因此，可以认为从当时开始，已经完成了会计电算化到会计信息化的转变，会计电算化步入会计信息化阶段。

虽然会计信息化概念更为科学，更符合信息化发展趋势，但由于“会计电算化”使用已久，且通俗易懂，所以在现实中人们还是习惯性称为“会计电算化”。

（三）会计信息化的定义

会计信息化的定义是多种多样的，财政部《企业会计信息化工作规范》给出的定义是：会计信息化，是指企业利用计算机、网络通信等现代信息技术手段开展会计核算，以及利用上述技术手段将会计核算与其他经营管理活动有机结合的过程。

我们在理解这一定义时要明确：会计信息化是会计与信息技术结合的新阶段，是信息社会对会计提出的一个新要求，也是会计主动适应信息化社会环境的必然结果；会计信息化的核心是现代会计信息系统建立及会计信息资源的深度开发和利用；会计信息化是企业信息化的重要组成部分。

二、会计电算化与会计信息化的联系与区别

（一）会计电算化与会计信息化的联系

会计电算化和会计信息化两者之间的联系可以总结为：会计电算化是会计信息化

① 包括可扩展商业报告语言（XBRL）分类标准。

的基础和初级阶段，会计信息化是会计电算化的质的飞跃；无论会计信息化发展到什么阶段，都离不开会计电算化所提供的最基础的会计核算。

“会计电算化”这一我国特有的概念是在20世纪80年代初提出的，作为专业的术语，它是电子计算机在会计中的应用的简称，实际工作中多被理解和表达为核算方法计算机化。最初提出会计电算化这一专有名词，不仅朗朗上口，便于推广和接受，而且更重要的是给了会计人员莫大的鞭策和激励，同时也强调了会计数据处理的规范化。

随着人类社会进入21世纪，信息化已成为时代的主旋律，冲击着人们传统社会生活的每一个角落。信息化浪潮席卷全球，就像当年计算机在社会各个领域广泛应用的浪潮势不可当地冲进了会计工作领域一样，1999年4月2日至4日在深圳举办的“新形势下会计软件市场管理会计信息化研讨会”提出的“会计信息化”概念具有鲜明的时代特征。会计领域也正在进行着一场关于会计信息化的巨大变革。

（二）会计电算化与会计信息化的区别

两者的主要区别在于会计电算化采用的技术手段是单台电脑和局域网络，功能范围局限于财务部门，财务与业务信息分离，目的主要是替代手工做账、解决会计核算，服务于财务部门；而会计信息化采用的技术手段是计算机与互联网络，功能范围扩大到企业整体，财务与业务信息一定程度上共享，目的是要提供经营决策所需的足够信息，既为财务部门服务，同时也为更高层次提供支持。

三、会计信息化的特征

会计信息化的特征主要表现在以下四个方面。

（一）会计的所有领域（包括会计理论、会计工作、会计管理、会计教育等）全运用现代信息技术

（二）现代信息技术对会计模式的重构具有主观能动性

现代信息技术不再只是会计模式外部的挑战者和从属者，它已成为会计模式内部的决策者和执行者。当然，这中间不能缺少人的作用。人们一方面难以取舍会计的一些根深蒂固的基本概念、假设和原则，另一方面痛感传统会计模式非改不可。这是因为人们未真正承认下面两个事实：第一，会计的许多基本概念、假设和原则都是基于一定的历史背景和条件提出的，并非先天而成的。随着历史的发展，它们也要发展。第二，现代信息技术早已发展到了一个令人惊异但又不难理解的程度，它不但像其他会计环境因素一样对会计模式的变革提出了许多必要性要求，而且还逐一提供了可能性。会计信息化概念下的会计信息系统所能提供的多元、实时信息，能尽可能完美地解决许多诸如历史成本和公允价值、可靠性和相关性之类的权衡问题。

（三）会计信息化将对传统会计组织和业务处理流程进行整改，可以支持虚拟企业（网络公司）、数据银行等新的组织形式和管理模式

会计环境在不断地变化，当我们实施了会计信息化，即用现代信息技术重构了会计模式后，新的会计模式对环境的适应力变强时，这种周期性的冲击将会渐趋平缓。像企业合并、破产清算、中期报告、物价变动等在出现时能给会计的若干基本假设和原则带来巨大冲击的业务和现象还会不断涌现，网络公司不过是其中之一。当然，这是一种动态的平衡过程，这种过程并不是一蹴而就的，它需要假以时日。

（四）建立在会计信息化基础上的会计信息系统是与企业内外信息系统有机整合的、高度实时化的信息系统，具有极强的适应力

所谓实时报告系统（Real-Time Reporting System），是指将会计信息系统内化为因特网的一部分，对企业的各项经济活动进行实时的处理与反映，并利用因特网向企业外部相关的信息使用者发布。实时报告系统既可报告事项信息（事项是指可观察到的，亦可用会计数据表现其特性的具体活动、交易和事件），也可报告非事项信息；既可报告定性信息，也可报告定量信息；既可报告明细信息，也可报告综合信息；既可报告历史信息，也可报告预测信息；既可根据已知的和相同的信息需求报告通用信息，也可根据已知的和不相同的信息需求报告专用信息，而未知的信息需求最适于用事项会计信息中的许多明细信息以及提供信息加工手段来满足。总之，它具有极强的适应力。

从会计电算化到会计信息化，不仅是专有名词表述上的变化，更是观念上的变迁，其实质是要进一步把人们的视线从关注会计数据处理过程的规范化，引导到思考会计应当如何参与企业全面管理的过程中，以便更好地落实“经济越发展，会计越重要”这一理念。从最初的手工模仿到会计信息系统模型改造与构建，充分反映了信息化技术引领会计的变革。

第四节　会计信息化系统的构成

从不同角度来看，会计信息化系统的构成也不同。

一、从会计信息化系统组成要素角度来看

会计信息化系统（包括会计电算化）是一个人机结合的系统，不但需要机器的支持，更需要人的操作和参与，所以从系统的物理组成来看，这一系统由计算机硬件、计算机软件、会计人员、数据和规程五个要素组成。

（一）计算机硬件

计算机硬件是会计信息化系统中所有固定装置的总称，即进行会计数据输入、处理、存储及输出的各种电子设备。它是系统工作的物质基础，主要包括以下几个部分。

1. 数据输入设备

数据输入设备是指把会计数据输入计算机中的设备，如键盘、鼠标、光笔、扫描仪等，当下所使用的各种光电感应、识别设备也可归为此类。

2. 数据处理设备

数据处理设备是指能按一定的要求对数据进行加工、计算、分类、汇总、存储、转换及检索等的相关设备，这由计算机主机或云端系统的功能来实现。

3. 数据存储设备

数据存储设备是指用于存放数据的设备，常见的有硬盘、光盘、云存储等。

4. 数据输出设备

数据输出设备是指按照一定的方式和格式将存储设备中的数据进行输出的设备，如显示器、打印机等。此外还有网络通信设备、机房设备等。

（二）计算机软件

计算机软件包括系统软件和应用软件两类。其中，应用软件是会计信息化系统中最重要的组成部分。系统软件是保证会计信息化系统能够正常运行的基础软件，如操作系统、数据库管理系统等；应用软件在会计信息化系统中主要指会计软件，它是专门用于会计核算和财务管理的软件，没有会计软件的信息系统就不能称为会计信息化系统，它是会计信息化系统区别于其他信息系统的主要因素。有关会计软件开发的一些文档资料，如系统分析说明书、系统设计说明书、用户操作手册等，也是计算机软件的组成部分。

（三）会计人员

会计人员是会计信息化系统的用户和维护管理人员，是会计信息系统的主体，包括系统管理人员、系统开发人员、系统维护人员、系统操作员、数据录入人员、数据审核人员、档案管理员和分析人员等。会计人员也是会计信息化系统中的重要因素，只有高水平、高质量的研发、操作和管理人员队伍，才能保证会计信息化系统的正常、稳定运行。

（四）数据

会计信息化系统中的数据即会计数据，是指用于描述经济业务活动的数字、文字和专用符号，如单、证、账、表上各种形式的符号。在整个会计信息化系统的数据处理过程中，会计数据经过加工处理后形成的会计信息，又往往再次转入后续数据处理过程成为原始数据，它们之间的交替过程普遍存在。会计信息是指将会计数据进行加工处理后产生的为会计管理和企业经营决策所需的经济信息，包括内部信息、外部信息，可以是结构化信息也可以是非结构化信息。在信息化时代，数据信息正成为企业一项重要的资源，给企业带来巨大的价值。

会计信息按照用途不同可以分为三类：一是管理信息，是指管理所需要的定向信息，如客户信用等级信息、财务分析报表等；二是财务信息，是指反映已经发生的经济活动的信息，如凭证、账簿、报表所反映的信息等；三是决策信息，是指为预测决策活动直接服务的信息，如量本利盈亏临界点分析信息等。它们都是对会计数据进一步加工处理后得到的对企业管理和决策有价值的信息。

（五）规程

会计信息化系统的运行规程是指保证信息系统正常运行的各种制度和控制程序，如相关会计法律法规、软硬件管理制度、数据管理制度、操作人员的运行权限和岗位责任制度、安全保密制度等。

二、从所提供信息的深度或服务的层次角度来看

会计信息化系统包括财务会计系统和管理会计系统。财务会计系统侧重于事后会计业务的确认、计量、核算和披露；管理会计系统以会计核算数据、市场数据、管理数据为基础，侧重于事前的决策和事中的控制。所以，会计信息处理具有明显的层次性。因此，会计信息化系统按所提供信息的深度或服务的层次的不同，可以划分为会计核算信息系统、会计管理信息系统、会计决策支持系统。见图 3 -1。

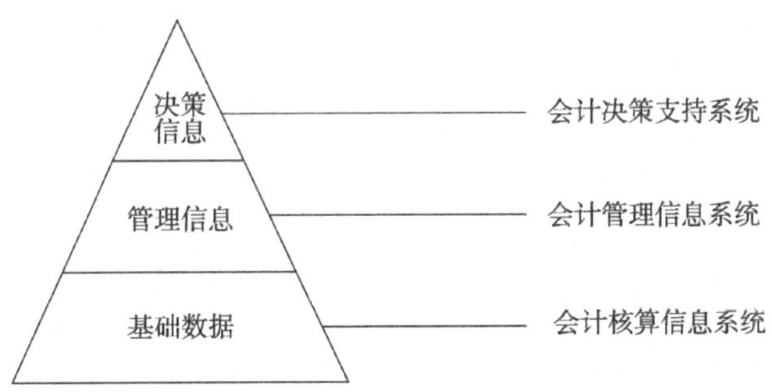

图 3 -1 会计信息化系统的层次结构

（一）会计核算信息系统

会计核算信息系统是一种面向业务数据处理的信息系统，其主要功能是对业务原始凭证和记账凭证进行输入、编辑、存储，然后按规定输出各种会计账簿和会计报表。由于会计核算信息系统以财务会计理论和核算方法为基础，必须严格按照会计准则和会计制度的要求进行会计业务数据处理，因此，其数据来源比较固定，结构化程度较

高，侧重于对经济业务的事后记录和反映，完成的是会计的核算职能。其目标是用计算机代替手工数据处理，强调会计业务数据处理的效率。

（二）会计管理信息系统

会计管理信息系统是为实现辅助管理功能而设计的一种信息系统，是在会计核算信息系统基础上逐渐发展形成的。会计管理信息系统是以各种控制指标、预算数据、核算数据为数据基础，通过相应的数学模型进行数据处理，然后输出各种财务分析、财务预算、财务控制报表和绩效评价报告。会计管理信息系统以管理会计和财务管理的理论和方法为基础，侧重于对资金、费用、收入、利润的事中管理，完成的是会计的控制职能，以提高企业的管理效益为目标。

（三）会计决策支持系统

会计决策支持系统是在会计核算信息系统和会计管理信息系统的基础上逐渐发展形成的，以财务信息、市场信息、管理信息为数据基础，然后经过加工处理，输出预测信息和决策信息。会计决策支持系统是以管理科学、计算机科学、行为科学和控制论为基础，以计算机技术、人工智能技术、经济数学方法和信息技术为手段，解决半结构化的决策问题，是支持中、高层决策者的会计决策活动的一种人—机交互系统。会计决策支持系统侧重于辅助企业决策者制定科学的经营决策，完成的是会计的决策职能，以提高决策的效益为目标。

三、从会计信息化系统功能结构角度来看

从功能结构角度来看，会计信息化系统一般由三大子系统组成，即财务核算系统、供应链系统和管理决策系统。见图 3 – 2。

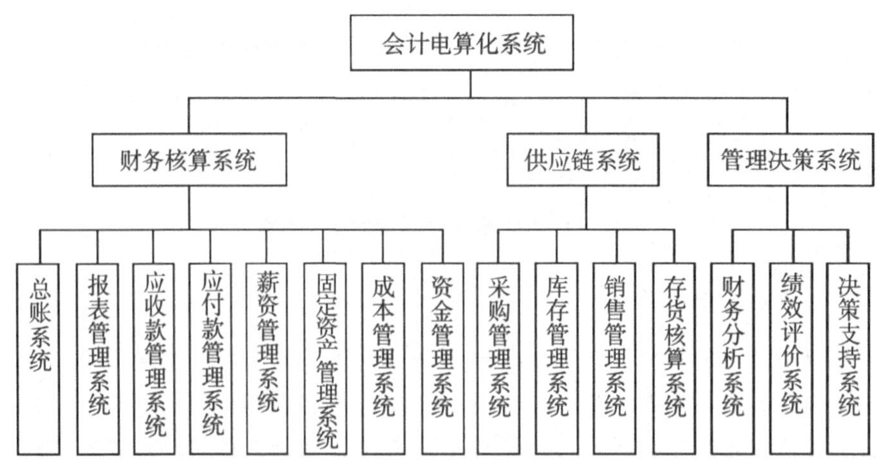

图 3 – 2　会计信息化系统功能结构

（一）财务核算系统

财务核算系统主要完成会计核算及管理业务，具体包括以下八个系统。

1. 总账系统

总账系统也叫账务处理子系统，它以会计凭证为原始数据，通过凭证录入和处理，完成现金银行管理、个人往来核算与管理、部门核算与管理、项目核算与管理等辅助功能，以及记账和结账、银行对账、账簿查询及打印输出等基本功能，同时提供诸如支票控制、预算控制、出纳管理等管理职能。它在整个财务系统中处于最基础和最核心的地位。

2. 报表管理系统

报表管理系统将会计信息和管理信息作为原始数据，结合会计准则的要求和企业管理的实际需要，完成各种会计报表的定义、编制和汇总工作，产生各种内部报表、外部报告和总结报告等，可以支持企业集团、跨国公司等不同类型公司的财务报表合并，配合其他公司的报告软件进行文件转换，为各级管理者提供强大的数据收集和输出功能，可以实现企业管理信息系统的重要数据导出。

3. 应收款管理系统

应收款管理系统以销售发票和应收账款为原始数据，完成各类应收账款的登记、客户信息和应收账款信息的动态反映，以及账龄分析和坏账估计等工作，还可以提供详细的客户档案和统计分析。

4. 应付款管理系统

应付款管理系统以购买发票和付款表作为原始数据，完成各种应付款项的登记工作，分析各种应付款项及所需偿还资金额等，还可以提供详细的供应商档案和统计分析。

5. 薪资管理系统

薪资管理系统根据员工薪资数据档案和原始数据，完成员工薪资的计算和薪资费用的汇总及分配，以及个人所得税的计算、代扣代缴的查询、统计和打印各种薪资表，编制薪资分配自动转账凭证到总账系统等工作。同时，还可以实现企业人力资源的局部管理，如人事调动、薪资等级调整等。

6. 固定资产管理系统

固定资产管理系统以固定资产卡片为原始数据，实现固定资产的增、减变动的管理，完成折旧的计提、汇总与分配，查询、统计、打印各种固定资产报表，自动编制折旧费用，并将已分配的转账凭证传递到总账系统等工作。

7. 成本管理系统

成本管理系统根据成本核算的要求，按照成本对象采用一定的方法，自动汇总计算从其他系统传送或用户手工输入的数据，确定总成本和单位成本，输出用户所需的成本计算信息，自动编制相关转账凭证并传递到总账系统。

8. 资金管理系统

资金管理系统以银行单据、企业内部单据等原始数据为基础，记录资金业务以及其他与资金管理相关的业务，并通过提供与银行的数据接口，实现对每一笔资金的管理，提供每个文档的动态查询和各种统计分析报表，并支持对整个集团的资金进行统一规划和运用。

（二）供应链系统

供应链系统主要完成供应链业务环节中的计划编制、业务核算、业务管理等，主要包括采购管理系统、库存管理系统、销售管理系统、存货核算系统。

1. 采购管理系统

采购管理系统以企业的采购计划和采购订单为原始数据，完成采购发票和采购进销单的录入，实现采购业务全过程管理，为采购部门和财务部门提供准确、及时的信息，协助管理决策。在一些面向中小企业的会计信息化系统中往往将采购管理与应付款管理合并成一个系统。

2. 库存管理系统

库存管理系统以企业的各种入库单和出库单为原始数据，对各种出库单、入库单进行审核，反映各种存货的入库、出库及库存情况。

3. 销售管理系统

销售管理系统以企业的销售订单为原始数据，完成销售发票和销售出库单的输入，实现销售业务全程管理，包括对销售收入、销售费用、销售税金、销售利润的核算等。在一些面向中小企业的会计信息化系统中往往将销售管理与应收款管理合并成一个系统。

4. 存货核算系统

存货核算系统以经审计的存货、收发货的原始数据为基础，对存货的收发和储存业务进行核算，掌握存货的消耗情况，及时、准确地把各类存货成本计入各成本项目和成本对象，为企业成本核算提供基础数据，自动编制转账凭证并传递给总账系统。

（三）管理决策系统

管理决策系统主要包括财务分析系统、绩效评价系统、决策支持系统，以此来提供辅助财务分析信息、辅助决策信息等。

1. 财务分析系统

财务分析系统主要进行指标分析、报表分析、因素分析等，生成各种财务指标，帮助企业考核、评价各方面的成果。

2. 绩效评价系统

绩效评价系统是通过杜邦分析、经济增加值分析、平衡计分卡等功能，将实际结果与预算目标进行对比，为企业提供综合、全面的绩效评价信息。

3. 决策支持系统

决策支持系统是通过建立数据库和决策模型来生成决策信息，协助决策者对未来业务方向和目标进行定量分析和论证。

（四）各子系统间的关系

在会计信息化系统中，各子系统输入或接收其他系统传递的数据，经过加工处理，输出相关信息或再传递数据到其他子系统，各子系统之间的数据传输和数据共享，以及各子系统之间的相互联系和相互控制，构成了一个完整的会计信息化系统。会计信息化系统是以账务系统为核心的，其他各子系统的数据处理都是围绕账务系统展开的。各子系统之间的相互联系见图 3－3。

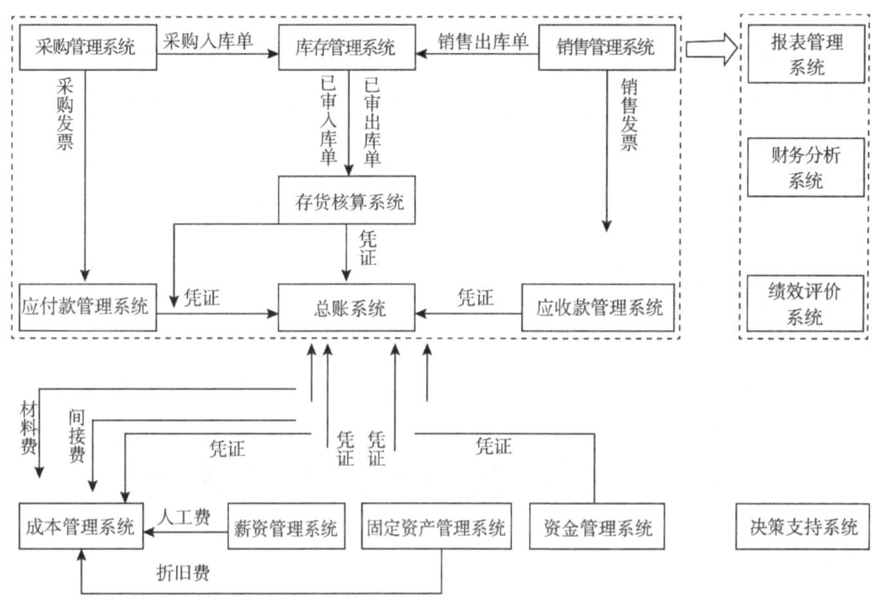

图 3－3　会计信息化系统中各子系统的关系

在采购管理系统中生成采购发票和采购入库单，应付款管理系统根据采购发票确认应付款项，并处理相关凭证；库存管理系统根据入库情况对入库成本进行确认、结转，并编制凭证；在应付款管理系统中根据付款情况录入付款单，核对付款单和原始应付款项，制作单据。

在销售管理系统中生成销售发票和销售出库单，应收款管理系统根据销售发票确认应收款项，并进行处理；库存管理系统根据仓库的情况对仓库的成本进行确认结转，并制作单证。在应收款管理系统中根据应收款录入应收账款，核对应收账款与原始应收账款，制作单据。

在薪资管理系统中输入工资变动的原始资料，计算工资，并自动生成发工资、支取费用等凭证到总账系统，为成本管理系统提供人工成本信息。

在固定资产管理系统中输入固定资产增、减和改动原始数据，对固定资产进行管理，自动提取每月固定资产折旧，自动生成固定资产变更会计凭证、折旧核算凭证，并转入总账系统，为成本管理系统提供折旧数据。

生产管理系统根据物料需求计划系统发出的生产指令，组织领料和生产。库存管理系统的物料出库，生产完成后，成品进入仓库。库存管理系统根据出库物料计算生产成本，根据入库生产计算结转成本，并编制这两种单据。

成本管理系统接收薪资管理系统提供的人工成本信息、固定资产管理系统提供的折旧成本信息、存货核算系统提供的材料成本信息，在成本管理系统中计算成本，自动生成凭证并传递到总账系统，并向库存会计系统提供制成品成本。

总账系统接收应收款管理系统、应付款管理系统、薪资管理系统、固定资产管理系统和存货核算管理系统等会计管理系统的转账凭证，直接输入一般业务凭证，经过核对和开票，可以随时查询或打印总账、明细账、日记账，月末办理银行余额调节、总账系统内部转账和结账。

报表管理系统从总账系统和其他业务系统中取数自动编制各种会计报表，并进行报表管理。

管理决策系统从财务核算系统中取数进行财务指标分析、绩效评价，并为相关决策提供辅助信息。

第五节　会计信息化的应用现状调查

一、调查内容和调查目的

为了解会计信息化应用现状，笔者进行了一次线上调查活动。这个调查主要包括的内容为对会计信息化的认识和会计信息化的实施现状两个部分，其中会计信息化的实施现状这一部分调查了会计信息化的应用领域、基础工作、应用人才支持等问题。调查问题以单选题和多选题的形式为主。

希望借助此次调查活动，可以帮助我们更好地了解当前会计信息化工作的推进情况，掌握社会及实务界对会计信息化的认知和应用需求，以推进会计信息化建设工作，满足社会对会计信息化的需求。

二、调查方式和调查过程

本次调查活动通过问卷调查的方式对各调查对象单位的财务工作人员展开。2021年6月，研究并确定调查问卷，2021年6月底，通过微信“问卷星”小程序设计并发布该问卷，然后由答卷者通过手机填写完成。最终一共收到不同企业的财务工作人员的有效问卷98份，样本量虽然不大，但仍能在一定程度上反映当前会计信息化的应用现状。

三、调查结果分析

（一）受访者的基本信息

1. 受访者对会计信息化的了解程度

在受访者中，对会计信息化工作“比较了解”的占比35.71%；“一般了解”的占比40.82%，占比较高；“非常了解”的占比17.35%；“没什么了解”的占比只有6.12%。也就是了解会计信息化的受访者总计达到93.88%。见图3－4。因此，受访者对本次调查具有很高的话语权。

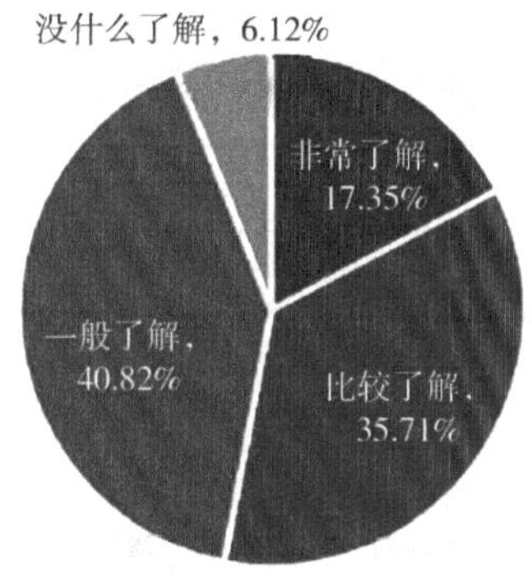

图3－4 受访者对会计信息化的了解程度

2. 受访者所处行业

受访者所在的行业背景覆盖各主要产业领域。其中，加工制造行业占比45.92%，信息产业占比7.14%，服务行业占比13.27%，建筑行业占比2.04%，能源/原材料行业占比6.12%，其他行业占比25.51%。见图3－5。

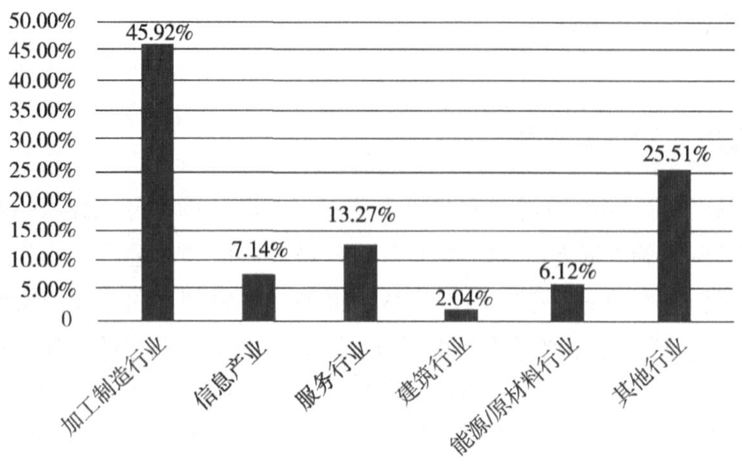

图3－5　受访者所处行业

3. 受访者所在机构类型

受访者所在机构涵盖了国有企业、民营企业、事业单位、行政单位、合资企业等多种类型。其中国有企业占比 27.55%，民营企业占比 37.76%，外资企业占比 1.02%，合资企业占比 4.08%，股份制企业占比 11.22%，事业单位占比 3.06%，行政单位占比 5.10%，其他单位占比 10.20%。见图 3－6。

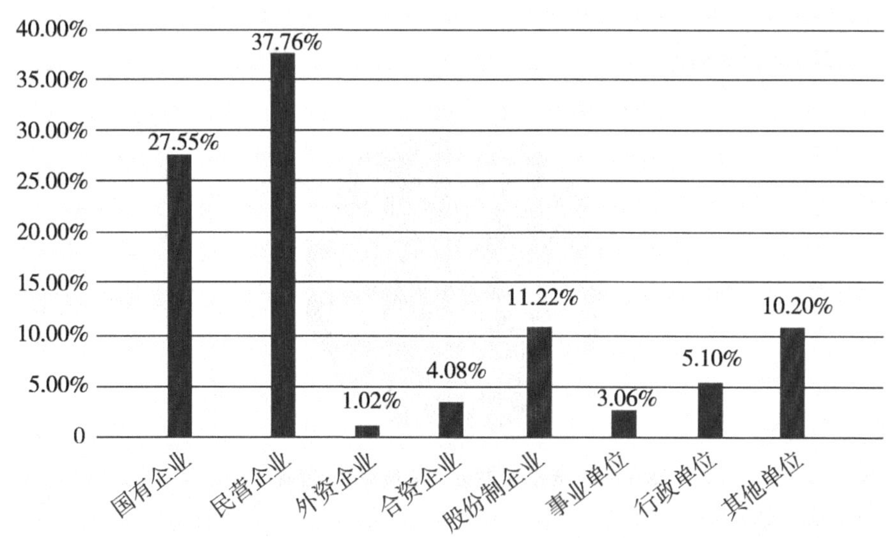

图3－6　受访者所在机构类型

在所有受访者所在机构中，上市公司占比 23.47%，非上市公司占比 76.53%。见图 3－7。

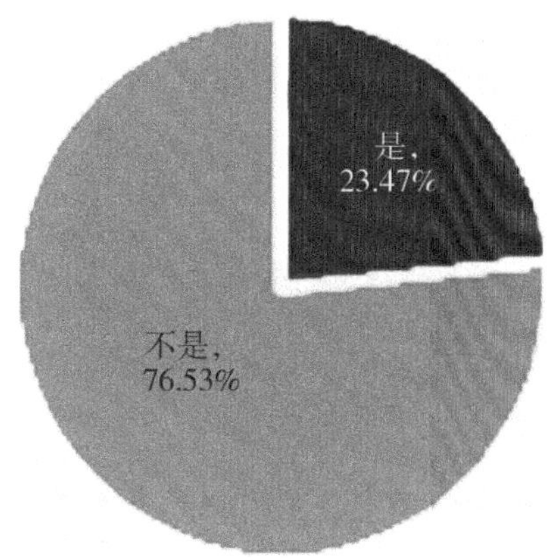

图 3－7 受访者所在机构是否为上市公司

（二）会计信息化的开展情况

1. 会计信息化应用的普及程度

在受访者所在机构中，有 92. 86% 的机构已经使用了财务软件，尚有 7. 14% 的机构未使用财务软件，全面普及会计信息化应用仍然有空间。见图 3－8。

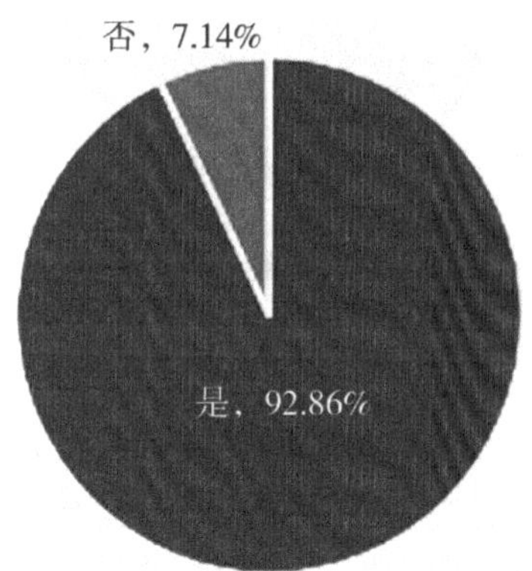

图 3－8 是否已经使用财务软件

2. 应用形式

在所在机构已经使用相关软件的受访者对是否已经运用财务共享的调查中，已经运用财务共享的占比 41. 76%，未使用财务共享的占比 35. 16%，不清楚是否使用财务共享的占比 23. 08%。见图 3－9。

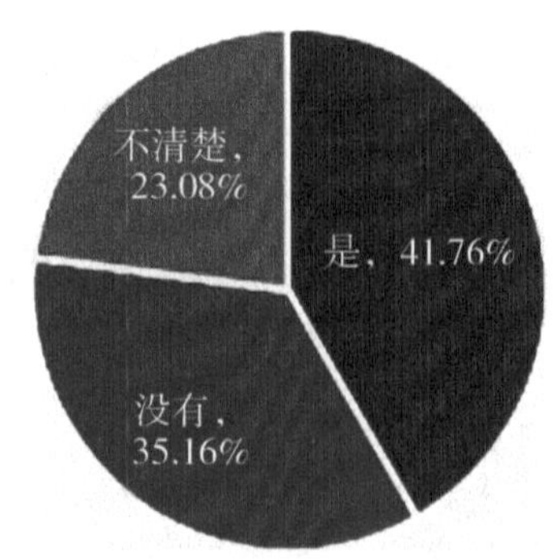

图 3－9　是否已经使用财务共享服务

对于受访者所在机构是否已经使用云会计服务的调查中，已经运用云会计服务的占比 24. 18%，未使用的占比 50. 55%，不清楚的占比 25. 27%。见图 3－10。

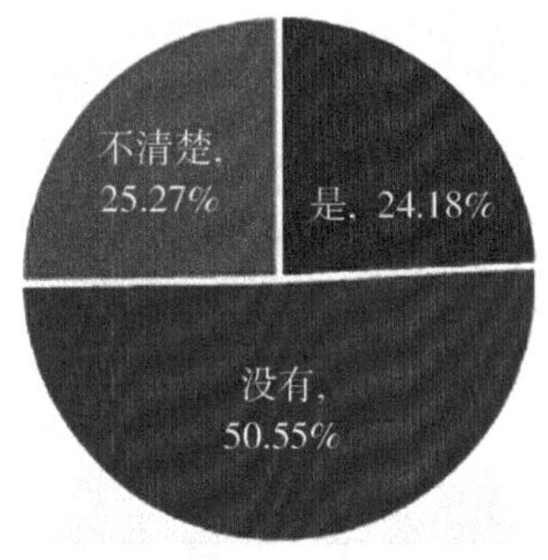

图 3－10　是否已经使用云会计服务

3. 应用领域

当受访者被问及其所在机构在哪些工作领域采用了信息技术时，总账核算和报表编制分别占比 81. 32% 和 74. 73%，排名第一和第二。之后依次为资金管理（68. 13%）、成本核算（52. 75%）、费用报销（42. 86%），而数据分析与决策支持（29. 67%）、税收管理（39. 56%）、内部控制（38. 46%）、预算管理（39. 56%）等领域的应用比例不算很高。见图 3－11。综合分析可知，这些数据与会计信息的发展历程相一致：传统核算领域软件系统已经非常成熟，应用推广也经历了 40 多年的发展，所以较为普及，但在新兴的领域即管理应用的普及度仍然不高。

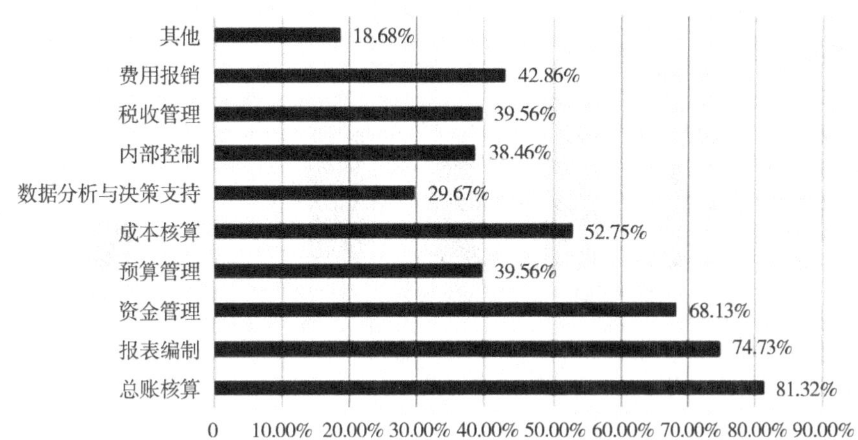

图 3－11 已经使用信息化的领域

4. 会计信息化机构设置情况

针对“是否设有专门机构负责会计信息化工作”的调查显示。有 19.78% 的受访者选择“是”，选择“没有”的为 20.88%，选择“不清楚”的占比 10.99%，而选择“由财务部门负责”的占比达 48.35%。见图 3－12。

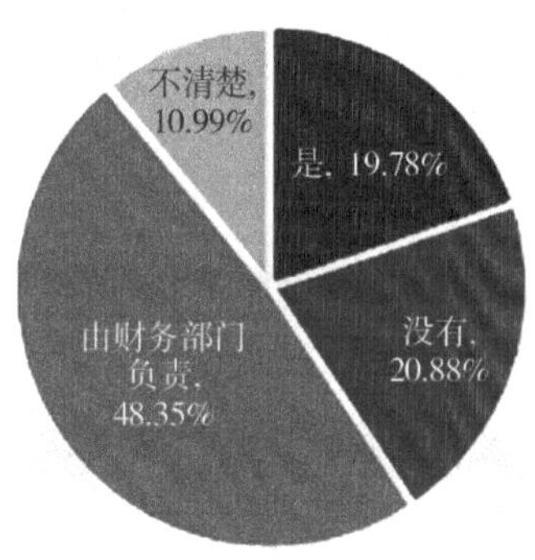

图 3－12 是否设有专门机构负责会计信息化工作

（三）会计信息化人才方面

1. 现有从业人员的信息化背景

会计信息化相关专业背景人员的调查显示，61.22% 的受访者表示“学过会计信息化课程”，52.04% 的人表示“有会计信息化相关从业经验”，36.73% 的人表示“学过企业信息化课程”，42.86% 的人表示“有企业信息化相关从业经验”，“都没有”的为 4.08%，“不清楚”的为 14.29%。见图 3－13。由此可见，整体从业者的会计信息化水平较普及，且会计信息化课程是大家接触会计信息化知识的重要途径。

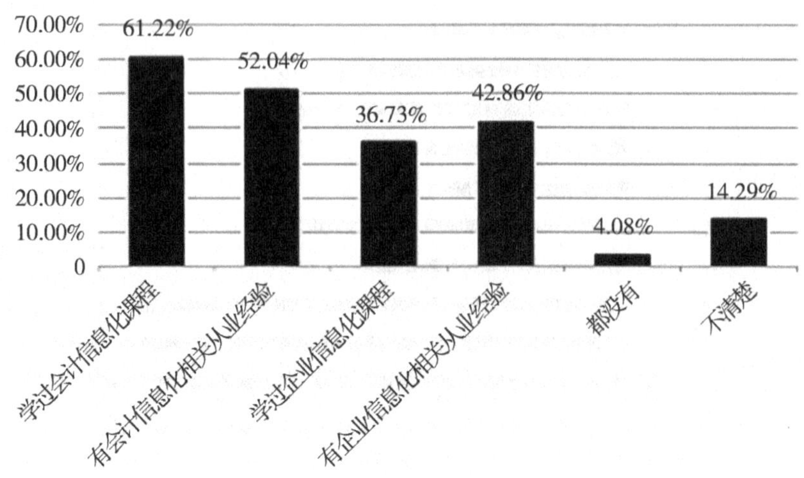

图 3－13　现有从业人员的信息化背景

2. 对未来选用财务人员的能力要求

对“未来选用财务人员应当具有的能力”的调查显示：要求具有“信息化业务处理能力”高居榜首，达到 86.73%；具有“财务数据分析能力”排在第二位，为 77.55%；具有“财务系统维护与实施能力”排到了第三位，为 64.29%；而看重传统“手工会计核算能力”的则只占 39.80%。见图 3－14。

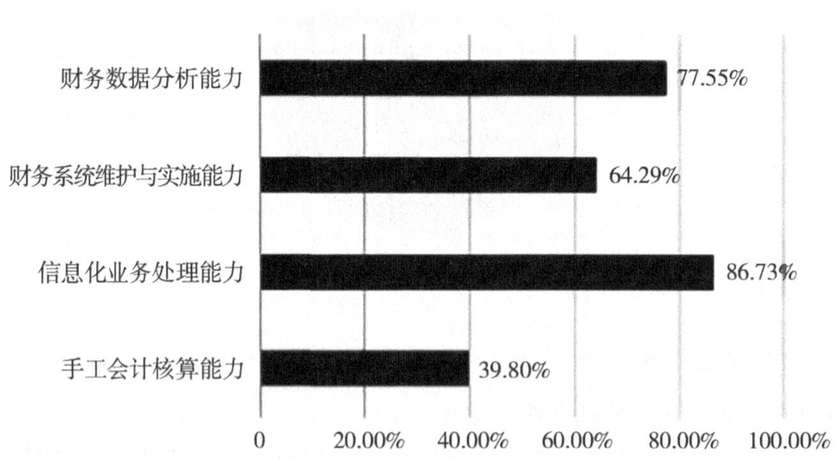

图 3－14　未来选用财务人员应当具有的能力

3. 会计信息化人才培养方式的认可度

从会计信息化人才培养方式来看，培养价值认可程度（相对有价值及以上）依次为“在职锻炼”（占比 97.96%，其中认为“很有价值”的为 71.43%）、“校企合作培养”（占比 92.86%，其中认为“很有价值”的为 55.10%）、“外出培训”（占比为 88.78%，其中认为“很有价值”的为50.00%)、“软件公司指导”(占比81.64%,其中认为“很有价值”的为41.84%)、“学校独立培养”(占比68.36%,其中认为“很有价值”的为32.65%)。见图3-15。由此可见,在各种各样的培养模式中,学校独立培养的认可度是最低的。

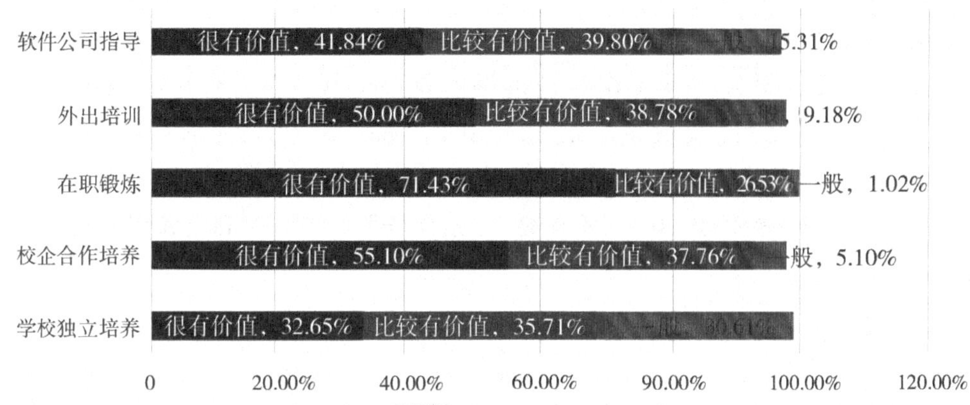

图3-15 会计信息化人才培养方式的认可度

4. 对本科生应聘者岗位胜任能力的满意程度

针对现行本科培养出来的学生对专业岗位的胜任能力的调查中,认为“能适应”的占比27.55%,认为“基本能适应”的占比64.29%,有8.16%的认为“不能适应”。见图3-16。这一数据显示,我们在学生的岗位胜任能力的培养上有较大的提升空间,要以市场为导向开展针对性培养。

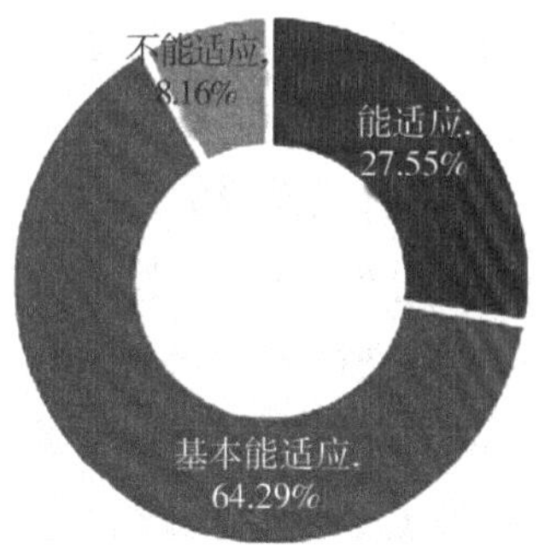

图3-16 对本科生应聘者岗位胜任能力的评价

四、调查总结

本次问卷调查虽然涉及范围比较小,样本量较少,但是在行业覆盖和机构类型上仍较为全面,因此本次调查数据具有一定的代表性与说服力。

通过讨论分析调查数据，可以得出以下观点。

（一）会计信息化应用及知识普及已经非常广泛，新模式得到一定的应用

通过调查可知，绝大多数机构已经应用了财务软件（在被调查对象中占比92.86%），会计信息化是大势所趋，全面普及仅仅是时间的问题。在已经应用财务软件的企业中，应用财务共享技术的为41.76%，说明财务共享的巨大优势已经引起了企业的重视，这也是未来会计信息化发展的一个重要方向，财务共享将成为各机构尤其是大中型机构推进财务会计工作转型发展的首要选择。而云会计的应用占比为24.18%。云会计有易用、低成本等优势，但出于对数据安全性的考虑，未来仍将是中小型机构的有效选择。但在所在机构是否使用财务共享和云会计的调查中，分别有23.08%和25.27%的受访者回答“不清楚”，这也表明，新技术和新知识有待进一步普及。

（二）传统领域应用较为成熟，新兴领域有待发力

在应用领域方面，占比位于前几位的分别是总账核算（81.32%）、报表编制（74.73%）、资金管理（68.13%）和成本核算（52.75%），这些也是传统会计信息化应用已经非常成熟的领域；而在预算管理（39.56%）、数据分析与决策支持（29.67%）等方面比重偏低，这在一定程度上阻碍了管理会计信息化的推进步伐，而管理会计信息化是国家当下大力推进的一项重要工作。

（三）会计信息化知识较为普及，新兴能力培养应当成为重点

在会计信息化人才支持方面，受访者具有较好的相关知识，93.88%的人均对会计信息化有所了解，而且在从业者中，有61.22%的人接受过会计信息化课程的培训，会计信息化知识已经相当普及，这也是会计信息化经过40多年大力推广所取得的巨大成绩。在当前财务会计类本科学生专业岗位胜任能力要求上，91.84%的受访者认为本科学历已经可以适应财务会计相关岗位的工作能力要求，但选择“能适应”的比例仅为27.55%，“基本能适应”的比例高达64.29%，这方面仍然是学校培养需要重点加强的，也就是要对社会的岗位需求能力进行有针对性的培养。在未来选人用人方面，机构更加注重信息化业务处理能力（86.73%）、财务数据分析能力（77.55%）等新能力的培养，而作为传统教学重点的手工会计核算能力将越来越不被重视，其比重仅为39.80%。但这也不是说在财务、会计等专业教学中可以放弃传统核算能力的培养，而是要求我们适应信息化社会发展的新要求，以传统技能培养为基础，对传统会计及相近专业的培养方案、培养模式、教学方法等进行必要的改革与创新，强化信息技术应用能力、信息化意识与数据分析挖掘能力等的培养，实现专业能力与信息能力的有机结合。

（四）会计信息化能力、意识的培养要打破学校教学的单一培养模式，引入外部资源，增强培养的针对性与效果

在“会计信息化人才培养方式的认可度”的调查中，认可度最高的培养方式是“在职锻炼”，选择“很有价值”的比例达到71.43%。这种培养方式具有高度的针对性，学习者目的明确，有较强的学习压力，所以培养效果也最为明显，虽然它不适合在校生采用，但有许多值得借鉴的方面。认为“校企合作培养”方式“很有价值”的比例为55.10%，这也是我们在会计信息化能力培养上要重点采取的一种方式。充分发挥校外实习、实训基地的作用，将学生培养和机构培养相结合，使学习内容更为具体，更有针对性。但是由于财务会计工作的特殊性，校外的培养往往以听、看为主，动手的工作只能是在学校完成。这也就要求我们的会计信息化能力培养仍然要以校内培养为主要阵地。对此，第一，要加强课程教师团队的培养与进修学习，尤其是实践能力的学习；第二，更加注重与外部机构的合作，充分引入校外机构资源、校外导师，比如企业一线各岗业务人员、会计软件公司培训人员等；第三，加大校内仿真环境、虚拟仿真实训平台的建设，实现校内的岗位仿真，强化校内实践教学环节的开展。

第六节　会计信息化发展的展望

会计电算化解决了从零开始的问题，实现了会计与现代化信息技术的初步融合；会计信息化则促进了会计变革，充分发挥了现代信息技术的优势。在经历了多年发展以后，会计信息化日趋成熟，并将向更高层次跃升。

一、会计信息化应用现状分析

结合上节调查数据和相关资料分析可以得知，当前会计信息化工作正在稳步推进，其功能得到进一步提升，且应用成熟，呈现良好态势。

（一）会计信息化建设有序推进，夯实了会计转型升级基础

各单位积极推进会计信息化建设，部分单位实现了会计核算集中、共享处理，推动了会计工作从传统核算型向现代管理型转变。单位内部控制嵌入信息系统的进程不断加快，为实施精准有效的内部会计监督奠定了基础。

（二）业财融合程度逐步加强，提升了单位经营管理水平

会计信息系统得到了广泛的推广和应用，为单位会计核算工作提供了有力的保障。

企业资源计划逐渐普及，推动了会计信息系统与业务信息系统的初步整合，有效提升了单位服务管理效率和管理水平。

（三）新一代信息技术得到初步应用，推动了会计工作创新发展

大数据、人工智能、移动互联网、云计算、物联网、区块链等新技术在会计工作中的初步应用，智能财务、财务共享的理念和财务机器人自动化工具等逐步推广，优化了会计组织形式，拓展了会计人员工作职能，提升了会计数据采集和处理能力。

（四）电子会计资料逐步推广，促进了会计信息深度应用

企业会计准则通用分类标准持续修订完善，在国资监管、保险监管等领域有效实施；修订《会计档案管理办法》，出台电子会计凭证报销及录入归档的相关规定，推动电子会计资料广泛推广，促进了会计信息的深入应用。①

二、会计信息化发展中存在的问题

当然，在我国会计信息化工作取得一定成效的同时，还应当正视其中的问题和不足。主要表现在：会计信息化发展水平不均衡，部分单位的会计信息系统仅能满足传统会计核算需求，未能对经营和管理起到支撑和推动作用，行业融合程度有待进一步加强；一些行业和单位仍存在“信息孤岛”现象，会计数据未能有效共享，会计数据不能充分发挥作用；会计数据准则没有完全统一，制约了会计数字化转型的进程，不能对会计和审计工作起到辅助作用；对会计信息安全的实践和理论研究还不够，制约了会计信息化工作的创新和发展；社会合力推动会计信息化的氛围不强，会计信息化力度不够支撑会计职能的拓展；会计信息化资金投入不足，人才培养不足。

三、会计信息化未来的发展方向

在经历40多年的发展以后，我国会计信息化的基础工作进一步夯实，各单位会计信息化水平不断提高，新技术、新手段被积极融合，会计核算技术进一步优化升级，会计工作在信息利用、资本运营、价值管理、内部控制、风险防范等方面不断强化，会计职能得到良好发挥，会计信息化呈现欣欣向荣的景象。

（一）经济社会数字化转型全面开启

随着大数据、人工智能等新技术创新速度加快，经济社会数字化转型正在进行，对会计信息化实务和理论提出了新挑战，也提供了新机遇。运用新技术推动会计工作

① 中华人民共和国财政部．会计信息化发展规划（2021—2025年）［EB/OL］．（2022-01-05）［2022-08-20］．http：//kjs. mof. gov. cn/zhengcefabu/202201/t20220105_ 3780882. htm.

数字化转型，需要加快解决标准缺失、制度缺位、人才缺乏等问题。

（二）单位业财融合需求更加迫切

一方面，业务创新的发展和新技术创新的迭代不断提出新的业财融合需求；另一方面，大部分单位的业财融合仍处于起步或部分应用阶段，推动业财深度融合的需求更为迫切。

（三）会计数据要素日益重要

随着数字经济和数字社会的发展，数据已经成为五大生产要素之一。会计数据要素是单位经营管理的重要资源。将零散的、非结构化的会计数据转化为聚合的、结构化的会计数据元素，发挥其服务单位的价值创造功能，是实现会计工作数字化的重要途径。进一步提升会计数据要素服务单位价值创造的能力，是会计数字化转型面临的主要挑战。

（四）会计数据安全风险不容忽视

随着网络环境下会计信息系统的广泛应用，会计数据在单位内部、各单位之间共享，以及使用会计信息系统进行数据传输和存储，使得数据泄露、篡改和破坏等会计数据安全风险上升，需要采取有效的防范措施。

四、计算机技术应用给会计带来的深刻影响

以计算机为基础的现代化信息技术在会计中的应用，给传统的会计学科带来了深刻的影响。这种影响不仅体现在数据处理和信息载体技术的革命性变化上，还体现在会计方法、会计体系乃至会计理论的发展上。

关于现代信息技术对会计学科影响的理解，大致经历了两个阶段。在过去的大多数时间里，人们期望计算机技术在会计中的应用能够促进会计职能的集中、内部管理报告的多样化以及数学模型在管理会计中的广泛应用，也就是会计电算化阶段。随着现代信息技术的不断发展，尤其是社会信息化进程的不断推进，正在创造一个自动化、无纸化、数字化、智能化的社会环境，正在改变着社会的生产管理方式，进而也改变着传统会计的运作环境。人们对现代信息技术的认识已不再局限于传统会计体系中的应用，而是将其视为构建新会计体系的契机。会计进入会计信息化时代，改变了会计信息系统的边界和结构，改变了内部控制方式和作用范围，改变了会计报告模式，智能化会计也将成为现实。

第四章 会计与网络技术的融合

国际互联网这一概念在20世纪90年代中期出现，虽然在当时还是新生事物，但它一经出现，就以迅猛的速度在世界范围内普及。因此，继计算机技术之后，信息技术领域的第二次产业浪潮是互联网技术的出现与传播，它带来了信息技术产业和全球经济社会的重大变化。其中最直接和深远的影响是对商业的影响。无论是大企业还是小企业，使用互联网都是不可避免的，推动企业管理向电子商务模式发展。在历次的信息技术变革中，互联网对会计的影响是深远的。它不仅影响了会计系统产品的形态，同时也改变了用户应用形态和使用习惯，更带来业务处理流程及相关理论的变革。会计电算化和会计信息化发展中虽然也涉及网络的应用，但是它们均不是会计与互联网结合的最直接体现。

第一节　网络财务

伴随着网络技术的不断发展，具备网络功能的会计系统从此受到青睐，加之大型网络数据库管理系统的成熟，不仅使得其会计系统在数据完整性、安全性和一致性等方面有了很大的改善，而且更加适用于业务量较大及规模较大的企业。会计开始探寻与网络技术的结合道路。

一、网络财务的提出

在20世纪90年代末，互联网进入我国，并迅速普及。此后，以互联网技术为基础的现代信息技术给商业模式、企业管理模式、管理平台等带来了一场革命，也为会计信息系统应用从部门级到企业级的发展转型提供了技术支撑平台，从单机或局域网应用到互联网会计提供了广阔的舞台。

会计电算化系统是一个以财务部门为核心的封闭式系统，是“源于手工，高于手工”的思维产物。从本质上讲，计算机在会计电算化系统中只是作为一种取代手工的工具，但只是取代手工计算，显然已经不能满足企业信息化管理和快速响应的需求。因此，建立数字化、网络化的会计信息系统，成为会计发展研究的主要任务。1999 年 5 月，中国第一套基于 Web 技术的互联网会计软件在用友公司诞生。1999 年 8 月，用友提出了“网络金融”的新概念，并于2000 年开始全面实施互联网战略。此后建立了国内首家 ASP，即为中国中小企业提供网上金融服务、购销存储、客户关系管理等服务的网站——伟库网（www. wecoo. com）。

当时，学者将网络财务定义为：基于计算机网络技术，帮助企业实现财务与业务的协调，实现远程报告、会计、审计等远程处理，实现动态核算和在线财务管理，实现企业集团对分支机构的集中管理，支持电子文件和电子货币，改变财务信息的获取和使用方式，财务数据将从传统的纸质页面数据和初步的计算机化磁盘数据发展为网络数据的一种财务管理模式。这一概念，体现了新一代信息技术的网络化、数字化趋势。

在这一时期提出的 ASP 服务模式下，企业不再需要拥有自己的会计信息系统，也不需要进行系统的建设、开发和维护，只需要通过网络，使用计算机、浏览器或客户端软件远程登录到集中服务器上的某个应用系统，即可完成相关业务处理及数据获取工作。它可以理解为后期云会计、财务共享模式诞生的基础。它彻底改变了我国传统的会计电算化模式。

二、网络财务呈现的优势

从理论上来讲，会计电算化系统更多是基于单机或局域网的，而网络财务是基于互联网的，网络财务不但可以实现以往会计电算化系统的一切功能，而且体现出互联网带来的更多优势。受限于各种因素，当时网络财务的发展非常缓慢，更多的是停留在理论层面的热议，但这却为会计与互联网的结合开启了一条康庄大道。虽然以下优势体现在理论上，但时至今日多数已经成为现实。

（一）财务管理空间、时间和效率三个方面发生改变

在空间上，在网络财务环境下，企业可以远程处理企业事务，实现集中管理。这种模式对于整合整个企业的财务资源、全面提高企业的竞争力是非常重要的。集团企业可以利用网络财务系统实现各分支机构的集中核算和资金配置（会计集中核算），下属机构可以成为集团的财务核算单位，也可以减少基层核算人员。利用财务网络，财

务管理可以从企业内部走向企业外部，走向全国乃至世界。在互联网出现之前，远程机构的财务管理由于传统方式的空间限制，技术难度高，管理成本高。而基于互联网的财务管理系统突破了这种空间限制，使管理能力扩展到世界上的任何节点。许多远程处理功能可以轻松实现，特别是对于拥有多个分支机构的企事业单位具有重要的现实意义。网络财务可以实现远程报表、远程账户、远程审计等多种远程处理功能，加强主管单位对下属机构的财务监控。

网络财务在时间上使会计核算实现实时化，推动财务管理从静态走向动态。如果说计算机时代的会计系统主要解决了工作量问题，那么网络财务将在此基础上显著解决工作速度问题。网络财务将会计从静态转变为动态，极大地丰富了会计信息的内容，提高了会计信息的价值。网络财务系统能够轻松地生成各种动态的财务报表，反映企业经营状况和资金状况的财务报告，年报、季报、月报、日报可以立即生成。连接网络银行后，企业可以随时查询最新的银行资金信息。体现在时间上的优势还在于网络财务环境下的一切活动均可以在线管理。基于动态会计信息，企业主管和财务主管将能够及时地做出反应，部署经营活动和做出财务安排。通过各种经营和财务指令实现在线管理，如在线资金调度、异地转账、在线证券投资、在线外汇买卖等。网络财务的工作流程使得各种财务审批在网上进行，会计系统可以在网上更新。财务人员可以在网上查阅各种财税法规，也可以使用在线教育系统进行知识更新。财务管理时间和空间的变化也带来了财务会计工作介质和工作模式的变化。

无论是空间还是时间的变化，本质上都极大地延伸了财务管理的能力和质量，使财务管理达到了原来无法企及的水平，大大提高了企业的工作效率和竞争力。

（二）对企业中财务与业务的协同具有重要的意义

财务与业务的协同一直是企业管理工作中的一个重要命题。在会计电算化阶段，由于客观条件限制，人为地将财务与业务分离。对于下属机构多、结构复杂、行业多样的集团企业，如何实现财务与业务的协调一直是会计理论与实践领域的一大难题。网络财务作为电子商务的重要组成部分，具有远程处理和动态信息核算的功能，可以从根本上促进财务与业务的协调，包括与企业内部部门的协调、与供应链的协调、与社会部门的协调。

（三）将进一步使会计工具和介质发生大的改变

在会计电算化的第一阶段，会计工具和媒介从算盘转移到键盘、磁盘，从纸质账簿转移到磁盘文件。网络财务使得会计媒体不断变化，更多的媒体实现了电子化，出现了各种电子单据，如发票、结算单据等。单据的电子化将进一步促进网络财务的发展速度和效率。在网络财务环境下，货币的“质地”也发生了变化，它以电子货币的形式出现。电子货币是电子商务的重要组成部分，它不仅提高了结算效率，而且加快了资金周转速度，降低了企业的资金成本。电子货币使纸质现金逐渐消失，单位出纳岗位的功能也随之改变。

（四）网络财务使办公方式发生改变

网络财务下，财务信息的提供方式大大改变，已从传统的纸质页面数据、电算化初步的磁盘数据，转变为现在的网络页面数据。网络页面数据与传统财务信息提供方式的最大区别是信息的时效性显著增强，时间上不受休息日和夜间的局限，空间上在全球范围内不受时差的限制，人休息的时候机器与网络却在不停地工作，客户只要打开电脑就可查询厂商的情况，并与之进行交易。工作效率和交易概率明显提高，已经有越来越多的上市公司在公司网站上放置企业财务报告供股东查阅和参考。由于信息提供方式的改变，网络财务下的财会工作方式也随之改变，真正实现了财务工作的移动办公和在线办公。库存和销售部门的业务员可以使用手持信息设备输入各种商品、劳务数据，再联网传送给财务系统；公司员工可以借助联网的信息终端申请借款、填报各项收支；财务和企业主管可以利用移动终端联网查询各种财务数据；财务人员在得到授权情况下也可以实现居家办公。

（五）租用服务模式对某些企业的发展和竞争具有重要的意义

随着互联网的进一步普及，财务处理方式和财务软件的提供方式也发生改变，出现所谓的网上账务处理服务和软件租用。一些最终用户将不再购买软件回去自行安装使用，而是购买会计服务，由服务提供商直接在网上提供会计处理和财务管理服务。最终用户直接得到会计服务，并按服务项目和服务数量付费。这项服务对中小企业尤其适用。中小企业一般因为资金少、人力资源缺乏，不愿把更多的精力花费在内部的财务处理上，而财务与业务的协同又是不得不解决的问题。因此，购买网上会计服务，中小企业不用过多聘用专业财务人员，也不用花钱购买软件就可以获得专业的会计服务。

计算机与会计结合，实现了会计数据处理过程的自动化，诞生了会计电算化；当进一步融入互联网技术后，网络会计信息的收集和传递随之发生变化，并催生了网络财务。网络财务的出现是会计从思想到手段的一次重大发展，也是会计发展的又一次重大进步。它代表着会计新信息技术的应用，标志着一个新时代的到来，对会计核算、财务共享、云会计等的发展进行了有益的探索。

第二节　会计集中核算

互联网的发展、网络财务的探索，给新型会计集中核算模式的产生与发展奠定了基础，会计集中核算是比较成功的会计与网络结合的产物。当然，由于会计管理体制与国家政权体制以及政治经济环境有着密切的关系，传统的集中核算自古有之，国内外形式上大同小异。纵观各国会计发展史可以发现，会计发源于官厅，后被民间企业沿用。自周朝初期以来，我国的会计实行集中统一管理。直到清朝末期，官方的会计机构仍然继承祖传方法，“以户部为度支总汇，各机关经费，规定应到户部支领”。这些都可以看作会计集中核算的雏形，是传统形式上的集中核算。

一、会计集中核算的产生与发展

中华人民共和国成立初期，国家实行财政收支统一的经济模式，财政收入上缴，财政支出上缴。会计人员受政府直接管理，代表政府履行会计核算和会计监督职能。党的十一届三中全会以后，随着经济体制改革的不断深入，企事业单位成为独立的经济主体，会计逐步回归单位。会计人员由单位直接管理，政府和行业组织对资格准入、继续教育等进行间接管理。在计划经济向市场经济过渡时期，单位的内部治理、法律环境及法律救济尚不完善，会计人员难以履行监督单位经济活动的法定职责，单位资金支出混乱，私设“小金库”，“厂长成本”“经理利润”等乱象有增无减。为解决会计信息普遍失真的问题，人们希望通过会计人员管理体制的改革，实现会计人员独立于单位。为了解决会计人员在遵守会计准则和打击违法会计活动时的问题，会计委派制应运而生。有的地方在试行国有和国有控股企业会计委派制的同时，积极探索行政事业单位会计委派制的具体形式，于是出现了会计集中核算这种模式。1995 年，湖北省荆州市沙市区财政局设立了区级直属机关会计核算中心，对市级党政机关和行政事业单位实行集中核算，第一个会计集中核算中心就此出现。因会计集中核算首创于基层实践，且其效果明显、简便易行，加之有了互联网技术的大力支持，全国各地自发地自下而上逐步开展起来。2000 年 7 月，陕西成立了省级机关直属会计核算中心，随后，海南、山西、浙江等也先后成立了省级直属机关会计核算中心。

二、会计集中核算的含义和形式

会计集中核算最初诞生于行政事业单位，后来逐步被应用到企业单位。

（一）会计集中核算的含义

原来的集中核算是指：在保持行政事业单位、专业会计机构和专业会计人员的资金所有权、资金使用权和财务自主权的前提下，由专门的会计机构和专业会计人员，按照集中管理、统一核算、分开核算的原则进行核算。

行政事业单位实行集中核算后，改变了行政事业单位资金的管理模式，取消了单位原有的银行账户，将所有资金集中到会计中心开设的账户中；改变了收支管理方式，单位资金收付由会计中心直接办理；改变了会计核算方式，由原单位各自进行会计核算变为由专门会计核算机构和专业会计人员集中办理资金结算与会计核算。会计核算中心实质上与行政事业单位是委托代理记账关系，行政事业单位的会计主体、预算主体为各单位，没有发生变化。

（二）会计集中核算的形式

会计集中核算首创于基层实践，各地具体做法有所不同。从政府级次来看，在省、市、县一级称为“会计集中核算”，在乡、镇一级称为“零户统管”，在村、组一级则实行“村账乡（镇）管”。从组织形式来看，有的是财政部门成立会计核算中心，对本级业务主管部门和事业单位实行会计集中核算；有的是业务主管部门成立部门会计核算中心，对本系统实行会计集中核算。

在省、市、县级行政事业单位实行会计集中核算的主要做法是在“保持行政事业单位资金所有权、资金使用权和财务自主权不变”的前提下，实行“集中管理、统一账户、分户核算”。“单位资金所有权、资金使用权和财务自主权不变”，是指单位的资金占有权、资金分配权、资金使用权仍归各单位，单位财务收支活动仍在单位负责人的领导下进行。“集中管理”，是指会计人员的集中管理和收支活动的集中核算。会计人员通过考核被择优录用到会计核算中心，由过去的单位管理转变为会计核算中心集中管理，会计核算由单位各自分散核算转变为会计核算中心集中核算，包括填制会计凭证、登记会计账簿、编制财务会计报告等。“统一账户”，是指注销单位原银行账户，由会计核算中心统一代各单位开设银行账户，除会计核算中心单一账户外，代各单位开设分账户和专项资金账户等。“分户核算”，是指按单位分户设置会计账簿，分别进行会计核算，即“谁的钱，进谁的账”。

会计核算中心内部设置总会计和柜台会计，总会计核算纳入中心的所有资金增减变动及结余情况，柜台会计分户核算行政事业单位经济业务活动。会计核算中心不设出纳岗位，出纳工作由商业银行驻会计核算中心银行专柜代理出纳业务。

综合各地行政事业单位实行会计集中核算的情况来看，只有会计电算化工作基础较扎实、信息化建设较好、建立了计算机网络并实施规范的网络管理的单位，才具备建立高效顺畅的集中核算中心的条件。因此，可以认为，会计电算化和互联网的发展，是会计集中核算产生的基础。

三、企业中的会计集中核算

在行政事业单位推广使用会计集中核算的同时，一些专家学者对企业应用会计集中核算进行研究，部分大型企业单位也开始尝试进行会计集中核算。但与行政事业单位实行会计集中核算的初衷不同，行政事业单位是为了防治会计信息失真、扼制腐败，而企业实行集中核算的最初动因是企业组织结构变革和适应市场快速变化的需要，适应网络化生存需求。随着我国企业的组织形式日趋集团化，经营方式日益多元化，跨地区、跨行业、跨国的企业集团大量涌现，客观上要求加强对整个集团内部的监管，使管理更趋扁平化，于是国内许多大型集团企业也采用了集中核算的管理模式。

传统分散式的管理模式在企业发展初期发挥了重要作用，但随着企业规模扩大、业务类型和管理层级增加，分散式的管理模式面临组织效率低下、成本高昂、无法在不同业务单元实现负载平衡、集团缺乏对基层业务单位及子公司的监控能力等问题，越来越多的企业患上了运转低效、资源浪费的"大企业病"，严重制约着企业的核心价值的创造。

为了解决这一问题，集中成为一些企业选择的方法。通过简单集中，企业将可获取的各种资源按照不同类型进行归集，然后，管理层根据经营和管理需要，将这些资源集中到某个或某些组织部门进行集中管理，以提高企业资源利用率。

传统的分散型会计核算模式下会计信息传递迟缓，核算口径不统一，核算内容不全面，不能完全适应及时性、可比性和全面性要求，不能满足集团型企业经营管理需要。会计集中核算模式下以企业集团为会计核算主体，实现一本账管理，各级管理机构的会计信息由信息系统汇总生成，减少中间层信息生成环节，企业集团总部可以实时掌握子公司的财务状况和经营成果。辅以适当的人工干预，自动生成集团合并会计报表，提高合并会计报表编制效率，增进信息的及时性和可靠性。

理论界，陆正飞教授在《论企业集团化与财务管理集中化》一文中就其对财务管理集中问题的研究成果进行了阐述，提出财务管理的集中化具体应包括会计核算的集中化、财务控制的集中化以及财务决策的集中化。其中，会计核算的集中化是基础，财务控制的集中化及财务决策的集中化都必须依赖集中化的会计核算信息系统。上海财经大学张芳在《论企业集团的未来财务管理模式》一文中提出：网络技术为新的财务管理模式——集成化管理提供了基础。这种财务管理模式与传统财务管理模式的主要不同点在于它利用现代网络技术，将业务管理融合进财务管理中，实行从源头管理，通过远程处理、在线管理实行对财务的动态管理，真正实现财务的事前计划、事中控制和事后反馈，实现对业务的全过程管理。

中南财经政法大学的徐焱军在其论文《企业集团利用网络技术实现财务集中控制的模式》中，对企业集团实现财务集中控制的模式进行了探讨。他认为，实现财务集中控制的具体措施有以下几种模式：通过财务公司或资金结算中心实现资金的集中管理，实行全面预算管理，实行财务总监委派制和财务人员资格管理制度，强化集团内部审计制度等。要实现财务集中控制，必须建立多层次、整体性的监控系统。财务集中应从源头抓起，财务集中包括会计核算集中、财务控制集中和财务决策集中。会计核算是信息的源头，财务管理是利用会计核算数据进行的决策和监控。会计核算的集中应考虑报表、凭证、交易三集中。徐焱军还提出了互联网下实现企业集团财务集中控制的模式。

然而，简单的集中并没有改变企业的业务流程，也不能从根本上解决“大企业病”的资源浪费、组织惰性等问题，各后台支持部门依然保持低附加值，管理层对其也没有盈利性的要求。随着企业不断发展，越来越多的企业意识到仅简单合并重复性的日常工作是不够的，只有建立起具有竞争力的业务流程，更为专业、高效、透明地提供服务才能满足战略、组织的需要。于是企业开始寻求新的运营模式，财务共享服务正是在此背景下产生的。可以说，简单集中是实现共享的过渡雏形，是实现业务前后台分离的前提条件。

第五章 财务共享服务中心

当前，以大数据、云计算、人工智能、物联网、区块链等为代表的新一代信息技术发展方兴未艾，新一轮科技革命和产业革命席卷全球，数据价值化进程加快，技术与经济社会领域不断融合创新，推动世界进入数字经济新时代。中国政府一直高度重视数字经济的战略布局，数字经济已经多次写入我国政府工作报告，明确要全面推进“互联网+”，创造数字经济的新优势。

财务共享服务是企业财务会计数字化转型的突破口，在数字化转型背景下，财务共享服务将充分结合“大智移云物区”的数字化技术，搭建以管控和数据为中心的共享组织，培养数字化人才，建立管财融合、业财融合、智能融合的业务流程升级再造体系，更好赋能业务、支持企业经营管理决策，推动供给侧改革。

第一节 财务共享服务中心概述

随着经济全球化发展趋势的不断加强和企业规模的不断扩大，项目管理也日益向集约化和扁平化方向发展，信息技术的进步为集约化管理提供了基础和条件。由于其独特的优势，财务共享服务中心模式正在被越来越多的大公司和跨国集团所认可和广泛采用。

一、财务共享服务中心的概念

Robert W. Gann（1993）等人指出，共享服务是一种新的管理理念，说明了企业试图从分散管理和小层次结构中获得优势，其思想是在提供服务时共享组织成员和技术等资源。在“共享服务”理念的框架下，公共服务模式得到了许多组织的重视和采用，成为整合运营流程、实施管理创新、加快响应速度、提高服务质量，从而提高管理效率、降低成本、增强企业整体核心竞争力的助力器。可以看到，共享服务已经成为一种趋势、一种必然。

（一）共享服务

共享服务通常被认为是一种通过在一个或多个位置有效集成人员、技术和流程来实现标准化和简化组织内一般操作的创新方式。共享服务作为一种战略性的业务结构，旨在打破业务单元之间的“墙”，创建卓越服务中心，以客户服务和持续改进文化为核心，实现以价值为导向的综合服务，使企业能够更广泛地关注其核心竞争力，在全球范围内为每个业务部门提供更多的附加值。

20 世纪 80 年代，共享服务兴起，经历了节约成本和普遍崇拜的阶段，逐渐走向了现在以服务为核心的共享服务中心模式。

第一阶段，共享服务试图通过消除冗余和规模经济来实现成本节约，但由于服务水平明显低下和中心化的内在矛盾，实施效果并不明显。第二阶段，共享服务强调改进流程、标准和人员。在运营方面，制定先进的绩效评估和服务水平标准，并以与客户签订全球服务标准协议为指导；在人员方面，注重对人员的激励、绩效考核和授权，以长期发展为导向，打造符合企业发展的教育机构；在技术方面，顺应时代潮流，广泛引入呼叫中心、ERP 系统、移动互联网、商业智能等先进技术。数字经济时代的共享服务，正发挥着越来越大的作用。

（二）财务共享服务中心

通俗地说，财务共享服务中心就相当于财务的“服务内包”，就是把一些基础会计工作，如支付、收款、会计凭证处理、费用报销、台账、现金管理、税务和资产管理都集中在一个共同的财务服务中心，将财务人员从繁杂的基础性工作中解放出来，使管理层能够集中关注公司的核心任务，从而更好地为公司创造主营业务价值。

凭借财务共享服务中心的专业能力和标准化运作，企业可以确保会计记录和报告的标准化，能够更容易地获得及时、准确的财务数据，实现会计从数据统计转变为真正意义上的财务分析与决策支持。

财务共享服务中心结合了大量同质化的工作，而且由于不需要每个公司都设有会计部门和人员，在规模经济的情况下节省了系统成本和人力成本，达到降低成本、提高客户满意度、提高服务质量、提高业务处理效率的多重目的。

同时，通过实施财务参与计划，促进财务人员转型，使财务人员从记账转向财务咨询和财务管理，为各管理部门、业务部门提供财务支持，应对市场变化，使管理层和决策层专注于高价值的决策支持工作，更好地满足公司战略、组织的需要。

二、财务共享服务中心建设的必要性

世界上第一个财务共享服务中心（FSSC）出现在20世纪80年代初期的福特汽车公司。2005年，中兴公司开启国内财务共享服务中心的应用，财务共享服务中心开始在我国发展起来。根据中兴新云的统计与研究，截至2020年底，我国境内的共享服务中心已经超过1000家。

（一）时代发展的要求

当代企业间的竞争日趋激烈，只有能够在业务、服务、战略、管理、文化等多个维度同时创新和发展的企业，才能在竞争日益激烈的市场中站稳脚跟。共享服务是现代企业管理模式的创新，为企业核心业务的发展提供了强大的增值管理工具。加强中央控制是当代企业成本控制的内在要求，也是企业发展的必然产物。

随着经济全球化的发展，企业的跨国并购等资本经营方式催生了大型的企业集团。与此同时，大型企业集团也随着国际化战略、跨国贸易的加深而不断扩大规模。基于此，多层次的企业形态日益成为主流，集中了解企业集团财务信息并对其进行快速处理，成为企业集团在瞬息万变的市场环境中生存和发展的命脉。随着企业规模的不断扩大和业务单元的不断增加，每个分支机构都需要配备相应的财务、销售、信息技术、采购等人员，人力资本也会相应增加；不同地区、不同部门的流程和标准的多样性，势必影响企业的整体发展和经营，阻碍企业的日常经营和生存；同时，业务单元之间业务量的不平衡，也会导致部分地区或分支机构的资源不足，而其他地区或分支机构的资源过剩，在企业集团层面来看，这毫无疑问已经产生了浪费。因此，在此背景下，随着财务服务要求的提高，以集中管理、统一政策、统一运作、优质高效为目标的财务共享服务中心的出现成为必然。

一方面，财务共享服务中心通过将大量分（子）公司的会计业务集中到一个或多个组织中，实现会计处理的大规模“集中生产”，可以显著降低运营成本。另一方面也是更为重要的方面，财务共享服务中心建设是加强企业集团管控能力的重要手段之一，而不仅仅是削减成本。企业集团可以通过员工控制、综合预算、资金集中管理等方式加强对分（子）公司的监管，提升企业集团整体风险管理水平，并建立共同的财务共享服务中心来补充这些控制方式。相反，如果没有财务共享服务中心作为基础，实施其他管控措施的有效性将会大打折扣。

（二）国家政策的大力支持与引导

从国内来看，财务共享服务中心从最初只有中兴、华为等少数几家公司发展到现在的燎原之势，国家政策的大力支持与引导功不可没。

早在2011年8月，国资委发布的《关于加强中央企业财务信息化工作的通知》（国资发评价〔2011〕99号）中就已经明确提出，“具备条件的企业应当在集团层面探索开展会计集中核算和共享会计服务”。此时，会计集中核算与财务共享仍是一个并存的概念，会计集中核算还没有完全过渡到财务共享服务模式，但这为转变和发展财务会计提出了明确的方向。2013年12月，财政部印发了《企业会计信息化工作规范》（财会〔2013〕20号），第34条规定：“分公司、子公司数量多、分布广的大型企业、企业集团应当探索利用信息技术促进会计工作的集中，逐步建立财务共享服务中心。”在这份文件中，建立财务共享服务中心成为最终目标，指向性较之前更为明确。2014年10月，财政部印发了《关于全面鼓励建设管理会计制度的指导意见》（财会〔2014〕27号），进一步提出“推进面向管理会计的信息系统建设……鼓励大型企业和企业集团充分利用专业化分工和信息技术优势，建立财务共享服务中心，加快会计职能从重核算到重管理决策的拓展，促进管理会计工作的有效开展”。这一文件不仅明确要建立财务共享服务中心，同时还要实现财务会计工作的转型发展，促进管理职能的有效发挥。以上两个文件直接引导财务共享服务中心出现爆发式增长。2016年10月，财政部印发的《会计改革与发展“十三五”规划纲要》（财会〔2016〕19号）指明：“密切关注大数据、‘互联网+’发展对会计工作的影响，及时完善相关规范，研究探索会计信息资源共享机制、会计资料无纸化管理制度。”

2022年1月，财政部发布的《会计信息化发展规划（2021—2025年）》中提出：“探索建立共享平台和协同机制，推动会计监管信息的互通共享。积极推动会计数据标准实施，在安全可控的前提下，探索建立跨部门的会计信息交换机制和共享平台。到‘十四五’时期末，初步实现各监管部门在财务报表数据层面和关键数据交换层面上的数据共享和互认，基本实现财务报表数据的标准化、结构化和单一来源，有效降低各监管部门间数据交换和比对核实的成本，提升监管效能。”该文件提出了大共享的概念，意在推动内部财务系统与外部系统的有效对接与共享。这也是财务共享的趋势与未来，即全面的共享。

（三）现代化信息技术的大力推动

随着云计算、人工智能、大数据等新一代信息技术的不断进步和发展，财务共享服务中心的概念已经成为可能，越来越多的企业涌入这场“会计信息化革命”。

财务共享服务中心的成立，离不开信息技术和电子通信设备的支持与完善。无论是简单的商业会计、复杂的财务管理，还是财务决策，每个业务流程都依赖于所创建的强大的信息系统。只有这样，才能实现建设财务共享服务中心的目标。企业信息系统覆盖企业管理的方方面面，为企业生产经营提供信息化的功能服务，具体包括企业资源规划、办公自动化、数字档案管理、人力资源管理、决策支持、财务管理等系统。

通过统一的信息平台管理企业的财务信息，可以有效加速企业管理模式的改革。

通过该信息平台，企业可以有效实现信息的数字化，并可以集中、全面地共享企业的财务信息。这使企业可以从分布式管理模式转向集成管理模式，减少审计和监督步骤。还可以通过比较分析财务数据，为企业后续决策提供数据支持。在传统的财务管理中，数据采集成本高，分析计算速度慢、错误率高，进行决策和做出有效的财务预测较为困难。相比之下，统一的信息管理平台提供了统计、分析和预测所需的多种数据库和计算分析工具，可以为多个财务管理领域提供复杂的模型，进而有效降低决策风险，大大提高财务预测的准确性和科学性。

通过信息化手段实现的财务共享服务也有助于加强企业内部控制，降低操作风险，提高工作效率。财务共享服务中心信息平台的建立，可以让企业在平台上创建财务模板，尽可能杜绝人工干预，让业务数据自动生成有用的财务信息。客观的系统标准有利于减少各业务单元的偏差和潜在的“黑箱”操作，减少各种隐患。系统可以配置自动提示异常和早期警告功能。企业可以利用系统的开放性，创建不同的数据共享接口和平台，满足各方不同的需求；可以通过系统定期生成各种符合会计准则要求的报表，实现企业的数据信息共享。

三、财务共享服务中心的模式分类

建立财务共享服务中心首先涉及模式的选择问题，即建立一个什么标准样式的财务共享服务中心。从国际上已经开展的财务共享服务来分析，财务共享服务中心主要有四种最常见的模式：基本模式、市场模式、高级市场模式及独立经营模式。

（一）基本模式

该模式是最基本的财务共享服务模式，它通过合并和整合日常的事务处理工作、交易活动和行政管理工作，实现规模经济并消除冗余，最终以降低成本和流程规范化、标准化为目标。这种模式往往不将其职能内部的基础运营与决策权相割裂。如基于集中管理、成本以及内部控制等方面的考虑，都会强制性地要求各地经营部门将工资支付、员工报销、应付账款等典型内部托管服务交由集中机构或者是总部进行集中处理。虽然这样的管理模式在名义上不将其称为财务共享服务，但是，实际上已经与财务共享服务初级阶段相类似。这一阶段财务共享服务中心的建立比较重视选址、人员测算、最优工作量标准核定等。它强调的特点是标准化流程、灵活化组织、专门化分工和核心化能力。

（二）市场模式

该模式是在基础模式的基础上，进一步分离企业职能内部的基本运作与决策权，将控制职能与服务职能相互分离，通过服务收费抵偿成本，终极目的是降低成本、提高服务质量。在这种模式下，财务共享服务的顾客（集团内部的其他组织）不再是被动的服务接受者，它可以根据自己的意愿做出决定，即是否接受这些服务。也就是说，服务不再是托管式的，决策权由接受服务的客户全面掌握。这时的财务共享服务中心为了证明自身服务的专业化，需要不断提升自身服务质量，优化流程，加强沟通，根据确定的服务流程与标准提供服务。除此之外，财务共享服务中心还要开始提供专业化顾问服务，且强调不断提高服务质量和降低成本。与此同时，成本补偿机制开始引入财务共享服务中心，接受服务的客户根据服务的成本支付费用。

总之，市场模式与基本模式的关键区别有两个：一是咨询服务内容更加专业，二是控制权与服务权出现分离。

（三）高级市场模式

高级市场模式是目前国外很多大的集团或跨国公司所普遍采用的一种模式。高级市场模式有利于内部控制的加强，能在兼顾自身成本效益原则的同时，保障自身公司信息的安全性，并且在有能力的情况下，财务共享服务中心还可向外部客户提供服务。高级市场模式兼顾了市场模式的特征，客户拥有更高的自主权，他们可以在现存的几个财务共享服务中心中进行选择，如果他们认为内部财务共享服务中心的服务数量或者质量难以满足需求，可以更换，甚至从外部购买自己所需要的服务。高级市场模式引入了竞争，向客户提供、推荐最有效率的财务服务供应商，供客户进行选择。

（四）独立经营模式

独立经营模式的特征主要体现在“独立”二字上，该模式下的财务共享服务中心已经开始作为一个独立的经营实体来进行运作，它不仅向企业内部客户提供产品和服务，而且同时还服务于外部客户。该模式下的财务共享服务中心凭借其专业的技能、技术及知识开始与外部机构展开完全竞争，同时服务收费也完全呈现市场化态势。此时，财务共享服务中心开始创造稳定的利润和收入，并且不断优化服务与产品，以便吸引新客户、维持老客户，使自身不断发展壮大。目前来看，在我国已经实施财务共享服务中心的集团公司里使用这种模式的还很少。

第二节 我国财务共享服务中心的发展现状与面临的挑战①

福特汽车公司是美国第一家建立财务共享服务中心的公司。20 世纪 80 年代，通用

① 本节中数据及图表是由 ACCA（特许公认会计师公会）、中兴新云服务有限公司、厦门国家会计学院联合发布的《2020 年中国共享服务领域调研报告》相关内容整理形成的。

电气和百特在新加坡成立了财务共享服务中心。1988 年，通用汽车将其分散的 100 家机构合并为一个单一的财务服务中心。从那时起，美国运通和百时美施贵宝创建了全球财务共享服务中心。自 2008 年以来，80% 以上的财富 500 强企业和 50% 的日本大企业经历了三个不同的发展阶段：降低成本、提升服务质量、为集团公司提供战略支持。现在，越来越多的企业正在通过财务共享服务调整其业务模式和流程。我国也建立了越来越多的财务共享服务中心。

一、我国财务共享服务中心的发展现状

作为一个新兴市场，中国经济的快速增长、巨大的潜在市场需求和成本优势吸引了越来越多的跨国公司投资中国市场并在中国设立分支机构，财务共享服务得以兴起和快速发展。在跨国公司财务共享服务中心的示范效应下，在会计集中核算的基础上，我国部分大型企业也陆续走上了建设财务共享服务中心之路。

“共享”这个词在国内财务领域的出现已有 10 多年的时间。2004 年，国内只有极少数企业引入财务共享服务中心，它们借助这一模式创新，提升了自身的管理水平和竞争力。2010 年后，在我国政策的推动下，越来越多的企业集团看到了财务共享服务中心在成本、效率、风险和集团管控等方面的价值，一时间，财务共享服务在国内呈燎原之势。回顾这 10 多年时间，财务共享服务中心在助力企业成长方面取得了重要的成绩。但同时我们也必须清楚地认识到，财务共享服务中心在我国还处于发展阶段，无论是对财务共享服务的认识、管理模式、人才培养，还是对实践过程中的经验、困惑和思考的总结，都远远不够，还需要进一步提高认识和不断尝试。我国仍然有很多企业还没有实现从传统财务向财务共享服务中心的转变。

根据 ACCA、中兴新云服务有限公司、厦门国家会计学院联合发布的《2020 年中国共享服务领域调研报告》，当前我国财务共享服务中心发展呈现以下态势。

（一）财务共享服务中心建设呈快速增长趋势

在受调研企业中，财务共享服务中心的运营时间为 1 年以内（含 1 年）的占 24.22%，1～3 年（含 3 年）的占 30.10%，3～5 年（含 5 年）的占 16.96%。见图 5－1。也就是说，有超过一半的受调研企业的财务共享服务中心运营时间在 3 年以内，将近四分之三的企业的财务共享服务中心运营时间为 5 年以内，5～10 年（含 10 年）的占比 13.84%，10 年以上的占比 14.88%，表明近 5 年我国的财务共享服务中心建设在快速增长。

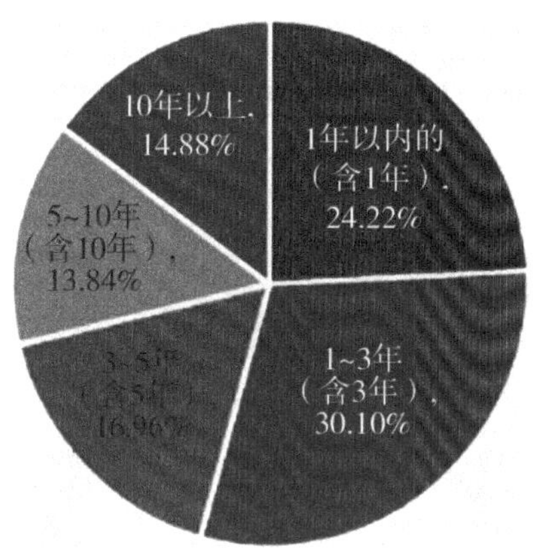

图5－1　财务共享服务中心运营时间

（二）大城市成为财务共享服务中心选址热点

在财务共享服务中心的选址上，北京、上海、广州、深圳等一线城市仍是热点，武汉、西安、成都、杭州、南京等城市逐渐走红。这些城市拥有良好的政策环境、技术环境，人力资源丰富，成为选址的热点城市。还有一个重要原因，为了加强企业管控，为企业提供充足的后勤保障，许多公司在设立财务部门的早期阶段就已决定设立一个共享服务中心。

这些城市凭借自身的资源禀赋分别在教育资源丰富性、服务辐射性、行业代表性等三个方面呈现出各自的特色。例如，从教育资源丰富及降低人力资源成本的角度上来说，成都、武汉、西安是不错的城市选择；从服务辐射区域来看，全球性的财务共享服务中心大多布局上海，而深圳在服务东南亚市场上有较大优势；从行业角度来说，财务共享服务中心地址的选择大多呈现出与本地优势行业紧密关联的特点，如上海在财务共享服务中心拥有量上占有绝对优势。

（三）财务共享服务中心隶属关系以财务部门下属组织单位为主

从隶属关系上看，财务共享服务中心在企业中主要有以下几种组织形式：财务部门下属组织单位、与总部财务部门平级组织、独立于财务组织、作为独立法人。从前往后，其经营管理独立程度越高，运营也越成熟。虽然财务共享服务中心的终级目标是发展成为独立法人，但目前而言，企业根据自身的具体情况选择合适的模式即可。

根据该调查数据，在被调查机构中，56.40%的受调研企业的财务共享服务中心属于公司总部的财务部门下属组织单位，隶属于总部的模式有利于财务政策的下达执行和上下级单位之间沟通协调；21.45%的受调研企业的财务共享服务中心是与总部财务部门平级的财务组织，这种模式下汇报层级少，可以保持管理的灵活性；12.46%的受调研企业的财务共享服务中心独立于财务组织，对内提供服务，组织的独立性得到提高；7.61%的受调研企业的财务共享服务中心属于独立法人，其对内部或外部提供服务，这种独立运营、市场化运作的方式，更有利于自我发展空间的提升，更有动力实现成本降低、效率提高的目标，同时也实现了财务共享服务中心定位的转变，带来了价值创造。见图5－2。

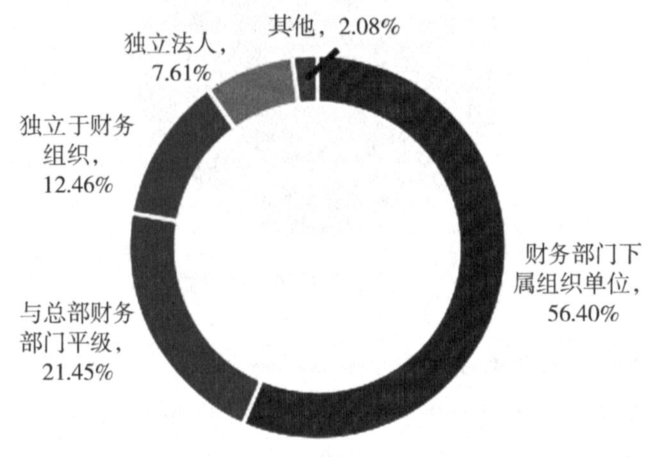

图5－2 财务共享服务中心的隶属关系

（四）新一代信息技术在财务共享服务中心得到应用

通过调研统计发现，越来越多的企业在财务共享服务中心内部应用机器人流程自动化（Robotic Process Automation，RPA）技术、大数据技术、可视化技术等来进一步提升业务处理效率，加强风险管控，为客户提供优质的服务和高质量的决策支持服务。其中，RPA技术（55.20%）和大数据技术（48.00%）的应用投入显然已经成为企业财务发展的重要投资方向，可视化（27.60%）、智能识别（24.00%）、高级分析（23.20%）与云计算技术（18.80%）位于第二梯队。见图5－3。

1. RPA技术

RPA技术基本上是一个重复性的工作处理过程和人工操作模拟过程，能帮助财务专业人员完成高交易量、高重复性、易于标准化的核心工作，尤其是在许多不允许异构开源接口的系统中，提高了财务流程和业务处理的效率与质量，减少财务合规风险，使资源分配在更多的增值业务上，促进财务转型。财务共享服务中心很多大量重复且规则明确的流程都符合RPA技术的适用标准。目前，RPA技术已经成为财务共享服务中心应用较为成熟的技术之一。

2. 大数据技术

麦肯锡全球研究院将大数据定义为大到超过传统数据库软件获取、存储、管理和分析能力的一组数据，具有数据体量大、数据流动快、数据类型多和价值密度低等特点。大数据的重点不是收集大量数据，而在于如何处理和利用这些数据。在数据大爆炸时代，大数据技术为企业进行数据采集、处理、存储、分析插上了翅膀，让无意识的数据转化为有价值的商业洞察，做到“于数据中寻求答案，于分析中预测未来”。

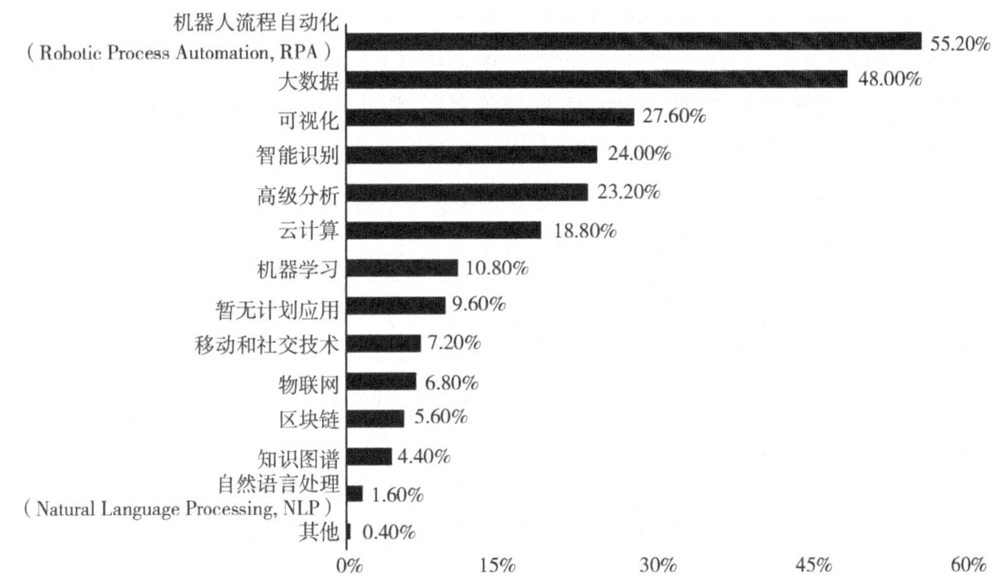

图 5－3 新兴信息技术在财务共享服务中心的应用

3. 可视化技术

可视化技术是指利用计算机图形和图像处理技术，将数据以图形或图像的形式显示在屏幕上，然后进行交互处理的理论、方法和技术。可视化技术能够提供实时信息、全貌展示数据，并且让复杂的信息变得更加简洁和易于理解。可视化技术在财务中的主要应用是数据统计和分析，能更清楚、直观和多维度地传达信息及展示趋势，帮助企业“看到”涉及重大决策和发展的事项。

4. 智能识别技术

得益于智能识别技术在财务领域的成熟应用，如光学字符识别（Optical Character Recognition，OCR）技术，神经网络旁路技术，图像扫描、预处理和检测等，企业极大地提高了财务单据审核的工作效率。

5. 高级分析技术

分析技术一直以来都是财务的重要工具，越来越多的企业希望财务能够提供更多有价值的信息，由“事后”走向“事前”，发挥“导航仪”的功能。在此需求下，财务将更加重视分析能力的提升，包括应用一些复杂的算法模型来为企业提供高质量的洞察和更精准的预测。高级分析可分为归纳性分析、预测性分析、预防性分析和商业智能四类。基于企业级大数据，高级分析技术可帮助管理者洞察新的商业模式、新的产业方向、新的需求变化，预测未来的行为与结果，促进实时行动。

6. 知识图谱技术

知识图谱技术用于描述现实世界中的实体及其关系，是一种比传统关系数据库更好的复杂关系网络技术，具有更高的关联查询效率。在财务管理领域，可以利用知识图谱技术绘制关联图，发掘企业间的关联关系，排查问题企业，降低风险。例如企业供应商关联关系的智能化管理，供应商管理关系的透明、精准、实时性对于企业规避风险、履行有效的招采流程、筛选优质供应商而言十分重要。

7. 自然语言处理（Natural Language Processing，NLP）技术

NLP 技术是使用计算机分析自然语言数据和文本，检索任务数据，搜索、自动翻译和生成文本的技术。财务领域存在大量的文本合同、文本报告、表格信息等需要进行识别，以往这些内容主要依靠人工完成，但现在 NLP 技术可以自动、高效地完成识别。目前使用成熟的应用场景有：第一，文档关键信息的自动提取。企业可以使用 NLP 技术收集有关合同的文本信息，快速提取合同元素。第二，判断合同内容的差异。通过 NLP 技术可以自动判断合同处理过程中是否存在缺陷、变更或其他异常，可以对差异信息进行有效比较。第三，记录风险情报审计。通过查阅合同文件中的风险条款，了解和排除高风险合同，实现合同欺诈的智能防范。

（五）大多数企业财务共享服务采用单中心模式

在被调研的企业中，81.31%的企业设立了一个财务共享服务中心，18.69%的企业设立了多个共享服务中心。

单个的财务共享服务中心有助于业务流程、数据标准和信息系统的统一，从而最大限度地发挥其效应，并帮助企业实现集中控制的目标。多中心模式是指企业根据不同的服务功能或服务对象，创建多个财务共享服务中心进行独立或者协同运作，可进一步细分为区域多中心、下级单位多中心、业务板块多中心和专长多中心。

（六）大多数财务共享服务中心作为成本中心运营

从功能定位来看，财务共享服务中心可分为成本中心和利润中心。调查结果显示，在受调研企业的财务共享服务中心里，有76.12%为企业自有成本中心，为企业内部客户提供服务；有23.18%为企业利润中心，其中14.88%为人为利润中心，8.30%为自然利润中心。

人为利润中心是成本中心向自然利润中心的“过渡体”，可能以企业内部职能部门或独立的法人形式存在，但相较于成本中心，人为利润中心按照计费标准为企业内部客户提供服务；与人为利润中心相比，自然利润中心通常以独立法人的形式独立运作，还可以面向外部客户提供服务。

（七）多数财务共享服务中心的人员数量少于100人

人员规模标志着财务共享服务中心的业务承接能力，也可以体现共享服务建设的

规模效应。通常人员规模大的财务共享服务中心，业务覆盖范围和业务量相对较大，对管理水平的要求会更高，也更有动力不断进行流程优化和技术创新以降低成本。但随着业务流程和信息系统的不断标准化、自动化、智能化，财务共享服务中心的人员规模会在一定程度上得以精简，促使更多的财务人员完成职能转型，实现企业财务人员组织架构和规模分布的逐渐优化。

根据调研结果，73.01%的受调研企业财务共享服务中心的人员数量在100人以下（含100人），19.38%的受调研企业共享服务中心规模在101~300人之间（含300人），仅7.61%的受调研企业的财务共享服务中心人员规模在301人以上。见图5-4。

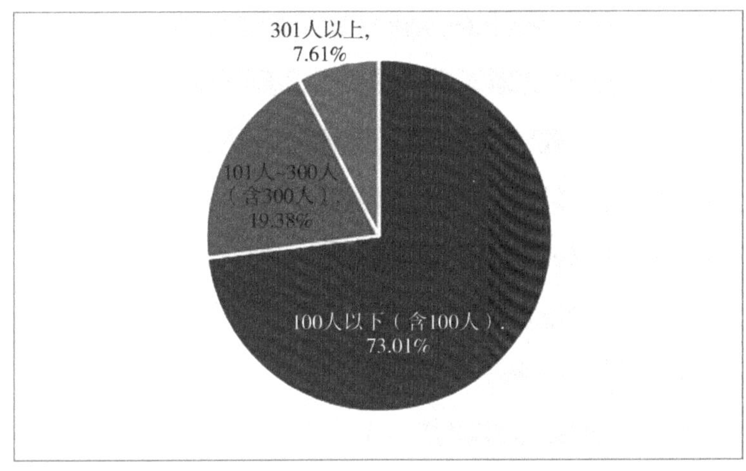

图5-4 财务共享服务中心的规模

（八）传统功能主导业务流程

编制专业化、规范化的业务流程，是建设和运营财务共享服务中心的一项基本要求和任务。财务共享服务中心所覆盖的业务流程越多，说明财务共享服务中心所提供的服务范围越广。调研数据显示，财务共享服务中心覆盖排名前6位的流程分别是费用报销（96.54%）、资金结算（84.08%）、固定资产核算（80.97%）、采购到付款（80.28%）、总账到报表（78.89%）、成本核算（72.32%）、订单到收款（64.36%）。见图5-5。

（九）常用功能仍以传统会计功能为主

信息系统是实现财务共享服务中心高效运行的有力工具。一方面，信息系统的使用可在提高业务处理效率，加强风险合规管控，提升员工、客户、供应商等利益相关者满意度方面取得良好成效，有效提高财务信息化水平和财务管理能力。另一方面，通过建立统一的财务共享平台，实现各个业务系统、财务系统间的互联互通，能更好地支持财务共享服务中心作为企业数据中心的地位和作用，帮助企业进行数字化转型。

在实际实施过程中，企业必须顺应时代潮流，不断更新和完善信息系统，实现更多的业务场景应用，提升财务的自动化、智能化水平。总的来说，财务共享服务中心的计算机化、自动化、智能化水平越高，就越成熟，在降本增效、价值创造、风险管控等方面越能发挥更大的作用。

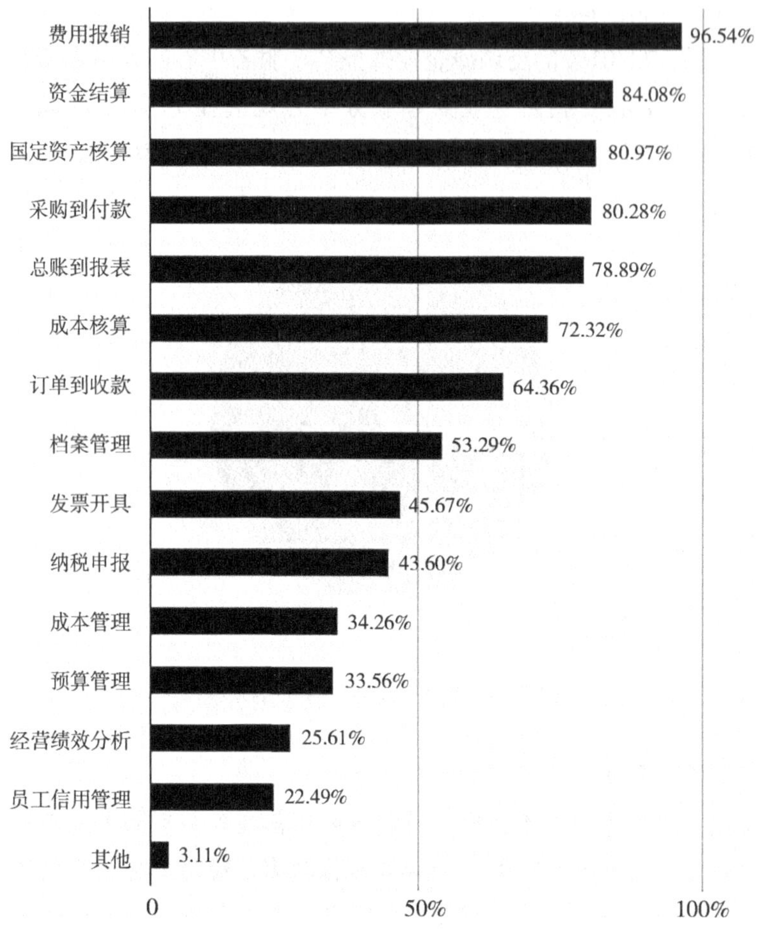

图 5－5 财务共享服务中心所覆盖的业务流程

在这项研究中，受调研企业的财务共享服务中心最常应用的系统中排名前 5 名的为财务核算系统（100. 00%）、费用报销/业务报账系统（100. 00%）、电子影像系统（74. 05%）、资金管理系统（73. 01%）和银企互联（69. 20%）。见图 5－6。

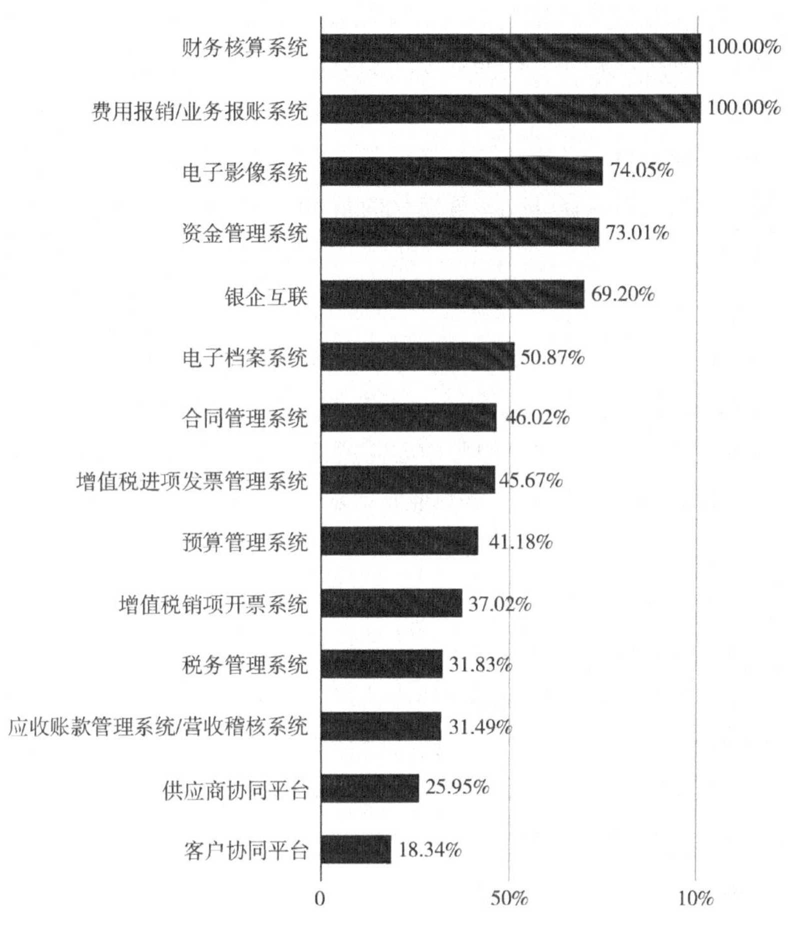

图5-6　企业财务共享服务中心最常应用的系统

二、财务共享服务中心发展面临的挑战

在变化日新月异、颠覆无处不在、格局不断演化的当下，企业无时无刻不面临着挑战，财务共享服务中心的发展也面临诸多因素的挑战。

（一）及时应对政策环境的变化

近年来，随着我国对会计、税务等相关政策的不断调整，财务工作也需要做出及时调整以有效应对。如电子发票、电子档案等有关政策的出台，促使发票的开具、交付、流转和会计档案的管理都发生着翻天覆地的变化，财务共享服务中心传统的业务流程和信息系统需要满足新政策下的新要求，必须考虑通过调整优化业务流程、上线新的信息系统等方式来应对政策环境的变化。

（二）紧跟技术变革步伐

新兴技术的崛起不断催生着商业模式的创新，带来了企业间竞争的加剧。诸多企业纷纷开始行动，利用颠覆性的数字力量进行数字化转型以开拓业务创新、强化竞争优势、提升核心竞争力、寻找新的利润增长点。财务共享服务中心在这场“大变革”中需要考虑如何通过引入自动化、智能化的技术工具，助力企业实现端到端的一体化和数字化运营。

（三）满足监管要求

随着我国资本市场改革的不断深入、投资者风险意识日益加强，逐渐严格的监管环境和日趋完善的监管体系驱使着企业不断提升经营管理水平、提高风险防范能力、细化内控管理精细度。财务共享服务中心需要通过诸多手段（如通过系统内嵌规则设置、实现内部控制全程管理等），满足监管要求，帮助企业实现更有效、更智能的风险控制。

（四）打造数字化人才

人才管理是成功建立财务共享服务中心的关键问题，也是我国企业面临的重要挑战，更是财务会计数字化转型面临的核心挑战。财务共享服务中心的出现，让财务会计人员的专业化分工更为明显，也对财务会计人员提出了更高的能力要求。财务会计人员的转岗、再培训与形成有效的数字化人才培养机制是一项长期工作，不可能一蹴而就，需要形成长期的发展规划。

（五）接受信息安全风险的挑战

随着企业规模的扩大和业务流程的复杂化，企业需要处理的信息日益增多，对于财务共享服务中心来说，财务数据量较之前更加庞大，如果没有足够的能力去运用好大数据技术，使用与企业经营特征相匹配的财务处理系统，那么很可能造成信息拥堵和堆积，反而不利于信息的传递，造成有关业务的滞缓，甚至会产生信息安全风险，对企业造成不利影响。这就需要企业购买和实施合适的财务系统，并根据自己的实际应用不断改进，以适应企业中不同的需求，同时修复其中的漏洞。因此如何维护网络安全，加强对防火墙的重视程度，及时发现系统中存在的漏洞、减少安全隐患也是企业面临的挑战之一。

（六）面临数据的获取成本和甄别挑战

随着财务共享服务中心的运行，出现了海量业务与财务数据沉淀，企业面临更加复杂的财务会计信息来源，更加多元的财务会计信息表现形式，信息提取和处理的难度和耗费的成本大幅提升。它不仅需要企业的会计人员熟练掌握对财务会计信息的基本处理和系统的操作，还需要有对数据进行甄别的能力，能结合信息的重要程度做出综合性的判断。

第三节 财务共享服务中心的展望

科学技术的发展催生着无数变化，也孕育着无限可能。经过一段时间的发展，越来越多的企业设立了财务共享服务中心，并应用新的信息技术来进一步提升业务处理效率、加强风险管控，以提供卓越的服务和高质量的决策支持。可以预见，未来随着数字技术持续应用和不断进化，财务共享服务中心将被不断赋能和重新定义。

一、云技术助推财务共享服务的全球化、虚拟化

云计算是一种基于互联网和虚拟技术的领先的计算模式，其出发点是将大规模的普通的计算节点高效组合，形成一种大规模并行处理环境。《IBM 云计算方案白皮书》将云计算定义为一种计算模式，在这种模式中，应用、数据和 IT 资源以服务的方式通过网络提供给用户使用。云计算可以从两个方面来理解：一方面，作为提供应用程序平台的基础设施，类似于 PC 机上的操作系统；另一方面，作为在基础设施上的云计算应用，如数据库应用，其目标在于高可扩展性与可用性。

云服务的特点是成本低、效率高、灵活性强、集中度高，对企业集团具有巨大的商业价值。因此，云服务逐渐成为企业信息化管理的发展方向，基于云计算技术和云服务平台的财务共享服务中心正在成为越来越多企业集团的实践和发展趋势。

建立财务共享服务中心的主要出发点是满足企业集团复杂的财务管理需求，降低财务管理成本，提高财务管理效率，而云计算模式的特点可以满足这些需求。首先，云计算服务平台可以动态分配资源，随时扩展资源，根据用户使用情况动态加载资源，有效解决业务量分布不均造成的资源浪费。其次，用户通过互联网接入终端访问云服务，大大减少了本地数据的存储和处理，避免了购买设备所涉及的大量资金投入，也不需要维护一个庞大的核心 IT 服务部门，降低了劳动力成本。更为重要的是，云计算服务平台具备随时随地访问资源的能力，充分满足用户即时使用资源的需求，可以让不同地域、不同工作时间的员工协同工作。

二、大数据技术提升财务共享服务中心的数据价值

大数据并不是一种全新的信息技术或产品，而是对人类世界的一切信息网络化、数字化后，对整个社会组织运转方式革命性变化的归纳，它以一种前所未有的方式，

通过对海量数据进行分析，获得有巨大价值的产品和服务。

大数据技术在提升财务共享服务中心的数据价值上主要体现在以下两个方面。

（一）大数据技术助力财务共享服务中心的流程优化

受企业业务领域拓展、组织结构变化、战略目标转变等因素影响，财务流程乃至整个业务流程的优化在财务共享服务中心呈现为持续性的过程。其业务流程的优化方式可归纳为“整理业务需求—发现流程问题—制定新的流程—测试、执行新流程—发现流程新问题—制定新流程”的持续优化的过程，其核心与互联网企业基于海量数据的持续优化产品、服务的逻辑类似。它们的差别在于，财务共享服务中心的流程优化并不一定建立在对海量数据的分析基础之上，在发现需求和问题阶段便很可能由专业财务人员、流程专家在经验和数据辅助支撑的基础上制定新的流程。由此可见，传统的财务共享服务中心的流程优化过程受人为因素影响很大。但是随着财务共享服务中心的推广，越来越多的业务数据得以集中存储，财务共享服务中心可采用数据挖掘的方式发现问题、优化流程与服务。财务共享服务中心除了为企业内部客户服务外，还为某个行业的客户甚至跨行业客户提供财务服务，此时，它所拥有的数据规模更为庞大，更具有代表性，也更有价值。

（二）大数据技术帮助财务共享服务中心挖掘商业机会

财务共享服务是方法，不是目的，建立财务共享服务中心的最终目的是推动财务组织的转型升级，在共享服务的基础上，实现财务组织操作与管理分离，实现组织、流程、系统、人员的再造，建立企业的战略财务和业务财务团队。财务共享服务中心是数据中心，主要负责采集数据、加工数据并提供数据。

财务共享服务中心的独立经营模式代表着面向市场的专业财务共享服务供应商。事实证明，财务共享服务中心的经营趋势，正从获得成本补偿向赚取利润转变。针对参与市场竞争的财务共享服务中心而言，大数据分析能力可有效帮助其挖掘商业机会、提升市场竞争力。

当前，无论是从内容、结构还是从体量上来看，绝大多数财务共享服务中心的数据尚不具有大数据的特点，其数据分析、数据挖掘方式仍较为传统，且不具备大数据处理的基本条件。但随着移动互联网、物联网的高速发展，大数据技术将逐渐成熟，大数据技术的商业化将像云计算一样迅速发展起来。目前，以中兴通讯为代表的成熟的财务共享服务中心正在向云计算、云服务方向发展，并取得了一定的成效。在不久的未来，大数据的应用技术也将会在财务共享服务领域发挥积极作用。利用云计算技术实现财务共享服务的全球化、虚拟化，不断获得海量的业务数据，在有效分析、使用这些数据的基础上，发挥其价值，这将是财务共享服务中心的核心竞争力。

三、智能技术推动财务共享服务中心自动化

智能技术作为流程自动化和智能化的催化剂，正广泛地应用于财务共享服务中心，加速并改善财务共享服务流程的效率和质量。根据相关调研报告，多项新兴技术广泛应用于财务共享服务中心，其中的智能技术更是有效地推动了财务共享服务中心的自动化。

在不久的将来，财务共享服务中心的常规工作岗位将由财务机器人程序所替代，财务共享服务中心最终会演变成财务自动化工厂。

四、运营的外包化和众包化

由于财务共享服务中心的岗位职责越来越清晰，岗位呈现虚拟化的趋势。因此，在保障信息安全的前提下，财务共享服务中心的部分工作可以外包给其他组织或个人来完成，即未来财务共享服务中心的任务并不一定完全由财务共享服务中心的自有员工完成，这就意味着财务共享服务中心的组织边界将会呈现模糊化、动态化的特点。这种外包或分包模式将可能给财务共享服务中心的质量管理、风险控制等方面带来新的问题。

五、实现与管理会计及业务的整合

财务共享服务中心的服务内容除传统的交易性流程工作之外，还扩展到更多的高价值流程工作，而这些工作迫切需要与管理会计及业务的融合。

财务共享服务中心是财务会计转型的第一步，它促进了财务组织与财务职能的再造：战略财务在集团层面发挥控制和管理职能，为企业经营管理提供决策支持；业务财务深入业务单位，对业务单位提供业务管理支持；财务共享服务中心处理企业的基础核算业务，为战略财务和业务财务提供支持。

对于财务共享服务中心来说，云计算技术的引入，使财务共享呈现全球化和虚拟化，智能技术的出现带来了财务运营的自动化和智能化，财务共享服务中心的发展进入了以技术为主导、人力为补充的后共享或智能共享时代。财务会计需要借助新技术的赋能，在财务共享服务中心模式的支持下，赋予这一古老职业新的生命，开启新的征程。

第六章 云会计

数据新时代，万物皆可“云”。服务云端化是以云计算技术发展为前提的企业信息化发展趋势，特别是云计算的发展，使得“会计＋云计算＝云会计”成为现实。大型企业集团可以通过部署在私有云或混合云的财务共享服务中心获得云会计服务，而中小微企业可以通过公有云获得云会计服务。云会计系统在一定程度上实现了与外部系统的有效衔接及与外部供应商和客户的协同、数据交互。云端化的系统部署可以更加充分利用组织的内外部优质资源，实现更加高效的协同和联动机制。

第一节　云计算与云会计概述

20 世纪末至 21 世纪初，网络会计的研究热潮为会计与互联网融合发展进行了有益探索。2006 年云计算概念被提出。2011 年前后，云会计作为网络会计的“接棒人”，开始进入人们的视野并得到迅速的推广应用，实现了从理论探索到广泛应用的巨大跨越。

一、云计算概述

云计算（Cloud Computing）的发展直接影响着云会计的发展。可以说，云会计实际上是云计算在会计领域的具体应用。

（一）云计算的提出与发展

云计算技术发源于虚拟化技术，其发展演进大致如表 6－1 所示。

表 6－1　云计算的发展演进

阶段	时间	特征
积累阶段	1959—1999 年	虚拟化、网络、分布式、并行等技术的成熟
初现阶段	1999—2006 年	Saas/Iaas 出现
形成阶段	2006—2009 年	云计算三种形式全部出现
发展阶段	2009—2015 年	功能种类逐渐完善，传统企业开始上云
现今阶段	2015 年至今	形成主流平台和标准，格局趋于稳定

“云计算”这一概念是由谷歌首席执行官埃里克·施密特（Eric Schmidt）在 2006 年 8 月 9 日的搜索引擎大会上首次提出的。在发展早期，云计算被普遍地理解为简单的分布式计算，它解决了任务分配，实现了计算结果的组合。因此，云计算也可以称为网格计算。现在我们所说的云计算不仅仅是分布式计算，而是分布式计算、效用计算、负载均衡、并行计算、网络存储、热备份冗杂、虚拟化等相关技术的演进和飞跃。

不同国家与地区，对云计算有不同的界定。美国国家标准局与技术研究院（NIST）将云计算定义为：云计算是能够提供方便、快捷、使用网络访问配置计算资源共享池的即用即付创新服务模式，无须用户管理或交互就可以快速高效地部署和发布这些资源。中国信息通信研究院将云计算定义为：一种利用分布式计算技术，整合软硬件计算资源，从而实现规模化计算的创新信息处理模式。

2006 年，亚马逊发布了第一个弹性计算云（Elastic Compute Cloud）服务，随后谷歌、雅虎、微软等 IT 行业巨头相继推出各自的云计算产品和业务，云计算逐步普及开来。随着我国腾讯、百度、华为等更多企业的入局，云计算形成了“群雄争霸”的局面，我国的云服务厂商在不断的竞争中逐步在全球市场取得了一席之地。

中国信息通信研究院 2022 年 7 月发布的《云计算白皮书（2022 年）》显示，2021 年中国云计算总体处于快速发展阶段，市场规模达 3229 亿元，较 2020 年增长 54.4%。其中，公有云市场继续高歌猛进，规模增长 70.8% 至 2181 亿元，有望成为未来几年中国云计算市场增长的主要动力；与此同时，私有云市场突破千亿元大关，同比增长 28.7% 至 1048 亿元。公有云 IaaS 市场规模达 1614.7 亿元，增速 80.4%，PaaS 依然保持着各细分市场中最高的增长速度，同比增长 90.7% 至 196 亿元；SaaS 市场继续稳步发展，规模达到 370.4 亿元，增速略微滑落至 32.9%。在厂商市场份额方面，阿里云、天翼云、腾讯云、华为云、移动云占据我国公有云 IaaS 市场份额前五；公有云 PaaS 方面，阿里云、华为云、腾讯云、百度云处于领先地位。

（二）云计算服务的模式

云计算系统的供应商和服务提供商负责提供丰富的资源。在具体的应用过程中，用户的硬件设备不需要有强大的 CPU，不需要巨大的存储空间，也不需要安装专门的软件。只需要将数据上传到云端，一个强大的计算中心就会对它展开处理，通过强大的计算能力来提高数据处理的效率，用户不用担心设施、数据中心、应用程序的日常维护和管理，节省了大量的管理精力和人力成本。特别是使用云计算服务的人员摆脱了时间和地点的限制，只需要拥有一台网络通信终端，就能随时随地调动这些庞大的计算资源为其所用，真正实现享受低投入的同时能获取高标准的服务。

1. 基础设施即服务（Infrastructure as a Service，IaaS）

基础设施即服务是指将信息化基础设施（如硬件资源、操作系统等）虚拟化并封装成服务提供给用户使用。在这种模式下，用户根据自身需要选择基础设施。包括硬件、操作系统、应用程序等。云服务提供商拥有这些设备的所有权，并提供基础设施的日常运行和维护服务，而用户可以使用这些虚拟基础设施并支付费用。

2. 平台即服务（Platform as a Service，PaaS）

平台即服务是指云计算服务提供商将企业用户所需的平台作为服务，其中一般指中间件平台，即对应用平台进行抽象和虚拟化，将应用平台作为资源池进行管理和分配，形成共享平台或应用平台源池。PaaS 通常以 SaaS 模式呈现给用户，因此 PaaS 是 SaaS 服务的延伸，是 SaaS 模式的特殊应用。在典型的云计算级别，PaaS 提供商为用户的应用程序提供运行支持环境。在这种模式下，用户可以使用云计算服务提供商提供的开发语言和工具、数据库和应用服务器等，以开发自己的应用并发布到云基础设施。用户不需要购买平台软件，也不需要管理与控制云端基础设施，利用 PaaS 就能够完成相关工作。

3. 软件即服务（Software as a Service，SaaS）

软件即服务是将特定的应用软件功能封装成服务，这些服务是为特定的目的而专门设计的。SaaS 服务不像 PaaS 服务一样提供平台支撑，也不像 IaaS 一样提供虚拟服务器的服务，它提供的是应用软件方面的服务。在这种模式下，云计算服务商将应用程序统一部署在云基础设施上，并提供应用程序实施、后期管理与维护等一系列服务，企业只要根据自己的个性化需求，向云计算服务商订购所需的应用软件服务即可。

这三种模式各有特点，用户应该根据自己的实际需求进行选择。为了更好理解这三种模式，下面以“利用汽车外出到某地”的例子对 IaaS、PaaS、SaaS 做进一步的解释。假设现在有以下四种出行方案。

传统方案：自己买车，自己维护，自己开车去往目的地。这种情况下用户需要支付车款、保险费、维护费、燃油费、过路费等费用。

IaaS 模式：从租车公司租一辆车，自己开车去往目的地。这种情况下汽车购车款、维护费等都由租车公司承担，用户需要支付燃油费、租车费、过路费用。

PaaS 模式：包车方式。这种情况下用户只需要提供目的地并支付租金，汽车的行驶和运行都由司机决定。

SaaS 模式：选择使用既有公共交通工具前往目的地。这种情况下用户只需要支付车票费用。

以上四种方案究竟如何选择，可以根据用户的意愿和需求决定。

（三）云计算的部署分类

依据功能、内容的共享程度，云计算可分为以下几种。

1. 公有云

公有云是指部署在互联网上的云平台，在整个开放的公共网络中提供服务，具有高度可扩展性的服务平台，主要使用者是广大网民。对于用户来说，公有云最大的优势在于应用、服务和相关数据信息的存储；对于公有云提供商来说，用户只需使用服务，通常采用现收现付的交付模式。公有云最大的缺点是数据不存储在自己的数据中心，具有一定的安全隐患。即使云服务提供商提供了相应的安全标准和相应的安全保障措施，但仍然无法阻止一些黑客通过各种方式进行破坏。与此同时，公有云是否能用并不受用户控制，还存在一些不确定性。公有云更适合经济实力不是很强的中小型单位采用。

2. 私有云

私有云是部署在单位内部供其自己使用的云。私有云提供的服务不供外部使用，而是仅供内部用户或机构使用。部署方拥有和使用基础设施，并且可以控制应用程序在其上的部署方式。私有云部署在一个组织内部，它具有能够控制数据安全性和系统可用性的优势，并且具有稳定的服务性能，现有的软硬件资源可以得到充分利用。其缺点是投资大，尤其是一次性投资建设时，不仅需要大量的资金投人，同时对技术人员的要求也很高。而且，私有云的后期运营和服务都需要专业的技术人员。因此，私有云一般适合规模大、实力强的大型单位采用。

3. 社区云

社区云模式建立在一个小组里的多个单位之间，这些单位目标相似，云基础架构被这几个单位所共享，并且支持一定程度互相分享概念的特别的社区。所有的成本是由成员均摊，能在一定程度上降低成本。

4. 混合云

顾名思义，混合云就是公有云和私有云的组合。它通常是建立在互联网和单位的局域网之间的切换模式。其中有两种情况：第一种是它为内部用户提供云服务，除了满足自身的企业云服务应用外，还可以作为云服务提供商在互联网应用中为客户提供服务；第二种，单位将有特殊要求的数据在私有云上进行处理和存储，对于其他数据可以利用公有云平台完成，兼有公有云与私有云的优点。但是混合云的部署方式对单位的要求较高。

对于云计算的布署类型选择并没有定论，元年诺亚舟高级副总裁李彤认为：云包括私有云和公有云，大型企业先行实验私有云，中小企业更适合用公有云。①

总而言之，云计算是分布式处理、并行处理和网格计算的新发展，或者说是这些计算机科学概念成功应用的结果。它的出现，为大数据技术奠定了坚实的基础，也对会计变革发展起到重要的推动作用。

二、云会计概述

在会计与云技术的碰撞结合中，形成了几个新概念，如财务云、云财务、云会计等。虽然名称上有差异，但它们的出现时间均在 2011 年前后，其含义在本质上相差无几。

云会计是在云计算基础上结合会计衍生而来，它既是建立在互联网基础上的系统，又是为企业提供会计核算、管理和决策服务的虚拟会计信息系统，同时还可以看作一种基于财务共享服务的管理模式。互联网和移动互联网的爆炸式发展，极大推动了云会计的普及和发展。

（一）云会计的概念

国内“财务云”一词的理念来源可以追溯到 2005 年，可以看作是在新信息技术发展的驱动下从财务共享服务的实践中演变而来的一种新模式。在这一年中，由于中兴通讯全球化的快速扩张，针对公司战略和业务进行财务转型的需求，中兴财务共享服务团队将中兴各业务部门的财务工作标准化、精简化，集中到财务共享中心统一处理，从而建立了中国企业第一个财务共享服务中心。2010 年，中兴通讯成立了云计算中心。在讨论云计算技术的发展趋势时，团队发现共享服务中心实际上整合了企业内部的财务计算能力，这与云计算的特点非常吻合——无处不在、每时每刻、随需而用。如同“看不见的财务”，用户不用知道它在哪里、由谁提供，但只要提出服务请求，它就会实时响应，随时获取满足需求的财务服务。因此，2011 年，中兴通讯财务共享服务中心正式更名为“财务云服务中心”，简称“财务云”。这是“财务云”概念在国内首次被提出，寓意着会计服务能像水、电一样，只要打开开关就可以随时、随地获得服务。为了给用户提供最好的会计服务体验，中兴财务云还提出了“5A”服务理念——Anytime（任何时间）、Anywhere（任何地点）、Anyone（任何人）都可以从 Any device（任何终端）获得 Anything（任何东西），这与云计算的特点是一致的。

国内关于“云会计”的概念最早是由重庆理工大学的程平、何雪峰在 2011 年提出的，他们在论文中初步描述了云会计的概念：一个建立在互联网上的虚拟会计信息系

① 陈宋生，张永冀，刘宁悦，等. 云计算、会计信息化转型与 IT 治理——第十二届全国会计信息化年会综述［J］. 会计研究，2013（7）：93－95.

统，为企业提供会计核算、会计管理和会计决策服务。也可以说，云会计就是利用云计算技术和理念构建的会计信息化基础设施和服务。① 随后，不少专家也从不同角度提出了云会计的概念，但目前尚未形成一个权威的概念。

云会计的内涵，可以从服务商和企业用户两个角度来理解。

从服务商角度而言，云会计服务建设主要包括以企业会计信息系统为核心的综合管理系统、服务器、网络存储、会计信息系统和相关业务信息系统等软硬件基础设施建设和会计相关信息系统建设。服务提供商只需要关注能否在互联网上提供构建企业会计信息系统的各种组件，租用组件实施企业会计信息化的成本效益是否合理，是否能够可靠地支持企业会计核算、会计管理和会计决策等会计信息服务。从这个角度来看，利用云计算技术构建的会计信息系统就是云会计。

从企业用户角度而言，其根本目的是通过正规渠道获得服务提供商所提供的会计信息系统和相关业务系统的服务，而服务由谁提供、如何完成，则是企业用户无须关心的，企业用户只需为自己接受的服务付费即可。因此，对于企业用户来说，云会计是服务提供商在线提供，企业用户使用并为之付费的以会计信息系统为核心的综合信息系统服务。

云会计虽然是虚拟的，但对企业用户来说是透明的，云会计给予企业用户的感觉就如同建在本单位内部的会计信息系统，所提供的功能与服务是相似的，甚至专业化、标准化程度更高。

（二）云会计的模式

一般来说，会计云可以理解为利用云计算技术，构建在互联网上，并为用户提供会计核算、会计管理和会计决策服务的虚拟会计信息系统。也可以说，云会计是运用云计算技术和理念构建的会计信息基础设施与服务。

云会计的建设涉及数据资源、网络存储基础设施、提供计算能力的服务器、管理平台以及各种会计服务应用软件的开发等。根据云会计提供的服务功能和企业实施会计信息化的实际情况，云会计的体系结构一般是自下而上的，可以分为应用层、平台层、数据层、基础设施层和硬件虚拟化层。云会计的每一层都由相应的服务组成，其应用模式见图 6－1。

① 程平，何雪峰．“云会计”在中小企业会计信息化中的应用［J］．重庆理工大学学报（社会科学），2011，25（1）：55－60.

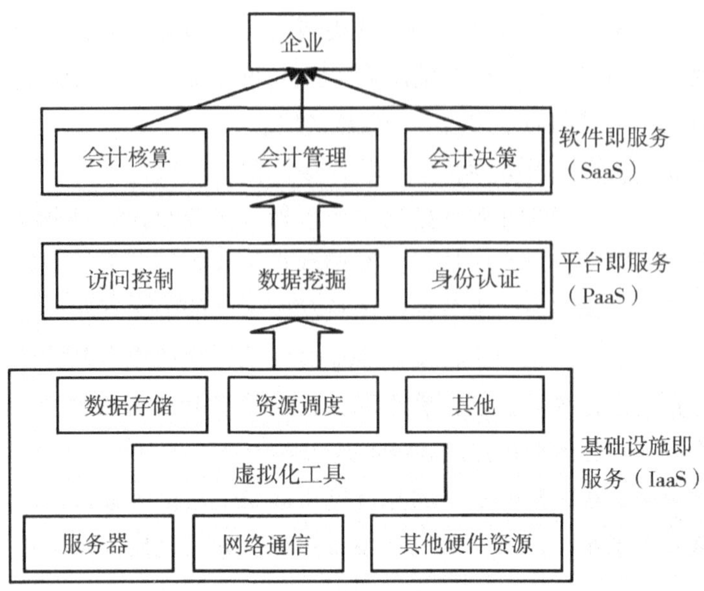

图6－1　云会计应用模式①

云计算提供了三种服务模式，与之相对应的云会计模式也有三种，即租用财务软件（SaaS）、租用平台（PaaS）以及租用硬件基础设施（IaaS），而在现实中主要采用SaaS模式。

理论上讲，在云会计基础架构中，每一层都可以来自同一家云会计服务提供商，也可以来自不同的服务。例如，存储空间可以从多个供应商处购买，会计信息系统的每个模块也可以从不同的软件供应商处购买，但同一服务商所提供的服务更为一致，管理起来也更加便利。

基础设施即服务位于云会计系统的底层，它可以集成数据库存储、应用服务器等软硬件资源，通过虚拟化、分布式计算等技术进行扩展，并按需提供给用户，方便用户在不同时间段或阶段进行作业处理。平台即服务位于云会计系统的中间层，可以为用户提供一个基础平台，而无须提供逻辑业务应用程序。用户可以根据企业财务、会计等业务处理需求，部署构建会计业务处理系统，使其可以根据需求定制服务，为用户提供创造性的价值平台服务。软件即服务构建云会计核算、云会计管理、云会计决策等会计云服务，为用户提供基于基础设施和平台的全新软硬件应用模式。软件即服务模式依托现代云计算、分布式计算、互联网和虚拟化技术，可以为企业提供强大的会计系统在线服务功能，企业不需要投入大量的硬件、软件、专业人员等资源，无须进行任何的运行管理与维护，所需服务都可以通过租用获得。

① 李为波．大数据背景下的企业财务云会计系统应用［J］，财会月刊，2015（31）：13－15.

（三）云会计的特征

近几年来，云会计的快速发展得益于以下几个方面的特征。

1. 便利性

云会计系统方便决策者通过各种终端设备随时随地访问云会计数据。

2. 合作性

会计人员、会计顾问可通过云端随时参与用户的处理方案讨论。

3. 集成性

在云会计系统中，不同部门的会计数据不再局限于部门的应用，而是可以在企业的云会计体系中自由流通，从而达到会计数据与业务数据的快速整合。

4. 学习性

云会计可以利用人工智能技术、机器学习技术和深度学习技术等，确保用户获得良好的使用体验。人工智能技术将在云会计的发展中发挥重要的作用。

（四）云会计的优势

1. 减少资金投入，节约成本

传统的会计信息化建设，初期投入巨大，不仅要购买大量性能良好的硬件，还要购买昂贵的软件，这就导致了用户短期财务压力增大，后期还需要专门的人力进行软硬件的更新、维护，形成持续投入。云会计作为一种新型模式，用户依据自身需求选择适合自己的云会计服务产品，无须购买软硬件、搭建机房和雇用信息化技术人员，按服务时间和服务内容承担费用。用户不仅可以低价使用先进的设备、专业化服务，也节约了日常的管理、维护和升级系统的成本，使用方便、快捷。

2. 处理数据更高效

传统会计信息化系统，由于软硬件设备均需要自行维护，如果出现故障或特殊需求，系统会无法及时响应。而云会计利用分布式存储技术和分布式资源调度程序，提高了资源使用率和数据处理效率，弥补了传统模式的短板。

3. 享受专业化服务

在传统模式下，由于会计从业者水平及能力有差异，容易在工作中产生差错或误操作，从而影响信息的有效利用。云会计服务商所供给的服务既专业又高效，还可以让企业应用最新技术，满足企业日益增长的需要，从而提升信息化的水平。

4. 消除信息孤岛现象

传统的会计信息化系统中财务数据是独立的，财务会计部门的工作也较为封闭，因此很难将财务会计数据应用于其他信息系统中。当今时代，会计部门与其他业务部门之间的联系日趋紧密，业务与财务会计也趋于融合。云会计简化了与其他部门沟通的流程，减轻了会计人员的工作负担，提高了企业和其他部门间的信息集成和工作效率。云会计模式提供了一个统一的、集中的会计信息服务系统，整合后的财务数据可以在财务管理信息系统中进行交互，提高了信息的关联度。云会计还可以实现不同信息系统之间的信息共享，有效地消除了传统模式中信息隔离的问题。

云计算在会计信息化中的应用可以助推企业会计信息化建设，可以为企业发展提供相当大的动力，因此推动云会计的成熟发展是当前的重要任务之一。云会计专注于推动企业管理会计和财务决策工作，让企业专注于经营管理，将进一步推动会计工作的专业化发展。

第二节　云会计的发展

在会计领域，云会计作为一种基于云计算技术和理念的新兴会计信息化模式，与财务共享服务形成优势互补，有效协助企业会计信息化建设，实现信息资源的有效整合，降低用户的运营成本，提高用户的管理能力和应变力，增强用户的生存能力和竞争优势，因此得到广泛的认可和运用。

一、云会计发展应用现状

在我国，云计算从 2011 年开始初步进入应用阶段，逐渐在政府、运营商、金融保险、石化、电力、交通、医疗、教育、物流等行业开始采用云计算技术，其中选择使用私有云的人群比例较高，而公有云应用比例较低。我国云会计平台的研发和推广还处于起步阶段。云会计相关服务有限，大多集中在低端市场，为中小微企业提供服务。

根据 2017—2021 年“影响中国会计从业人员的十大信息技术”评选数据：2017 年，云计算位列第三；2018—2021 年，云会计（财务云）连续 4 年雄踞榜首，大有舍我其谁的感觉。这也充分表明，财务云所代表的会计新模式，已得到财会领域专家和用户的广泛认可，云会计将是当下乃至未来一段时间会计发展的主要方向。

运用云会计，不同规模的用户均能够实现会计信息系统的云端部署：大型企业、企业集团依托于强大的经济实力，可以构建自己的私有云，将整个会计信息系统的功能整合到云会计平台（也称为财务共享服务中心）中。业务操作可以在此平台上完成，而对于一些不敏感的数据及业务的处理，则可以通过公有云平台完成或进行存储，实现混合云的运用；而中小微企业尤其是小微型企业，无须自建会计信息系统，可采用公有云服务，直接租用第三方平台提供的软件即服务模式，实现云会计服务的按需付费使用，以缓解资金压力。这一通行的做法在实践中得到广泛的运用和认可。

相关资料显示，“十三五”时期，以云计算为基础的软件即服务模式已占中小企业财务软件市场70%以上，其中包含经济活动分析等基本的管理会计功能；60%以上的大型企业集团利用了云技术，为管理会计应用奠定了良好的数据基础和信息化环境。①

目前国内市场上的云会计产品主要是面向中小微企业的基于SaaS模式的在线会计服务。这种模式的最大优点在于租金低廉，软硬件不需要用户自己维护。这种模式下的软件由于成本考虑功能相对简单，通用性强，但定制性较弱，因此更适合资金不足的中小微企业及对人员和软件功能定制服务要求不是特别高的行业。

在实践中，国内很多软件商都推出了云会计软件和服务。行业内有较强实力的云会计服务商包括用友、金蝶、浪潮等，其中，用友企业云平台（PaaS）于2012年发布。根据用友网络科技股份有限公司2021年年报显示，其云服务收入53.2亿元，同比增长55.5%，占云服务与软件业务收入的61.6%，并持续高速发展。在中型企业市场业务中，YonSuite、U9C和U8C形成强有力的产品组合，满足中型企业客户不同需求。金蝶云于2014年应运而生（后更名为金蝶云·星空）。金蝶国际2021年度财务报告数据披露，2021年金蝶云业务实现收入27.58亿元，同比增长44.2%，收入占比约66.1%。除了面向大中型企业的云产品，“精斗云”是金蝶集团旗下面向小微企业的一款云服务平台，用友也专门为小微企业打造了一个云财务“好会计”平台。它们均采取按需提供服务，按服务收取费用模式。而2016年初上线的后起之秀“柠檬云财税”则另辟蹊径，大胆尝试推出“永久免费的专业云财务软件”，打破付费财务云形成的用户门槛。这种免费模式消除了云会计产品的使用门槛，使得众多对价格敏感的小微企业实现零成本就可体验专业软件服务，该软件也因此获得众多用户的关注。

目前，云会计的实践形成两个发展方向。一个是提供软件服务的供应商平台，软件服务商需要进行大规模的基础设施建设，包括计算机硬件建设和云计算信息系统的软件开发。另一个是利用云会计平台来为企业提供会计服务的公司，这一类公司主要是为广大云会计用户提供在线培训、代理记账、业务开发、企业流程再造等软性服务，帮助企业更好地使用云会计软件。

二、制约云会计发展的因素

虽然这几年云会计发展迅猛，短时间内就在市场上得到了一定的应用，但是现阶段我国云会计的发展仍处于初级阶段，云会计服务还在摸索当中，如何由传统会计向新型会计应用模式转变、会计信息是否安全等问题也逐渐受到了相关政府部门和企业

① 中华人民共和国财政部会计司．全面深化管理会计应用　积极推动会计职能拓展——《会计改革与发展“十四五”规划纲要》系列解读之九［EB/OL］．（2022-04-01）［2022-08-22］．http：//kjs. mof. gov. cn/zhengcejiedu/202203/t20220325_ 3798431. htm.

用户的高度重视，因此推动云会计的健康、高质量发展成为现阶段的重点任务。

（一）数据安全问题是痛点

数据安全是会计永恒的话题，也是会计信息化“十四五”规划纲要关注的重点：健全安全管理制度和安全技术标准，加强会计信息安全和跨境会计信息监管。坚持积极防御、全面防范的方针，全面提升会计信息安全防护，在各部门的监管体系中重点保障会计信息安全。针对不同类型单位，建立和完善会计信息分类安全管理体系、安全技术标准和监控体系，加强会计信息系统审计，建立有效的信息安全保障机制和应急处理机制。探索跨境会计信息监管标准、方法和路径，防止境内外有关机构和个人通过违法违规和不当手段获取、传输会计信息，切实保障国家信息安全。

作为用户，目前对云会计最为担心的问题依然是安全性问题。随着基于网络环境的会计信息系统的广泛应用，会计数据在单位内部、各单位之间共享和使用，会计数据传输、存储等环节存在数据泄露、篡改及损毁的风险，会计信息系统和会计数据安全风险不断上升，需要采取有效的防范措施。①

对于用户来说，会计信息资料往往属于企业的最高核心机密，企业如果不能充分信赖云服务供应商，往往不会将会计信息系统迁移到云上，这也是云会计在中小微企业推广的最大障碍。云会计信息安全是用户重点关注的问题，云平台存储了大量用户的核心经济业务数据，一旦数据被盗、损坏或者丢失，后果将不堪设想。

在云会计模式下，信息安全性表现在以下三个方面。一是存储的安全性。云会计的存储技术应用虚拟化和分布式方法，用户不知道数据存储的位置，如果存储技术不完善，出现黑客窃取、病毒入侵、数据篡改等问题，那么会计信息将面临严重的安全隐患。二是传输的安全性。传统会计数据在组织内部传输时，加密方法一般比较简单。但是，当它传输到云会计服务提供商的云端时，可能会在传输过程中被拦截或篡改，将导致严重的不良后果。三是平台的安全稳定性。如果云服务供应商出现网络服务故障、软硬件配套基础设施故障等情况，更有甚者，出现服务商倒闭、终止合作等情况，用户轻则无法使用系统服务，重则产生无法挽回的损失。

总的来说，云会计的安全问题，需要云会计数据隐私保护、数据主权归属、服务协议保障、云会计服务运营商资质认证等方面的规范和完善。云会计的安全涉及多方面的利益关系，这个问题解决得好，可以解决用户的后顾之忧，极大地促进云会计的发展。

（二）数据标准和服务标准缺失是困境

《会计信息化发展规划（2021—2025 年）》的总体目标之一就是要建立健全会计数

---

① 中华人民共和国财政部．会计信息化发展规划（2021—2025 年）［EB/OL］．（2022-01-05）［2022-08-20］．http：//kjs. mof. gov. cn/zhengcefabu/202201/t20220105_ 3780882. htm.

据标准体系。在我国对云会计服务目前没有出台正式的指导性文件以及行业标准的现状下，不同云服务商开发的云会计软件所采用的数据标准存在差异，云会计服务商只是按照业务逻辑开发相关软件并提供基础服务，这将在用户选择或变更云服务商等方面埋下很大的隐患。例如，如果企业上下游的材料供应商、客户等没有选择同一家云会计服务商，企业之间的信息如何互连互通？企业用户选用了某家云会计服务商，但若该提供商破产，该用户信息如何准确、便利地迁移至另外一家云服务商？另外，服务标准不统一，云会计服务如何计价收费、评价标准是什么等，都会给用户带来诸多顾虑。我国云会计发展刚刚起步，需要相关的法律法规和服务标准去规范市场，否则可能出现无序恶性竞争、服务同质化等混乱现象，影响用户的利益，从而使得云会计的发展举步维艰。

（三）平台模式与功能的单一是限制

在服务模式方面，目前我国云会计服务提供商主要提供公有云平台服务，鲜见可供用户个性化定制的私有云服务平台。私有云服务平台可以根据用户的特点来搭建，有助于提高企业数据传输过程的安全性，形成针对性的服务，使服务更加高效、便捷。尽管私有云服务价格高，但能向用户提供多样化的选择，满足不同层次用户的需求。

在服务功能方面，国内云会计服务运营商提供的软件功能相对单一。大多数软件只是为用户提供在线记账等基本功能，并不能真正满足用户多元化的需求。

综上可知，云会计在发展中仍存在许多问题，其离全面应用仍需一个较长时间的推广和实践过程，需要全社会与云会计相关的服务供应商、业务部门、政府相关部门、用户等方面的资金投入和全方位参与，形成云会计从设计、运行到监管的全方位合力，方可推动云会计健康发展。

三、促进云会计发展的措施

新技术发展初期往往会受到各种阻力的影响，云会计目前推广程度和被接受程度相对较低。因此，不仅要针对其突出优势和特点加大对云会计的宣传力度，让用户切实感知到应用云会计服务后所能带来的效益提升，还要着力解决影响云会计推广的痛点与难点。

（一）强化云会计安全

云会计服务是否安全直接影响到企业用户对其的使用意愿，因此首先要加强安全保障建设。云会计安全性涉及多个方面，是个系统工程，需要从多个方面进行强化。

1. 建立云会计下的风险评估机制

用户只有相信存储在云会计中的信息是安全的，才会应用云会计系统。不同的用户对云会计安全有不同的要求。在市场竞争环境变化的情况下，云会计服务提供商应根据用户安全需求和业务需求，设置多种云会计组合。因此，有必要建立云会计下会计信息安全的风险评估机制，了解云会计信息系统可能存在的缺陷和潜在的威胁，满足用户对安全的不同需求，消除用户对云会计安全的顾虑，促进云会计服务的安全应用。

2. 确保云会计数据的安全

云记账采用信息安全的主动防御模式，可以考虑从用户和供应商的角度构建安全防御体系，从而全面提升网络安全防御能力。首先，由于大多数用户不是计算机专业的，他们在操作计算机系统时往往无法保证完全遵循网络安全标准，所以要构建一个完善的网络安全管理体系，以督促人们按照制度规范操作；建立健全内部控制制度，强化授权审批制度，加强对用户授权和身份认证的管理，通过身份认证等技术手段增强操作系统的安全性，有效避免或减少因内部控制缺失而造成的会计信息泄露给企业造成的不利影响；同时强化服务供应商的内部管理，防止管理维护人员非法入侵与获取数据。其次，服务商加大研发资金和人力投入，构建一个深度的、主动的防御体系，包括预警、响应、保护、防御、监测、恢复、反击等内容，从技术方面确保网络能够抵御黑客攻击、病毒入侵、木马感染等。再次，提升传输加密技术水平。最后，提高防灾恢复水平，如对关键信息的访问下载设置权限、禁止随意安装软件、进行数据备份等。

数据安全是云计算技术的主要问题，云会计数据服务提供商和用户应该共同努力解决这一问题。

3. 宏观层面完善云计算会计信息安全法规

除了供应商与客户，监管层面的作用也不可小觑。云计算技术发展时间还比较短，虽然我国出台并实施了《中华人民共和国网络安全法》《中华人民共和国数据安全法》等法律，但是它们较为笼统，会计专门的信息安全法规还没有完善。为此监管层面可以先调研了解市场情况，尤其要注意听取各层次云会计用户的意见，多方征集，最后再形成一套完整的法律法规体系，维护好云会计市场的健康有序发展。此外，相关部门还应完善确保数据安全性、云会计服务运营商资格认证、云会计服务条款等方面的相关法律法规，为云会计的应用提供法律保障。

（二）完善标准体系建设

为了促进会计信息化的蓬勃发展，我国也陆续推出了许多标准。但是云会计相关的技术标准尚不完善。当务之急是结合云会计的技术特点，制定云会计的标准，既要在国内推广，又要积极参与国际标准的制定工作，增强话语权。

标准化体系建设有以下四个方面：一是基础标准化建设，包括制定云会计通用规范、术语、结构和服务质量标准等，为云会计标准化建设奠定基础；二是资源标准化构建，规范和指导云会计相关软硬件开发，包括云会计核心技术、资源管理、运维标准等；三是服务标准化，规范服务质量、定价、运营管理等方面，为云会计服务的计费和评价提供统一标准；四是尽快完善云会计服务行业的安全标准，使用户的数据安全得到保障。

（三）完善云会计的功能，提升服务水平

云会计服务商应逐步壮大自身实力，例如技术设备的配备、服务水平、安全保障能力、防灾恢复水平等。这样不仅能提升企业在行业内的口碑，还能扩大知名度，从而使用户采纳本企业云会计服务的意愿得到提升。

为完善云财务软件的功能与服务，云会计产品应方便、易用，符合国内用户的使用习惯。同时应增加基于云计算的在线财务预测、分析、决策支持等智能功能和服务，突出管理功能的发挥。此外，还应提供个性化服务，例如，在线定制服务、灵活的定制功能等，以满足用户的个性化需求。

第七章 区块链技术与会计

虽然目前区块链技术还未能在日常生活中广泛普及，但其发展势头迅猛，已在不少领域得到了初步应用，会计领域也因其应用而受到了较大的冲击。

第一节 区块链技术概述

2009 年 1 月 3 日，世界首个区块“0 区块”诞生了；1 月 9 日出现序号为 1 的区块，并与序号为 0 的创世区块相连接形成了链，这标志着区块链技术的诞生。自此之后，区块链技术逐渐进入大众视野，并因其某些独特的技术优势而受到各国重视。

一、区块链的含义

“区块链”的英文原来是“Chain of blocks”，我国将其译为“区块链”，随着它在国内的发展和影响力的扩大，区块链的英文渐渐变成了“Blockchain”，并为学界所认可。目前关于区块链尚无全球公认的定义，从字面上可以理解为：由一些交易记录数据生成的区块（Block）相互连接组成的链（Chain），也可以将区块链视为分布式的链接账本，每个账户记录的交易信息是一个“区块”。

国外有学者认为，区块链本质上是一个去中心化的分布式账本数据库。区块链本身其实是一连串使用密码学方法产生的相关联的数据块，每一个数据块中包含了一段时间内全网交易的信息，用于验证信息的有效性（防伪）和生成下一个区块。简单概括，区块链就是一个去中心化的“价值传输网络”。

中国信息通信研究院和可信区块链推进计划联合出版的《区块链白皮书（2018

年)》中将区块链的概念描述为：一种由多方共同维护，使用密码学保证传输和访问安全，能够实现数据一致存储、难以篡改、防止抵赖的记账技术，也称为分布式账本技术（Distributed Ledger Technology）。典型的区块链以块—链结构存储数据。因而，区块链技术可以理解为是一种将数据打包成区块、按时间顺序依次排列的数据链，通过计算机加密算法的技术优势确保数据不可篡改、不可造假的分布式账本。

2021 年 5 月，工业和信息化部、中央网络安全和信息化委员会办公室发布的《关于加快推动区块链技术应用和产业发展的指导意见》（工信部联信发〔2021〕62 号）将其表述为：区块链是新一代信息技术的重要组成部分，是分布式网络、加密技术、智能合约等多种技术集成的新型数据库软件，通过数据透明、不易篡改、可追溯，有望解决网络空间的信任和安全问题，推动互联网从传递信息向传递价值变革，重构信息产业体系。

从不同角度来看，对区块链会产生不同的理解。

从狭义上来讲，区块链是按时间顺序由数据区块组成的链式数据结构，以密码学的方式保障不可篡改和不可伪造的分布式账本。从广义上来讲，区块链是利用区块链数据结构验证和存储数据，并利用分布式节点共识算法生成和更新数据，利用密码学的方式确保数据传输和访问的安全性，利用由自动化脚本代码组成的智能合约来编程和操作数据的一种全新的分布式基础架构与计算模式。

从原理上看，区块链是交易各方信任机制建设的完美解决方案。

从技术上讲，区块链是互联网金融的底层技术结构，它将分布式技术、时间戳、密码学和共识机制等技术有机融合在一起。

从会计和审计的角度来看，区块链是一个基于计算机程序的公开、透明的总账，是数字世界里一切价值物的大型网络账簿。如果把区块链比作一个实物账本，“币”是账本上使用的记账单位，一个区块相当于一页账簿，区块中所包含的信息则相当于页面上所记录的内容。

简单理解，区块链是一系列与密码学有关的数据块，每个数据块都包含网络交易的信息，用于验证其信息的有效性和生成下一个区块。通俗地讲，区块链就是一本人人可记的账本，它在没有信用中介的情况下，进行分布式记账与存储，完成点对点交易并更新账簿。

二、区块链技术的特点

区块链不是一种单一的技术，而是多种技术的综合，是一种记录交易的协议。它采用分布式数据存储，去除了中央控制点，实现点对点传输，运用共识机制、加密算法等信息技术，是互联网上一种新的应用模式。虽然不同研究资料中对区块链含义的介绍不尽相同，但其基本特征却大同小异。

（一）去中心化，共同维护，安全可靠

区块链技术最典型的特点就是去中心化。去中心化是指由于区块链使用分布式核算和存储，它将记账和存储功能分配给每个参与的节点，交易信息都收录于这些由众多节点组成的“数据库大家族”中，任意节点的权利和义务都是平等的，系统中的数据块由整个系统中具有维护功能的节点共同维护，不存在中心化的硬件或管理机构。相关信息经过验证并添加到区块链中后，除非同时控制系统中超过51%的节点，否则不占多数的节点对数据库的篡改是无效的。即使某一节点的数据发生丢失或损坏，其他节点数据也不会受到影响。因此，区块链中的数据更为安全可靠。

（二）去第三方信任中心，排斥欺骗

区块链技术从根本上改变了传统中心化的信用创建模式，通过数学原理而不是中心化的信用机构来建立信用。它采用基于协商一致的规范和协议（如公开透明的算法），通过算法自律，打破了以国家政府或法律法规为基础的强制征信模式，产生了开源算法定义的全网信用，使得恶意欺骗系统的行为很容易被其他节点排除和约束，使系统中所有的节点都能在去中心的环境中自由、安全地进行价值转移，消除了第三方信任中心的引入，节约了成本，提升了处理效率。

（三）信息开放，高透明度

开放性是指在区块链系统中使用分布式数据存储，除了加密交易各方的私人信息外，区块链数据对所有人公开，任何人都可以通过开放的接口查询区块链数据，整个系统的信息都是高度透明的。

（四）匿名性

匿名性是指节点之间的价值传递遵循固定算法，交易双方不需要通过公开身份让对方信任自己，而是可以匿名交易。但这个特点也会让不法分子有机可乘，因而需要加强对此的监督与管理。

区块链作为价值互联网的底层技术，这些特点使其成为一种理想模式，它能够为社会提供信任传递能力和公共服务能力，不仅大大降低了信任成本，而且大大保证了交易信息的真实性和可靠性。同时，区块链可进行“自我审计”，以确保数据的安全性和准确性。随着科技的不断发展，区块链技术的应用也越来越广泛，并取得了一定的效果。会计对信息的可靠性、及时性等要求也将在区块链技术的支持下得到充分改善。

三、区块链技术的构成

区块链技术作为一种新的计算和协作模式，在不可信的竞争环境中以低成本建立信任，以其独特的信任建立机制和特点，正在改变诸多行业的应用场景和运行规则，是未来发展数字经济、构建新型信任体系不可或缺的技术之一。

（一）区块链的基本结构

区块（block）是一个一个的存储单元，在一定时间内记录每个区块节点所有的交流信息。一个区块一般包括两个部分——区块头和区块体，这两个部分共同作用，用以验证区块链的连贯、完整以及区块所记录交易信息的无篡改，形成一个可信的分布式数据库。随机哈希值（hash）用于实现区块之间的连接，后一个块包含前一个块的哈希函数。随着信息交换的持续，区块之间前后衔接，形成区块链。见图7-1。

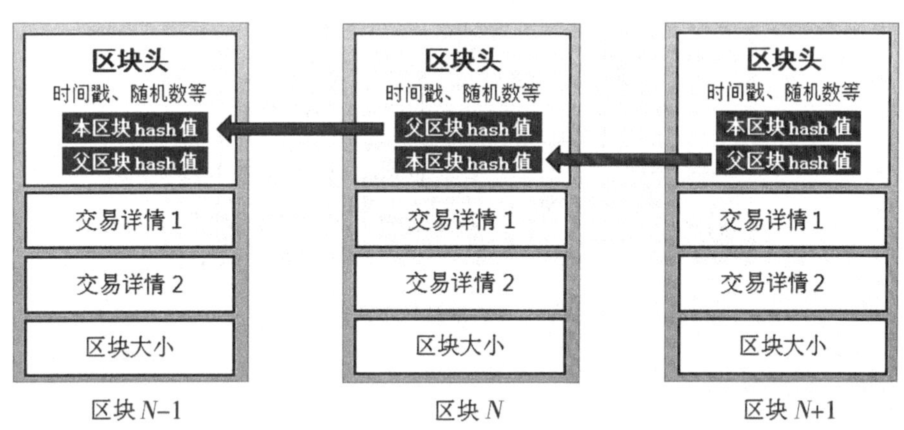

图7-1　区块链结构示意

（二）区块链的技术架构

与其说区块链是一种颠覆性的新技术，不如说它是一种崭新的技术组合。基于时间戳的链式区块结构、分布式节点的共识机制和灵活可编程的智能合约的结合，是区块链技术最具代表性的创新点。上述技术的组合赋予区块链去中心化、分布式、集体维护、安全可靠、开放可编程、匿名性等特点。

各类区块链的应用虽然在具体实现上有所不同，但其整体架构却存在共性。在中国信息通信研究院发布的《区块链白皮书（2018）》中，将区块链技术分为九个部分：基础设施、基本组件、账本、共识、智能合约、接口、应用、操作运维和系统管理（见图7-2）。

1. 基础设施（Infrastructure）

基础设施层提供区块链系统正常运行所需的操作环境和硬件设施，包括网络资源、存储资源和计算资源。基础设施层为上层提供物理资源和驱动程序，是区块链系统的基本支持。

2. 基本组件（Utility）

基本组件层可以实现区块链系统网络中信息的记录、验证和传播。在基本组件层，区块链是建立在传播机制、验证机制和存储机制基础上的一个分布式系统，整个网络没有中心化的硬件或管理机构，任何节点都有机会参与总账的记录和验证，并将计算结果广播发送给其他节点，且任一节点的损坏或者退出都不会影响整个系统的运作。具体而言，该层主要包含网络发现、数据收发、密码库、数据存储和消息通知五类模块。

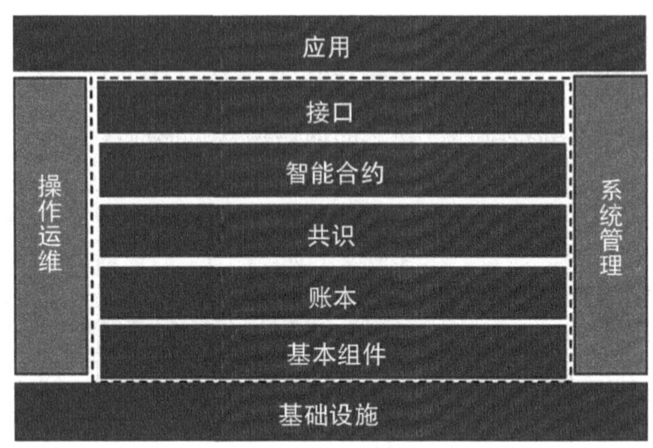

图 7－2 区块链技术架构

3. 账本（Ledger）

账本层负责区块链系统的信息存储，包括收集交易数据、生成数据块、验证本地数据的合法性以及向链中添加验证块。账本层将前一个区块的签名嵌入下一个区块中，形成区块链数据结构，确保数据的完整性和真实性，这是区块链系统防篡改和可追溯性特征的来源。典型的区块链系统数据账本设计，采用按时间顺序存储的块链式数据结构。

4. 共识（Consensus）

共识层负责协调并确保整个网络中所有节点的数据记录的一致性。区块链系统中的数据由所有节点独立存储，在共识机制的协调下，共识层同步每个节点的账本，从而实现节点选举、数据一致性验证和数据同步控制等功能。这些功能使区块链系统具有信息透明、数据共享的特性。

5. 智能合约（Smart Contract）

智能合约层负责以代码的形式实现、编译和部署区块链系统的业务逻辑，完成条件触发和已建立规则的自动执行，并将手动干预降至最低。智能合约的操作对象大多是数字资产，数据入链后难以修改，触发条件强，这些特点决定了智能合约的使用具有高价值和高风险。如何规避风险、充分发挥其价值，是智能合约广泛应用的难点。

6. 接口（Interface）

接口层主要完成功能模块的封装，为应用层提供简洁的调用方法。应用层通过调用 RPC 接口与其他节点通信，并通过调用 SDK 工具包访问和写入本地账本数据。

7. 应用（Application）

作为最终呈现给用户的部分，应用层主要用于调用智能合约层的接口，适应区块链的各种应用场景，为用户提供各种服务和应用。

8. 操作运维（Operation and Maintenance）

操作运维层负责区块链系统的日常运维，包括日志库、监控库、管理库和扩展库。

9. 系统管理（System Management）

系统管理层负责管理区块链架构的其他部分，主要包括权限管理和节点管理。权限管理是区块链技术的关键部分。节点管理的核心是节点身份的识别。

（三）区块链的类型结构

根据开放性和拓扑结构的标准，区块链可以分为无访问要求的公共链和需要授权访问节点的许可链。其中，许可链可分为联盟链和私有链。公共链中没有官方发行机构，任何节点都可以自由进出，基于工作量证明的共识机制可以建立信任。联盟链有特定的团体和成员协议，资格需要申请和验证，根据基于集体背书的信任机制，在联盟共识下，记账权限由预设的某些节点控制。私有链的规则由某个组织设定，访问与控制最为严格，只有少数用户有修改权甚至阅读权。

四、区块链技术的应用与发展

当前，区块链技术的应用开始向更深层次推进，但其大规模推广需要与行业深度结合才能推动产业的转型升级、提质增效，助力实体经济创造新的价值增量。

（一）初始应用

在区块链技术出现之前，互联网的主要作用是让信息资源在互联网上流通、共享，信息以复制的方式传播，比如一个网站的视频或资源可以被复制到另一个网站上，那么在这两个网站上都可以看到这段视频或资源，这是一种复制共享机制。区块链技术构建的“分布式账本”则基于信任机制，可以让数字资产的价值在互联网上无障碍地转移。例如，传统支付行为发生时，人们把钱直接复制给对方是不行的，而是要在付款账户上减去特定金额，在收款账户上增加特定金额，才能完成支付过程。在传统方式下，这一过程必须借助一个中心（银行）来完成。而区块链技术可以让人们在开放平台上进行远距离的安全支付，并不需要第三方信用背书。区块链技术可跨越遍布全球各地的众多节点，保存完整的交易历史记录，网络中所有授权的节点都保存着一份完全相同的账本，一旦有人对自己的账本进行修改，全部副本数据在认可的情况下也将在短时间内全部修改完毕。分布式账本中的每一笔交易都有一个独一无二的时间戳，这样可以防止重复支付问题的产生。这是区块链技术最初的应用。

（二）扩展应用

自2015年始，区块链技术在全球范围内掀起了一场热潮，这可以体现在各国政府推行的相关政策和相关文件中。2015年11月，美国政府问责局（GAO）开始应用区块链技术进行审计。2016年1月，英国政府发布了《区块链：分布式账本技术》研究报告。2016年1月，中国人民银行宣布研究使用区块链技术发行数字货币；2016年10月，工业和信息化部发布了《中国区块链技术和应用发展白皮书（2016）》；2017年7月8日，我国发布的《关于印发新一代人工智能发展规划的通知》中提出，促进区块链技术与人工智能的整合，建立新的社会信用体系，最大限度地降低人际交往的成本和风险。自2018年以来，美国联邦政府也越来越关注区块链技术在食品安全、医药、能源、交通、军事等领域的发展，在政策监管、技术创新、人才培养等方面全面发展。2018年，英国政府已经投资了1900万英镑支持区块链项目，涉及太阳能、清洁水源、选举系统和慈善捐赠等多个行业。2018年12月10日，为解决数据库分布广泛、不完整的问题，澳大利亚政府推出了区块链技术系统。

（三）应用阶段划分

截至目前，区块链的发展大致经历了区块链1.0、区块链2.0和区块链3.0三个阶段。

区块链1.0阶段主要是针对货币，与现金相关，诸如货币转移、汇兑和支付系统等。在这个阶段，区块链技术提供了一种分布式共享账本和点对点的价值传送机制，使得价值在互联网中直接流通成为可能。区块链构建了一种全新的去中心化的数字支付系统，随时随地的货币交易、毫无障碍的跨国支付以及低成本运营的去中心化体系，都让这个系统变得更具潜力。

区块链2.0阶段主要是针对合约，运用于金融或经济市场，例如股票、债券、智能资产和智能合约等。在这个阶段，主要开始尝试将区块链技术用于数字货币之外其他领域。2014年前后，业界进一步挖掘区块链技术的应用价值，开始尝试在数字货币以外的其他领域应用，以智能合约、分布式应用作为其典型特征。有了合约系统的支撑，区块链的应用范围开始从单一货币领域扩展到其他涉及合约功能的金融领域，让区块链技术得以在股票、清算、私募股权等众多金融领域崭露头角。

区块链3.0阶段则超越了货币和市场，专注于政府、健康、科学和文化。在这一阶段，区块链技术被大范围应用于各种类型的分布式协作场景中。随着区块链技术的进一步发展，其“去中心化”特点及“数据防伪”特点在其他领域逐步受到重视。人们开始认识到，区块链的应用也许不应局限在金融领域，还可以扩展到其他任何有需求的领域中。于是，在金融领域之外，区块链技术又陆续被应用到了公证、仲裁、审计、域名、物流、医疗、邮件、鉴证、投票等领域。人们试图用区块链颠覆互联网协议的底层，并试图将区块链技术运用到物联网中，让整个社会都进入智能时代。

根据实现方式和目的的差异，当前区块链技术的应用可归结为三类场景：一是价值转移类，数字资产在不同账户之间转移，如跨境支付；二是存证类，将信息记录到区块链上，但无资产转移，如电子合同；三是授权管理类，利用智能合约控制数据访问，如数据共享。此外，随着应用需求的不断升级，各类型融合的场景纷纷涌现。

五、世界各国对区块链技术的态度

目前，各国政府都在积极布局区块链，多个国家已建立了自己的区块链研究院，许多国家将区块链上升到了国家战略层面，一场国际范围的区块链竞赛已经正式打响。

在政策层面，中国、德国、韩国和印度等国已将区块链技术纳入各自国家的发展战略。在资本层面，根据 IDC 数据，2020 年全球区块链应用支出达到了 43.1 亿美元，未来几年将呈现井喷式发展。

（一）国外对区块链技术的态度

美国作为全球最大的经济体、科技创新最发达的国家，对区块链技术的发展持积极态度，但它始终对这一新兴技术保持严格的监管态度。2016 年 12 月，美联储发布了首份区块链研究白皮书《支付、清算和结算中的分布式账本技术》，肯定了分布式账本技术在支付、清算和结算领域的应用潜力，并讨论了未来实际部署和长期应用中面临的机遇和挑战。

德国将区块链技术视为一项有前途的关键技术，并将发展区块链技术作为国家发展战略。德国希望利用区块链技术带来的机遇，挖掘自身潜力，推动经济社会数字化转型。2019 年 9 月 18 日，德国联邦政府审议、通过并发布了区块链战略。

2016 年 1 月 19 日，英国政府发布了一份关于区块链技术的重要报告《分布式账本技术：超越区块链》，其中提出英国联邦政府正在探索类似于区块链技术的分布式账本技术，并分析区块链在传统金融业中的应用潜力。

俄罗斯政府和央行也非常重视区块链技术的开发和应用。

在亚洲国家中，日本对区块链的态度相当开放，但在监管方面也相当谨慎。韩国将区块链视为国家战略，但它对数字资产交易实施了积极的监管政策。2018 年 1 月，韩国互联网和安全局开始全力打造区块链生态系统，并将该技术视为第四次产业革命。

（二）我国对区块链技术的态度

在我国，区块链技术的应用得到了自上而下的积极响应，我国政府和企业对区块链技术表现出极大的兴趣，大力支持其健康发展。

2016 年 1 月，中国区块链研究联盟成立；2016 年 2 月 3 日，在中关村成立了区块链产业联盟；2016 年 12 月，国务院发布的《“十三五”国家信息化规划》便有涉及区块链的内容：物联网、云计算、大数据、人工智能、机器深度学习、区块链、生物基因工程等新技术驱动网络空间从人人互联向万物互联演进，数字化、网络化、智能化服务将无处不在。该规划为区块链技术的发展提供了制度保障。

2018 年 6 月，工业和信息化部发布了《工业互联网发展行动计划（2018—2020)》，鼓励推动边缘计算、深度学习、区块链等新兴前沿技术在工业互联网中的应用研究。

2019 年 10 月 24 日，中央政治局就“区块链技术发展现状和趋势”进行了第十八次集体学习。习近平总书记在主持学习时强调，要“把区块链作为核心技术自主创新重要突破口，加快推动区块链技术和产业创新发展”。

在 2021 年 3 月公布的《中华人民共和国国民经济和社会发展第十四个五年规划和 2035 年远景目标纲要》中明确提出：培育壮大人工智能、大数据、区块链、云计算、网络安全等新兴数字产业，提升通信设备、核心电子元器件、关键软件等产业水平。

2021 年 5 月工业和信息化部、中央网络安全和信息化委员会办公室联合发布了《关于加快推动区块链技术应用和产业发展的指导意见》（工信部联信发〔2021〕62 号）提出：聚力解决制约区块链技术应用和产业发展的关键问题，进一步夯实我国区块链发展基础，加快技术应用规模化。该意见中还明确指出要建设具有世界先进水平的区块链产业生态体系，实现跨越发展。

虽然在国家政策的大力支持下，区块链技术在各领域得到了不同程度的应用，有了一定发展，但是在许多领域还处于探索阶段。区块链在会计领域的应用，才刚刚起步。

第二节　区块链技术在会计中的应用

在数字化和信息化浪潮的冲击下，变革成为时代发展的主题。区块链技术推动了由信息互联向价值互联的转变，它为各行各业带来了新的机遇和挑战。目前，虽然会计不是区块链技术应用的中心领域，但区块链技术在会计中的应用可以突破诸多“传统顽疾”，有巨大的价值和潜力。

一、分布式记账模式的应用

区块链技术问世以来，其分布式点对点、防伪、防篡改、可追溯等优势，引发了业界对传统会计技术的新思考，为会计变革提供了新思维、新方向，分布式记账开始被提出。

（一）分布式记账模式

由于区块链是一个去中心化、去信任化、人人记账、难以篡改的“大账本”，它的出现可以解决很多问题。

区块链被应用到会计中，它首先是一种加密的分布式记账技术，其落脚点是记账技术。与一般的账本不同的是，区块链是将要记账的信息先加密，然后再分散存储到若干记账设备上，从而保证了这个账本上的信息的安全与准确。基于分散共识机制，它允许计算机程序独立完成交易审查、资金转移和分类账生成等工作。由于没有集中管理流程，也没有第三方信任组织，借助其匿名性、安全性、不可逆性和防篡改等特性，可以有效解决信息不透明、易篡改、不受信任、监督失效等“传统顽疾”，在财务会计领域具有很高的应用价值。

（二）传统记账模式与分布式记账模式的比较

传统的会计信息化系统或 ERP 系统，大部分采用集中方式，集记账、报账等工作于一体，所有的财务信息都集中存储在一台服务器上，借以实现完全控制的目的。然而，这种模式容易形成信息孤岛，导致财务会计信息管理效率低下，财务信息获取滞后。同时，服务器需要高昂的采购成本和维护成本，这不仅消耗了企业的大量资源，而且影响了整个决策的效率和效果。

区块链从根本上改变了传统会计账本的创建、保存和更新方式，会计账本不再只有一个所有者，区块链会将账本信息传递给每个交易方。区块链的优势在于运用一个复杂的共识和验证系统，以确保在没有中央控制机构，且所有用户之间存在时间延迟的情况下，还可以将一个统一的、达成共识的交易账本信息作为永久记录传播给所有用户，这就是“分布式记账系统”。

从功能上看，分布式记账模式与传统的集中式记账模式有着本质的区别。传统的会计信息系统一般采用集中核算模式，其设计理念是不同的职级和职位有不同的权限，各级明细账应接受上级监督，各终端、分中心和中心的管理职能分别设置，需要各级授权、审批和审查，以确保可靠性和标准化。在集中式记账模式下，节点的状态不同、权限不同，只有一个最高权限的分派者。因此，集中记账模式是基于管理权限的设置。从本质上讲，正是授权机制发挥了作用，最终形成了一个集中的账本。然而，在基于区块链技术的分布式计账模式中，总部和终端没有区别。每个节点具有相同的记账权限和保管权限。节点之间的连接不需要授权，而是靠共识机制维系运行。因此，分布式记账模式的记账节点没有管理层次差异，中心化下的总账、明细账、日记账等概念也不复存在。分布式记账模式是整个网络的节点共同操作同一个账本，所有交易信息都被记录和保存，而不管节点的地理位置如何，因此称为分布式账本。

互联网解决了分布式场景下信息的传递问题，而如果要实现可信信息或价值转移，就要借助分布式账本技术，这个记账技术的演进可以促进会计变革，推动商业协作和组织形态发生巨大变化。

二、区块链技术在防范会计舞弊中的应用

会计是一个信息系统，它是随着社会生产的发展和经济管理的要求而产生、发展和完善的。中国现代会计之父潘序伦先生指出："诚信是会计的基础，没有诚信就没有会计。"随着经济的发展，会计所承担的监督责任也越发重要，如何确保监督工作有效、高效是长期困扰会计发展的一个难题。

虽然会计信息化系统在企业中已经非常普及，并在企业管理中发挥着越来越重要的作用，但会计舞弊频发且无法根治的问题始终未得到有效解决。区块链技术的一大根本特征在于"去中心化"，即其系统是"点对点"的，且每一个节点彼此平等，没有任何中心化的系统控制者，加之其数据的不可篡改和分布式存储特性，对防范舞弊将产生积极影响。

当前会计信息系统面临的最大问题是交易信息和交易记录无法固化，会计信息的真实性和可靠性无法保证。因此，原始数据可能被篡改，会计舞弊频发。基于失真的原始数据，会计的后续确认、计量和报告都会失真，并产生不良的社会后果。根据美国注册舞弊审查师协会（ACFE）估计，欺诈行为给全球组织带来了每年约 3.7 万亿美元的损失，也就是全球生产总值（GWP）的 5%。在中国证监会官网通报的 2021 年 20 起证监稽查典型违法案例中，有 6 起存在严重财务舞弊问题。会计行业面临前所未有的信任危机。如果区块链技术全面应用到会计中，则有可能减少差错的发生并有效防范舞弊，创造出全新的反舞弊模式。

首先，将区块链技术引入会计，基于区块链技术的可信会计信息系统保障机制可以固化交易信息，使交易记录防篡改，并使交易记录具有可追溯性。以此为基础的会计确认、计量和报告将保证会计信息的质量，并减少会计舞弊发生的可能性。区块链技术的分布式记账模式使得任何节点都难以更改已生成的记录，这使得欺诈在技术上不可行。每笔交易在发生时就可以同步到所有节点，包括企业的会计信息系统。交易活动和会计活动之间的连接可以防止欺诈。

其次，区块链技术的时间戳功能，使区块链技术在一定程度上抑制了会计舞弊的动机。

最后，区块链技术的分散化和开放性可以遏制高级管理层的欺诈行为。在当前的企业管理信息系统中，各管理层级可能会受到信息不对称的庇护，他们可以在自己的

责任范围内操纵财务数据。通常认为，有多大的管理权，就有多大的操纵权，管理者层级越高，欺诈的后果就越严重。因此，会计中引入区块链技术后，财务会计信息将不再属于个别人员、个别岗位和个别群体。特别是企业高管的舞弊、过度消费、资本运营、复杂交易等违规行为也将变得公开、透明，从而可以限制各级管理人员，排除高级管理人员的特权。

三、区块链技术在电子发票中的应用

在弄虚作假、徇私舞弊等行为发生时，虚构交易是作假者经常采用的一种手段。传统财务会计作业的基础就是票据流，原始票据是财务会计工作的起点，若能在发票领域大量采用区块链技术，实现对原始发票、单据等进行实时追踪和溯源，源头上的造假行为可能就无所遁形，可以很大程度上减少会计舞弊行为的发生。因此，2018 年，我国就开始了区块链电子发票的试点工作。

2018 年，深圳市税务局开始牵头加强区块链技术在电子发票领域的应用研究，从纳税人使用发票的痛点和关键点出发，提炼区块链电子发票的需求，借助腾讯区块链的底层技术支持，开发出拥有完全知识产权的区块链电子发票。同年 8 月 10 日，中国首张区块链电子发票在深圳国贸旋转餐厅开具，这是深圳区块链电子发票加速发展的开始，也表明作为会计处理源头的原始票据已经放上链，区块链在会计行业的深入应用指日可待。通过区块链电子发票系统，可以整合资金流和发票流，将开票和在线支付结合起来，打通了整个发票流程，大大提高了财务工作效率。截至 2021 年 8 月，深圳区块链电子发票系统共开具发票 5800 多万张，平均每天开具发票 12 万多张，总金额近 800 亿元，覆盖零售、餐饮、交通、房地产、医疗、互联网等近 100 个行业，3.2 万多家企业接入系统。目前，北京、广州、昆明等地也正在积极探索区块链电子发票的应用。

2021 年，由深圳市税务局主导推进的《基于区块链技术的电子发票应用推荐规程》国际标准正式经 IEEE-SA（电气和电子工程师协会标准协会）确认发布，成为全球首个基于区块链的电子发票应用国际标准。该国际标准由深圳市税务局、国家电网、公安部第三研究院、腾讯等近 10 家单位发起，是国内税务系统中的第一个国际标准。该标准定义基于区块链的电子发票应用参考框架，提出了技术和安全要求，并给出典型的应用场景描述。这一标准的确认具有很高的权威性，对于区块链电子发票的推广意义重大。同时，它有利于整个行业的振兴。这意味着我国在区块链电子发票场景中的技术实践得到了国际权威机构的认可，并为规范和指导全球区块链电子发票应用作出了贡献。

与传统电子发票相比，区块链电子发票具有更多优势：区块链技术应用于区块链发票的底层，每张发票都有唯一的防伪码（哈希值），不可篡改；对于企业而言，区块链电子发票不需要专用设备，也不需要到税务局购买票据，可直接在网上申请；对于消费者来说，全过程可以手机自助开票，无须排队，更方便、规范，体验更好；对双方而言，可以方便地追溯发票来源，有效避免假发票，解决发票流通过程中的诸多问题，有利于完善发票监管流程，使相关信息更加安全。它可以帮助税务机关实现无边界的跨境监控，实现对税务业务的有效治理，也有助于从源头上遏制会计舞弊。

区块链发票目前仅在部分发达地区上线试行，尚未能大面积推广应用。一方面，区块链技术是一项集数学、计算机科学、密码学、金融学等多项学科的综合技术，导致很多非专业人士难以理解区块链的重要价值；另一方面，由于区块链技术中的数据存储占据空间较大，对算力的消耗也较大，而目前区块链基础设施尚不能支撑更高性能网络部署，去中心化程度和安全都会对高性能形成一定的牵制。因此，我国区块链发票的普及还有较长的一段路要走，但是普及的趋势是必然的。

四、区块链技术在强化会计内部监督中的应用

会计的基本职能之一是会计监督。会计监督作为经济监督的主要形式，是我国经济监督体系不可或缺的组成部分。会计监督能够维护市场经济秩序，这在市场经济发展中是非常必要的。会计监督体系由政府部门监督、社会审计监督和单位内部监督组成。

从内部监管的角度来看，缺乏有效的内部监督和存在虚假会计信息导致了严重的信息失真。目前，企业面临着一个非常严重的问题，即会计原始凭证不规范，难以辨别真伪。这一问题表现为两种形式：一是伪造原始凭证，掩盖非法经济内容，使经济内容在形式上合法化；二是捏造经济内容，在真实发票上随意填写经济内容，用虚假发票报销。

少数企业领导认为会计监督会给各项工作带来不便，更有甚者认为会计监督就是“找麻烦”，这极大地阻碍了会计监管功能的顺利发挥。一些企业的管理者为了达到特定目的，弄虚作假，滥用职权，教唆、强迫会计人员进行违规操作。此外，由于会计人员隶属于相应的企业，他们在开展工作时往往顾忌重重，无法进行充分的会计监督，使得会计监督流于形式。

区块链技术具有防篡改特性，也就是说，一旦会计信息经验证并被添加到区块链中，它将被永久存储，无法更改。因此，无论会计人员为了自身利益主动篡改账簿，还是在企业负责人的胁迫下去篡改会计账簿，以隐瞒其违法、违规的事实，都将无法实现，因为少于系统中51%节点的会计人员对数据库的修改是无效的。区块链的防篡改性提高了财务数据的稳定性和可靠性，大大提高了会计监督的独立性，并使企业负

责人难以干扰会计监督的进行。与此同时，在区块链研发人员所创建的分布式会计信息系统中，每个人都可以通过自愿原则参与信息输入，所有参与者共同记录，从而分散了会计人员和企业负责人的会计责任。区块链的分布式记账特性，使整个网络的所有参与者共同承担编写合法、真实、完整的会计信息的责任，实现全员共同实施会计监督，确保经济活动的合规、合法性。

五、区块链技术在提升外部审计质量中的应用

虽然区块链电子发票可有效遏制源头舞弊的发生，但在会计业务处理过程中还必须借助一些主观判断，这也为舞弊留下了一定的空间，此时必须要引入外部监督才能有效防范利用主观判断而产生的舞弊。

（一）审计失败的原因

社会审计被认为是遏制会计舞弊、保证会计信息质量的重要制度安排，但层出不穷的审计失败案例正在动摇这一制度安排。审计失败的原因有很多，包括主观原因和客观原因。主观上，会计师事务所面临着巨大的生存危机和竞争压力。为了生存和盈利，审计师被委托对企业业务进行查询和验证时，其执业活动必然会倾向于客户的意愿。为此，出于追求经济利益最大化的目的，少数会计师事务所和职员背弃职业道德，迎合利益相关方的不合理要求，对会计报表的审计、验资、破产清算等业务出具了不适当的报告，不仅不披露虚假信息，还编造虚假信息，串通舞弊，严重影响了注册会计师及其会计师事务所的社会监督作用，审计结论的客观性和公正性自然无法得到保障。客观上，随着企业生产经营的发展和企业规模的不断扩大，交易越来越复杂和烦琐。传统审计面临着人力资源投入和技术水平的限制，只有通过合理规划审计流程，才能最大限度地降低审计风险。在实际的审计过程中，核实客户的交易活动、资本流动和一些实物资产往往占用大量时间，错误和疏漏是不可避免的，固有的风险是客观存在的。有时，即使投入大量人力，也很难进一步降低审计风险。因此，如何保证审计质量成为一个难题。

（二）外部审计中区块链技术的应用

在区块链技术支持下，审计程序可以将交易活动和会计活动密切联系起来，注册会计师发现欺诈的可能性将大大提高，从而消除了在证据收集和跟踪中的痛点与难点。除了降低审计风险外，注册会计师的失职行为也将受到抑制。因此，区块链技术可以减少审计共谋和审计容忍度，对提高审计质量具有重大意义。

区块链技术由于其独特的分布式链形结构和共识机制，可以在审计监督中发挥重要作用。在实践中，借助区块链的分布式链形结构，可对审计主体实施大量的在线验

证和测试工作，消除了传统工作中跟踪和验证信息的困难，大大增强了审计的独立性。

记录在区块链系统中的每个信息和数据在进入时都被加盖时间戳，并在集成到区块链中时被存储。区块链中存储的信息通过时间戳可以实时跟踪、查看，并且永远不会被删除。因此，时间戳机制具有完善而准确的跟踪机制。

区块链技术共识机制的引入可以实现数据的实时监控。在区块链技术的支持下，企业业务活动中所产生的每一项数据都可以被实时传输、存储和验证。审计部门可以建立实时审计系统，通过标准化的数据传输接口并与被审计单位的数据处理系统连接，实时获取被审核方的相关数据，实现对数据的实时有效纠偏。因此，通过共识机制的引入和应用，审计单位可以实现对企业业务流程和财务数据的实时监控，将事后审计转化为实时审计甚至预警，并可以利用审计系统完成全面审计，从而克服传统抽样审计存在的缺陷。

区块链技术的去中心化、信息难以篡改、可追溯性和匿名性等特点，与会计信息的质量要求密切相关。区块链技术在会计行业的应用可以为会计提供一种新的信任机制，使其更好地发挥维护利益相关者之间信任的基本功能。然而，在区块链技术与会计系统完全集成之前，它无疑面临许多挑战。无论是传统会计服务、还是“互联网+会计”服务，区块链技术都将具有非常广阔的应用前景。

第三节　区块链技术对会计发展的影响

随着区块链技术应用渐渐深入，区块链会计将是会计未来发展的重要方向。会计是社会生产活动中价值运动的记录者和反映者，区块链是关于互联网价值转移、在线分布式记账的后台解决方案，它的出现，挑战了传统的会计业务基础架构和数据资源的管理方式，对会计有重塑作用。

一、区块链技术应用产生的影响

传统的会计信息系统不能充分保证会计信息的质量，这往往导致信息在可靠性、相关性、及时性等方面产生不利的影响。区块链技术通过去中心化的分布式记账模式分散了会计责任，提高了系统中财务信息的安全性和可靠性，使得监督更加有效。链式数据存储使得信息更为丰富，促进了业务与财务的融合，推动了会计职能重心的转移。

（一）转变为分布式记账模式，分散责任，提高效率

随着区块链技术在会计中的应用，其中最突出的变化是由集中记账转变为分布式记账。分布式记账取消了逐层授权的管理机制，各节点以同等的权限对账簿进行操作和维护，将会计责任分散于各节点，多节点的独立工作保证了整体系统的稳定性和业务处理人员的独立性。同时，区块链会计系统取消了总账、分类账等传统概念，所有节点共同运行一个账簿，形成类似日记账的账簿，每个节点保存账簿，每一次记账会在各节点同步储存新增账页，降低了篡改信息和舞弊可能性，也减少了对账等常规工作，可显著提高会计的工作效率。分布式账本从传统的集中数据，转变为清晰的链式数据，使数据的管理和使用更加便利。

（二）会计业务处理呈现自动化，推动会计转型

区块链技术被应用于会计，在企业内部管理信息系统与外部各系统连接后，通过系统可以任意追溯各种交易，既能从内部追溯外部，也能从外部追溯内部，极大地便利了信息的获取。利用区块链的交易自动记录功能和区块链电子发票的普及，企业内部系统在需要时可自动检索相关节点上的数据信息，并使用它们自动完成记账、汇总生成会计账簿和报告等工作，同时还可以通过自动化流程完成其他日常工作，如银行存款余额确认、银行对账、证券投资市价实时获取、市价与账面价值差额的会计记录、应纳税额计算、到期汇款结算等。与交易担保和产权转让相关的工作、对账与争端管理等工作量的减少，以及权利和义务确定性的提升，将使会计人员能更加专注于分析交易事项的本质和其他管理性工作。会计部门的流程可以通过区块链技术和其他现代化技术进行优化，这将提高会计职能的效率和价值。区块链技术将与新一代智能技术一起，替代会计人员完成越来越多的传统业务处理工作，为会计工作重心的转移和强化管理职能的发挥奠定了基础。

（三）会计信息的可靠性、安全性得到显著提升

区块链会计采用分布式账本技术，它的客户端也就是服务器，每个客户端都可以保存区块链网络中的所有数据信息，所有节点共同维护账本数据。因此，它不会因为单个客户端的故障而崩溃，也不会因为数据中心受到攻击而瘫痪，这大大解决了集中核算模式中常见的高成本、低效率的问题，同时也保证了账本信息的可靠性和安全性。同时，区块链的时间戳功能赋予区块链防篡改特性，每个节点输入的信息都会受到所有节点的监督和检查，确保信息一旦确认将不能被篡改或删除。随着参与节点的增加，监管者数量也在增加，系统安全性进一步提高，保证了会计记录的稳定性、可靠性和安全性。在隐私保护方面，区块链技术可以依赖匿名交易来保护交易双方的隐私。

（四）信息更加透明，内部与外部的监督更为有效

区块链核算中没有集中账簿类型的分级授权，它向参与网络交易的每个节点披露

所有交易数据，各节点录入的交易信息将接受各方的集中监管，数据维护也由链结构中的每个节点共同完成，使会计信息更加透明。几乎完全透明的数据信息增强了内部监督与外部监督发现欺诈的可能性，也抑制了内部高级管理者欺诈的动机。

（五）从纯财务信息转变为综合性信息，助力价值创造

区块链中包含的财务和非财务信息使数据源更加丰富，信息更加全面。在区块链技术下，每个参与者都位于区块链的一个节点终端，每个节点都可以输入与自身相关的交易信息。每个节点保持独立的操作，并相互连接形成一个全面的记录。区块链技术下的信息输入按时间顺序排列，每个要素都能够公开、透明，为会计计量属性的确认和各种成本的分摊提供了更加准确、完整的基础信息。此外，与传统会计只能提供财务信息不同，区块链的每个节点还包含非财务信息，消除了传统会计中人为的业务与财务分离，有效实现了业务与财务的融合。所有数据对所有节点的全面开放以及非财务数据与财务数据的整合，可以让会计人员更准确地把握每个环节背后的价值，消除信息不对称风险。因此，在区块链技术下，这些综合性信息可以用来优化价值链中相关上下游企业的选择，降低企业成本，助力价值创造。

二、制约区块链技术在会计中应用的因素

虽然区块链在会计中的应用将带来诸多便利，但其应用仍处于初步探索阶段，以目前的技术状态，区块链要成为会计系统的核心元素还存在一些障碍。

（一）区块链技术当前仍存在一定的缺陷

区块链技术之所以能在没有中央控制机构或组织的情况下自我运营，必须依赖很强的计算能力来验证所进行的交易，同时依赖于其激励机制。同时，区块链技术中的分布式记账系统面临着一个难题——信息需要一定时间才能到达每个参与者，也要确保所有参与者保持同步，这对于防止分类账彼此不同步和双重支付来说是很重要的。在现有技术条件下，从启动交易到正式记录交易之间的时间平均为 4 分钟到 5 分钟，在需求高峰时段延时会更久。该时间延迟虽然可以缩短，但这会导致在短期内产生差异或滥用的可能性，也不满足瞬时海量交易的需求。虽然其他替代方法已被提出，但是依然没有简单的解决方案来减少延迟时间。另外，面对较大或较灵活的分类账，新节点需要下载非常大的历史数据文件才能加入区块链，这会消耗大量的存储空间。虽然随着区块链技术的发展，区块链的数据存储效率不断提升，但区块链的数据信息增长速度更快，随着时间的推移，节点面临的存储成本也在不断增加。在区块链的发展中，更快、更有效和低成本的存储方案是当务之急。

（二）区块链会计人才短缺

未来一段时间内，区块链会计的发展仍将处于探索阶段，它的技术也在不断地改

进和完善。在区块链会计的发展中，缺乏具有良好业务能力、财务会计知识和区块链技术知识的复合型人才，尤其是缺乏应用层业务系统人才，将是一个重要的制约因素。完成区块链会计的人才培训、技术学习和实践经验需要很长的时间与成本积累。

（三）区块链会计信息仍有安全风险

互联网时代，信息安全是用户关注的重点问题，尤其是会计信息涉及企业核心机密，乃是关注的重中之重。区块链中的每个交易方都拥有一份完整的账本，虽然非对称加密可以在传统信息系统的基础上提高安全性，但在互联网时代仍然存在各种风险。病毒入侵、商业间谍、信息传输身份伪造等可能导致数据泄露，设备故障、信息传输丢失、文件包损坏、信息过载、数据不一致等可能导致数据破坏或数据丢失。这些风险仍然需要改进相关技术或引入后续应急计划，以确保数据的安全。

（四）区块链技术的相关法律制度未配套

目前，我国尚未在区块链领域颁布法律制度，也没有制定相关的行业标准。尽管区块链技术利用严格的数学算法进行信贷背书，但其分散化和信任需要所有参与者的共同良性维护，在没有严格的外部法律约束的情况下，违法行为难以杜绝，双方发生纠纷时，双方的合法权益无法得到有效保障。因此，监管部门应尽快建立相关法律制度、制定行业标准，减少新兴技术初始应用中的法律纠纷，避免给用户造成损失。会计行业应推动行业规则的完善与改革，促进传统会计业务模式与区块链会计的完美结合。

另外，需要大力发展区块链技术要素的标准化和资产所有权与转让领域使用规则的标准化，只有这样，法律问题才能真正得到解决。智能合约也需要法律认可。与传统法律合同不同，智能合同不仅可以自动执行，而且具有自治性，这限制了合同启动后各方的控制权。如果智能合约无法可靠运行，那么将非常困难。同时，追索权也存在一些问题，由于记录在许多参与者之间传播，因此不可能通过法院判决撤销交易或删除存储在区块链上的数据。

三、推动区块链技术在会计中应用的对策

（一）实现新一代信息技术与区块链的结合

区块链技术将与大数据、云计算、物联网、人工智能等新一代信息技术进行初步整合。未来5G网络和量子计算机的发展将为区块链技术速度与效率的提高提供强有力的硬件保障，可消除当前技术中存在的不足，从而促进区块链技术在会计中的应用。可以说，包括区块链技术在内的多种新兴技术融合，可以促进会计行业实现整体技术生态新变革。未来区块链技术在会计行业的应用，以及由此产生的一系列会计行业理

论与实务的发展和变革都值得我们不断关注与期待。

（二）加大区块链会计人才培养，提升区块链技术的应用能力

由于区块链是多种技术的组合，会计人员学习起来困难重重。因此，在培养区块链会计人才时，应当在专业内容中增加区块链的知识，会计人员不需要详细了解区块链技术的工作原理，但他们需要了解区块链的主要特征和功能，学习并掌握区块链系统的使用，明确它对会计业务和用户造成的影响。此时的会计人才将成为专业技术人员和利益相关者之间的桥梁。

（三）强化各层面的数据安全

在人员管理方面，提高业务人员的安全管理能力和风险防范意识，做好各岗位的分离管理，建立应急安全机制。在业务操作层面，在处理数据的同时统一检测原始数据的可靠性与可验证性，通过节点信息的实时更新特性存储数据，实现数据的即时备份，防止数据损坏或丢失的发生。在人员素质方面，应尽快提高会计人员的数据分析能力、业务判断能力和安全管理能力，适应新的发展要求。在工作流层面，对会计信息录入、多方参与的处理和监管、数据检索和存储进行单独管理，避免数据泄密造成的巨大损失，降低人为因素造成的安全风险。

（四）建立适当的法律框架

会计监管机构应加紧探索和制定区块链相关技术规则，减少纠纷，保护区块链相关利益方的切身利益，推动传统会计业务向区块链会计业务的平稳过渡。政府牵头起草和制定相关法律法规，尽快填补法律空白，并为新技术的开发和应用保驾护航。

一项新技术从产生到逐渐走向成熟，总是需要不断地发现问题并及时解决问题。总之，区块链技术与会计的结合是大势所趋。在各方共同努力下，区块链技术在会计领域的应用将给会计的发展带来质的变化。同时也要明确，区块链技术去中心化、难以篡改的鲜明特点，可在限定场景中发挥较大的应用价值，但对于数量不多，且彼此信任的用户来说，使用区块链将会太过复杂，不符合成本效益原则。

第八章

会计信息化标准的建设与发展

2015年10月26日至29日召开的中国共产党第十八届中央委员会第五次全体会议审议通过了《中共中央关于制定国民经济和社会发展第十三个五年规划的建议》（以下简称“十三五”规划）。“十三五”规划中提出“实施国家大数据战略，推进数据资源开放共享”，大数据战略开始崛起为国家战略。在此背景下，加快建立会计信息标准体系，推动会计数据治理能力建设，是我国大数据战略体系的重要配套工程以及关键闭环，会计信息标准体系填补上了我国大数据链条的重要一环。

第一节　会计信息化标准的建设

在信息社会中，信息资源的开发与利用既是信息化的出发点，也是信息化的目标。要落实好大数据战略，实现信息资源的高效开发与利用，首先要建立信息标准，使信息资源以标准化、规范化的方式组织管理，实现信息资源的效益最大化。标准化是信息资源开发利用的重要工作。为此，我国较早就开始了会计信息化标准体系建设的各项工作。

2008年11月，时任财政部副部长王军在《抓基础　谋全局　谱新篇　共同开创我国会计信息化事业的美好未来——在会计信息化委员会暨XBRL中国地区组织成立大会上的讲话》中强调：“经济全球化的一个基本特征是‘游戏规则’的全球化、趋同化。在信息技术、信息资源日益深刻影响全球产业分工和竞争格局的新形势下，包括会计信息技术标准在内的信息技术规则问题，成为各国普遍关注的重要问题，因为谁掌握了信息技术标准的制定权，谁就掌握了行业和市场的主动权。因此，从某种意义上说，得标准者得天下，失标准者失主动。”

一、会计信息化标准建设的意义

会计的发展既依赖于信息技术的进步，也依赖于会计信息的有效利用。理顺信息技术与会计业务、会计信息的关系，实现会计信息“走出一扇门，实现资源共享”，其中最重要的一步就是会计信息化标准体系的建设。标准体系的建设促进了会计信息共享，也促进了我国会计信息化的健康快速发展，同时还加速了新一代信息技术在会计中的应用。

（一）有助于促进会计信息的共享

随着经济的快速发展和经济活动的日益复杂化，交易事项呈现多样性，这些变化对传统会计提出了极大的挑战；同时，市场经济的发展要求信息更加透明，市场参与各方对会计信息的需求呈现个性化特点。从会计工作本身来看，会计反映交易的过程也是形成和提炼会计信息的过程；从会计技术角度看，会计信息的生成经历了一个复杂的处理过程，运用了很多会计技巧和方法。信息技术的应用和发展给会计信息的提取和生成带来了革命性的变化，会计信息的生成过程不再仅仅依赖于会计人员，而是与信息技术及其发展密切相关。会计信息不再仅仅供投资者使用，它已经成为公众的普遍需求；会计信息不再是过去为数不多的几个报表，而是囊括了大量的数据信息。因此，如果要在全社会共享会计提供的信息资源，会计信息的生成过程必须依赖于相关标准的支持，这些标准就是会计信息标准或数据标准。就像工业时代的标准件产品一样，信息的生成也必须遵循严格的产品标准和工艺标准。这其中，XBRL 分类标准是有效的标准之一。

（二）有助于促进会计信息化的发展

信息社会区别于传统社会的主要特点就是现代化信息技术的充分利用，从而达到全面提高经济效益、提高劳动生产率、提高管理水平和改善人民生活水平的目的。会计信息化将经济活动、会计技术和会计流程与现代化信息技术有机地结合在一起，通过专业的信息化手段，生成适用于不同时间、不同空间的标准化信息，通过比较、分析和使用这些标准化会计信息，实现社会资源的合理配置。会计信息标准化反过来又对会计信息化建设提出更高的要求，会计信息化的过程不再局限于对传统会计的简单模仿，而是通过流程重新设计和业务重组，引入新一代信息技术，极大地提高了会计工作的效率，改善了标准化信息的生成环境。

（三）有助于保障信息安全性

会计信息是一种非常有价值的信息资源，不可避免地涉及安全性和保密性等问题。会计信息在使用中的传输、加密、访问控制、身份认证等技术的运用，必须以标准的有效载体为基础。可以说，如果没有统一的技术安全标准和管理标准，就无法确定会计信息系统是否安全，是否真正符合既定的安全标准。

二、我国会计信息化标准建设的现状

会计信息化标准就是对会计信息化中重复性的事物和概念所做的统一规定，通过对会计信息的收集、储存、加工、传递、利用、管理等活动，以及信息技术制定、发布和实施各种信息技术标准，达到所需要的统一局面，使会计信息得以标准化，以获得最佳的经济和社会效益。[①]

2011 年 12 月，时任财务部副部长王军在全国会计信息化技术委员会成立大会暨 2011 年会计信息化委员会全体会议上的讲话中强调："标准化是信息化的基础工作，是实现信息共享和互联互通的必由之路。"标准化是会计信息化自身发展的前提和基础，是会计信息化持续健康发展的重要举措和有效途径，也可视为会计信息化发展的重要成果。

当然会计信息化标准体系建设不是空中楼阁，它源自对现实问题的发现和对解决办法的思考。我国会计信息化标准建设的过程随着会计与现代化信息技术的结合而前进，并取得了卓越的成效。

（一）会计信息化指导性意见、政策的发布

如果不统一数据标准以及格式，国家就很难推进数据的开发利用、统筹管理及有效监控，"大数据战略"也将难以落地实现。因此，国家大力推进会计数据标准体系建设，推动会计数据治理能力建设的意义也就不言而喻。为此，我国财政部一直在推进有关工作，从"十二五"规划到"十四五"规划，会计信息化标准建设是一项重点工作。

2009 年 4 月 12 日，财政部发布了《关于全面推进我国会计信息化工作的指导意见》（财会〔2009〕6 号）。该文件根据改革开放以来新形势的发展，结合当时信息技术，勾勒出我国会计信息化发展的蓝图，指出了构建会计信息化标准体系的重要性，是我国会计信息化 5 ~ 10 年工作的纲领性文件。文件中一个主要目标就是：力争通过 5 ~ 10年的努力，建立健全会计信息化法规体系和会计信息化标准体系[②]，全力打造会计信息化人才队伍，基本实现大型企事业单位会计信息化与经营管理信息化融合，进一步提升企事业单位的管理水平和风险防范能力，做到数出一门、资源共享，便于不

---

① 胡仁昱，孙士英，褚彦淑．会计信息化标准体系的演变过程及发展趋势［C］．中国会计学会高等工科院校分会 2008 年学术年会，2008-11-01.

② 包括可扩展商业报告语言（XBRL）分类标准．

同信息使用者获取、分析和利用，进行投资和相关决策。①

2011 年 9 月 9 日，财政部发布了《会计改革与发展“十二五”规划纲要》（财会〔2011〕19 号），提出推进会计信息化标准体系建设和实施：组建国家会计信息化技术委员会，推进会计信息化领域标准化工作，形成包括 XBRL 系列国家标准、企业会计准则通用分类标准、涵盖会计工作相关业务流程的会计信息化标准体系；扎实推进通用分类标准在企业和会计师事务所的平稳实施，逐步推进实施企业会计准则的企业全面实施通用分类标准，稳步推动通用分类标准在银行监管、证券监管和其他监管领域的扩展应用，提高会计信息资源开发、利用与共享能力。

2016 年 10 月 8 日，财政部发布了《会计改革与发展“十三五”规划纲要》，任务内容还包括：不断更新企业会计准则通用分类标准，推动监管部门在监管领域制定和实施监管扩展分类标准，形成各部门协调配合的财务报告数据交换标准体系，适时推动建立以披露财务报告数据为主的社会化会计信息公共服务平台。研究制定企业账户层面和交易层面会计数据以及相关业务数据交换标准，降低会计信息生产成本和企业内外部交易成本，促进企业数据的深度利用。积极参与可扩展商业报告语言（XBRL）等国际标准制定工作，全面提升我国在会计信息化领域的国际影响力。

2021 年 11 月 24 日，《会计改革与发展“十四五”规划纲要》发布，文件提出：积极推进会计工作数字化转型。做好会计工作数字化转型顶层设计。修订《企业会计信息化工作规范》，将会计信息化工作规范的适用范围从企业扩展至行政事业单位，实现会计信息化对单位会计核算流程和管理的全面覆盖。加强会计数据标准体系建设，研究制定涵盖输入、处理和输出等会计核算和管理全流程、各阶段的统一的企业会计数据标准。

2022 年 1 月，财政部印发的《会计信息化发展规划（2021—2025 年）》提出，“十四五”时期，我国会计信息化工作的总体目标是：服务我国经济社会发展大局和财政管理工作全局，以信息化支撑会计职能拓展为主线，以标准化为基础，以数字化为突破口，引导和规范我国会计信息化数据标准、管理制度、信息系统、人才建设等持续健康发展，积极推动会计数字化转型，构建符合新时代要求的国家会计信息化发展体系。

（二）会计信息化标准化机构的成立

财政部作为我国会计工作的负责部门，历来高度重视会计信息化工作，积极推动相关技术标准的制定，完善管理制度，支持产业发展与理论研究，引导市场规范落实，推动相关机构组建，促进现代化信息技术在会计工作中的应用和普及，有效提高了会

---

① 中华人民共和国财政部．关于全面推进我国会计信息化工作的指导意见［EB/OL］．（2009－04－12）［2022－08－31］．http：//www.gov.cn/gongbao/content/2009/content_1471715.htm.

计的工作水平。

2008 年 11 月，财政部牵头组织银监会、证监会、保监会、国资委、审计署、人民银行、税务总局等部门共同成立了中国会计信息化委员会和 XBRL 中国区域组织，开启了部门合作推进 XBRL 应用的新阶段。

2009 年 6 月 26 日，我国国家标准化体系建设工程正式启动，旨在建立系统、协调、适用、前瞻性、面向国际的国家标准化体系。作为该项目的子项目，会计信息化标准体系的建设和应用受到了财政部与社会各界的高度关注。

2011 年 12 月 23 日，会计信息化标准化技术委员会成立，负责国家标准局指导下的会计信息化标准化技术衔接工作，推动我国会计信息化标准体系建设，打破会计与现代化信息技术融合发展的僵局。国家会计信息化标准化技术委员会的成立，是我国会计信息化工作的里程碑和新起点，这对加强会计信息化基础设施建设，建立健全会计信息化标准体系，全面深入推进我国会计信息化工作具有重大而深远的意义。

（三）会计信息化相关标准的陆续出台

我国的会计信息化标准体系建设最早可追溯至 20 世纪 90 年代，1994 年开始，《会计电算化管理办法》《商品化会计核算软件评审规则》《会计核算软件基本功能规范》《会计电算化工作规范》等一些文件出台，在一定程度上满足了当时会计电算化事业的发展，促进了会计与信息技术的结合。

我国第一个会计信息化标准是《信息技术　会计软件数据接口规范》（GB/T 19581—2004），该标准于 2005 年 1 月 1 日起在全国范围内实施，较好地解决了不同软件之间数据格式不兼容及不同软件之间会计信息传输的问题，使会计核算软件迈出了“标准化”的第一步，并朝着规范化、实用化方向发展。这个标准的出台与上海市会计学会的大力推动密切相关。虽然会计核算的数据流程是一致的，不同的会计核算软件也都保留有记账凭证、各类账簿、财务报表和其他会计信息，但软件设计是由不同的制造商独立完成的，不同的会计软件在计算机中存储这些信息的格式是不同的。为此，上海市会计学会的会计信息化专业委员会及其前身在研究了众多会计软件后，提出了在不改变会计软件公司信息存储格式的情况下，统一会计软件信息交换（输入、输出）格式的解决方案，并将理论成果形成为地方标准，最终更新为国家标准。该标准为企业会计核算信息的自动检查提供了必要条件。

随着 2006 年新企业会计准则的发布与应用，我国会计走上了与国际趋同但又保持中国特色的快速发展道路。其后不久，新版《财经信息技术　会计核算软件数据接口》（GB/T 24589—2010）国家标准发布。

在我国会计信息化自主标准建设稳步推进的同一时间，随着可扩展商业报告语言（XBRL）会计数据标准的诞生与推广，以 XBRL 为基础的会计数据标准迅速在全世界范围内崛起，并逐步在美国、日本、英国、法国、西班牙等发达国家实现成功应用，当时国际财务报告准则基金会也每年都与国际财务报告准则一起发布相应的 XBRL 分类标准。我国对 XBRL 的研究开发也十分高效。2004 年 1 月，我国证监会发布了基于 XBRL 的《上市公司信息披露电子化规范》，上市公司开始进行测试。

2010 年 10 月 19 日，国家标准化管理委员会和财政部在北京发布了《可扩展商业报告语言（XBRL） 技术规范》（GB/T 25500—2010）和《企业会计准则通用分类标准》的系列国家标准。其中后者是按照我国企业会计准则的规定编制 XBRL 财务报告所需的 XBRL 分类标准，符合此前一系列国家标准和技术规范的要求。这两项准则的制定和发布，意味着 XBRL 在我国的推广应用有了统一的架构和规范，表明我国会计报告技术已与国际通用技术接轨，其发布开创了构建科学完善的会计信息化标准的先河，为我国构建科学完善的国际公认的会计信息化标准体系奠定了基础，成为我国会计信息化领域发展的又一里程碑和新起点。自此，XBRL 也成为会计信息化标准体系建设的基础和核心。

然而，XBRL 主要用于规范财务报告信息的传递和显示，不能规范会计信息运行的全过程，因此不是一个完整的标准体系。

《财经信息技术 会计核算软件数据接口》数据标准的主要目的是满足不同会计软件之间数据交换的需要，使会计软件相互兼容，财务报告的发布不是其关注的重点。从这个意义上说，2010 年发布的两套准则是相辅相成的，为构建更加全面的会计信息化标准体系奠定了基础。

为反映企业会计准则的不断变化，适应《企业会计准则通用分类标准》实施的要求，2020 年 5 月 18 日，财政部会同各部委公布了《2020 版企业会计准则通用分类标准元素清单（征求意见稿）》。

出于对输入端数据标准化的需求，2022 年初，财政部、税务总局、人民银行、国务院国资委、标准委、民航局等部门印发《关于联合开展电子凭证会计数据标准试点工作的通知》。本次试点的标准包括电子发票、电子非税收入一般缴款书、银行电子回单等 7 种电子凭证会计数据标准。电子凭证会计数据标准试点旨在通过统一技术规范、统一结构化数据标准引导推动电子凭证开具、接收、入账全程数字化、无纸化，系统性解决企事业单位在处理各类电子凭证时存在的接收难和入账难问题。这一试点工作是实现会计数字化转型的有益探索，为实现输入端全面电子会计凭证应用奠定了基础，也为从源头上实现信息的标准化做出了努力。

三、我国会计信息化标准建设的方向

经过多年努力，我国的会计信息化标准体系建设取得了阶段性成效。但当今世界，会计面临“大智移云物区”等新一代信息技术的不断冲击，在变革中前行势在必行。

面对焕然一新的会计，面对数字化转型的要求，现有的会计信息化标准还不能满足会计发展的新需求。

（一）当前会计信息化标准建设的具体任务

《会计信息化发展规划（2021—2025年）》强调指出：推进会计数据治理能力的关键点在于会计数据标准体系建设。当下，会计数据体系以会计准则为基础，但现有会计软件是由不同企业建立起的“大同小异”的不同数据体系，在数据的输入、输出、处理以及共享利用等诸多方面存在数据“割裂”的情况。因而，结合国内外会计行业发展的经验以及我国会计数字化转型的需要，财政部会同相关部门逐步建立健全覆盖会计信息系统输入、处理、输出等各环节的会计数据标准体系（见图8－1），形成较为完整的会计数据标准体系是重要任务之一。

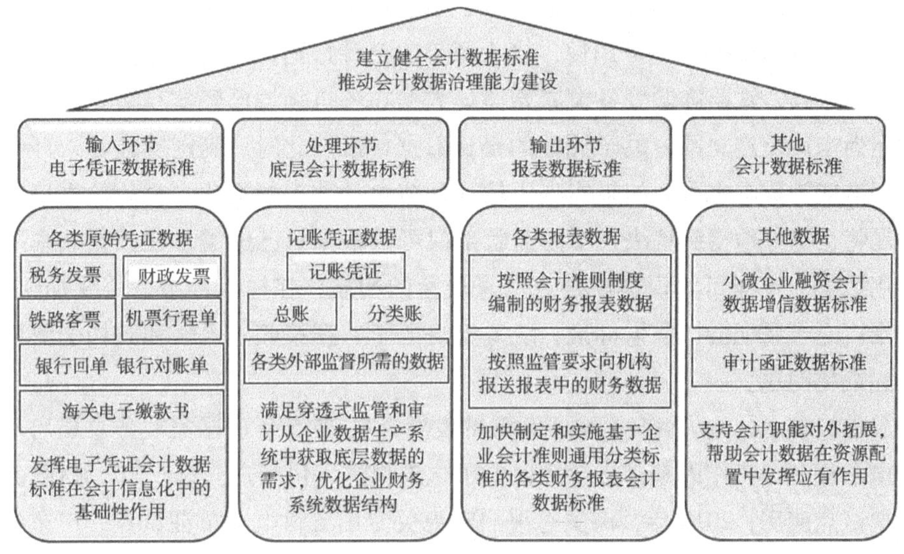

图8－1　会计数据标准体系

图片来源：《会计信息化发展规划（2021—2025年）》。

从图8－1中可以看出，未来具体要实现以下三个方面的标准化。

1. 制定实施输入环节的会计数据标准

在输入环节，加快制定、试点和推广电子凭证会计数据标准，统筹解决电子票据接收、入账和归档全流程的自动化、无纸化问题。目前，税务发票、财政票据、铁路客票等各类原始单据数据已在各自领域实现数据标准化，但我国各种电子单据的会计数据标准尚未建立。

财政部将会同有关部门，在统一电子发票数据标准的前提下，解决企事业单位电子发票自动化、无纸化问题，实现电子发票全流程领用、备案、存档。

2. 制定和实施处理环节的会计数据标准

在处理环节，研究制定财务会计软件底层会计数据标准，规范会计系统业务规则和技术标准，测试特定领域的相关企业和机构，满足各主体对会计信息标准化的需求和相关监管部门穿透式获取会计信息系统底层数据的需求。

3. 制定和实施输出环节的会计数据标准

在输出环节，推广、实施基于企业会计准则通用分类标准的企业财务报表会计数据标准，推动企业向不同监管部门报送的各种报表中的会计数据口径尽可能实现统一，降低编制及报送成本，提高报表信息质量，增强会计数据共享水平，提升监管效能。

（二）推动会计信息化标准体系建设的具体措施

1. 输入环节

全国会计信息化技术标准委员会专家、华东理工大学商学院胡仁昱教授表示：想要提升会计数据的精准度和可用性，输入环节的会计数据标准尤为重要。目前，税务发票、财政票据、铁路客票等各类原始凭证数据在各自领域已经实现数据电子化、标准化，但尚未广泛建立国内电子凭证的会计数据标准。此时，制定实施输入环节的会计数据标准成为重中之重。如果实现了输入环节会计数据标准化，会计数据口径差别化的问题将会更好地得到解决，不同监管部门可以根据自己的需求在数据共享平台上提取有用数据，这样可实现提高报表信息质量的初衷。在输入环节，需要加快制定、试点和推广电子凭证会计数据标准，统筹解决电子票据接收、入账和归档全流程的自动化、无纸化问题。

随着信息技术、电子商务、电子政务的发展，自 2015 年底国家税务总局启动增值税发票电子化试点工作以来，会计凭证电子化进程进入快车道。2017 年，财政部启动电子发票试点应用；2018 年，海关总署启动海关专用支付电子单证试点，广东省、深圳市等地税务部门相继开展区块链电子发票试点；2019 年，中国铁路总公司推出高铁电子客票试点，南航推出电子行程单；2020 年上半年，国家税务总局启动增值税专用发票电子化试点工作。

在电子原始单证应用提速的情况下，其报销、核算、归档等后续工作也在稳步推进。

2015 年 12 月，财政部和国家档案局对《会计档案管理办法》进行了修订，重点增加了关于会计档案电子化创建和管理的相关内容，但对于操作层面的具体规范未能明确。为此，2020 年 4 月 3 日，财政部、国家档案局发布了《关于规范电子会计凭证报销入账归档的通知》（财会〔2020〕6 号），对这些方面进行了完善。

自 2019 年国家档案局会同有关部门开展电子发票的电子报销、核算、备案试点工作以来，已有 21 家试点单位于 2020 年 1 月和 12 月分两批通过了验收，成为示范单位，取得了良好效果。由于前两阶段试点单位数量少、试点单位所属行业多、地域分布集中，不能很好地适应电子发票推广应用的需要，2021 年 5 月，国家档案局会同财政部、商务部、国家税务总局联合发文，对全国各省（自治区、直辖市、计划单列市）484 家试点单位、各中央企业及相关单位 92 家试点单位，共计 576 家开展第三批试点工作。本次试点覆盖机关事业单位、国有企业、非公企业、高校、科研机构等多个行业，极大拓展了试点工作覆盖面，有助于在更大范围、更多领域产生示范效应，对于加快电子发票的采纳和推广具有重要意义。

2022 年初，财政部、税务总局、人民银行、国资委、标准委、民航局等部门印发的《关于联合开展电子凭证会计数据标准试点工作的通知》，开启了电子凭证会计数据标准试点工作。本次试点的标准包括电子发票、电子非税收入一般缴款书、银行电子回单等 7 种电子凭证会计数据标准。试点工作从 2022 年 1 月开始到 6 月结束，试点范围包括 8 家开具端企业和 101 家接收端企业，涵盖各领域、各行业的典型企业。电子凭证会计数据标准化工作试点的开展，以电子票据替代长期使用的纸质票据，将实现信息系统全面代替人工处理，能够突破会计工作中长期制约提质提效的瓶颈。一旦这部分工作完成，输入端的标准将很快成型并得以大范围推广，有助于完善数字化会计凭证管理制度，推进业务与财务的融合，畅通业务管理的流程，进一步推进财务共享服务中心的流程优化，全面提升财务管控质量，实现会计的数字化转型。

2. 处理环节

当前，在会计信息化基本普及的情况下，不同财务会计软件底层会计数据标准存在一定的差异，会计核算系统的业务规则和技术标准也有所不同。在处理环节，若将上述标准进行统一，对数据的自由流动有着重要意义。因此，可在一定范围内对有关企事业单位进行试点以满足各单位对会计信息化标准的需求和相关监管部门穿透式获取会计数据系统底层数据的需求。这个环节的标准，则可以引入 XBRL GL。因为 XBRL 标准实际上包括 XBRL 财务报告标准（XBRL FR）和 XBRL 全球账务标准（XBRL GL）两大部分。我们平时所熟悉并广泛使用的一般是指前者。

3. 输出环节

从当前会计数据输出的情况来看，不同监管部门的需求标准不一致，间接降低了数据的可用性。在多年的应用基础上，全面推广 XBRL 相关标准的时机已经成熟，但需要在这方面标准的易用性、方便性上加以改进。

第二节 可扩展商业报告语言（XBRL）

在会计信息化标准建设中，自 2003 年以来的很长一段时间内，在中国会计学会会计信息化年会上一直把 XBRL 标准建设作为会议的主要议题之一。经过多年努力，我国对 XBRL 的研究取得了重要成果，相关标准也逐渐建立。

众所周知，企业的经营管理依赖于大量的信息，同时又要向外部披露相关信息。财务报告作为一种信息披露制度，其所携带的信息基本能够满足利益相关方的需求。然而，随着经济全球化和资本市场国际化的深入发展，传统的通用财务报告已不能完全满足利益相关方对个性化信息的“空间需求”；同时，随着互联网时代的到来，传统纸质财务报告披露的时效性与信息时代格格不入，远远落后于利益相关方对个性化信息的“时间需求”，网络财务报告应运而生。

然而，目前大多数的财务报告仍以传统形式与格式出现，如 Word、Excel、PDF、HTML 等，它们是传统纸质财务报告的电子版，存在数据交换烦琐、报告耗时长、分析挖掘困难等缺点，信息使用者仍不能真正高效、无障碍地应用。

随着信息技术的进一步发展，基于第二代网络标记语言——可扩展标记语言（eXtensible Markup Language，XML）发展起来的 XBRL 为解决上述问题提供了契机。与此同时，我国《企业会计准则通用分类标准》等文件的发布和 XBRL 路线图的实施都将促使 XBRL 财务报告模式在我国会计领域全面推广。

一、XBRL 的产生与发展

可扩展商业报告语言（XBRL）是一种革命性的语言，它为世界商业报告数据的电子交换作出了突出贡献，促进了商业信息的编制、交换和分析，降低了成本，提高了效率，并为会计信息的提供者和使用者提供了极大的便利。可扩展商业报告语言最早是由美国会计师查尔斯·霍夫曼提出的。1998 年 4 月，霍夫曼研究了 XML 技术在电子财务报告中的作用及其影响，并尝试使用 XML 技术设计财务数据和审计计划原型，于是当年 7 月向美国注册会计师协会（AICPA）提出了 XML 技术在财务报告中的应用价值。在美国注册会计师协会批准后，霍夫曼和 XML 解决方案专家团队合作设计了一个原型，该原型使用 XML 作为创建财务报表的工具。1999 年 6 月，在美国六大 IT 公司、五大会计师事务所和其他机构的支持下，美国注册会计师协会开始投资创建基于 XML 技术的财务报告标准，最初称为可扩展财务报告标记语言（eXtensible Financial Reporting Markup Language，XFRML）。同年 8 月，美国注册会计师协会将 XFRML 更名为可扩展商业报告语言（XBRL）。

为了鼓励全球采用该技术，美国注册会计师协会与微软、普华永道等 12 家公司成立了 XBRL 指导委员会，开始进一步开发 XML 财务报告规范并实施扩展计划。2000 年 7 月，XBRL 指导委员会发布了美国工商业公司财务报告规范 1.0（XBRL 技术规范 1.0 版）和分类（XBRL 分类标准），同时美国注册会计师协会与专业协会、会计师事务所、投资组织、软件和硬件供应商、会计软件机构等60多个实体宣布以全球联盟的形式成立一个非营利性组织——XBRL国际组织。它旨在为不同国家的可扩展商业报告语言研发提供许可和技术支持，这也标志着XBRL在全球范围内开始推广。

XBRL中国区域组织成立于2008年11月12日，并于2010年4月30日成为XBRL国际的官方区域组织。自2001年2月在英国伦敦举行第一届XBRL国际会议以来，XBRL国际组织已经主办了20多场国际会议，在世界各地拥有500多个成员。

2010年10月19日，第21届XBRL国际大会在中国成功举行，会议的口号是“同一种语言，共同的愿景：XBRL在后金融危机时代的作用”。

XBRL自诞生以来在世界范围内得到了快速推广，目前国内外许多公司、组织、机构、政府部门都开始使用XBRL技术作为其业务报告披露和收集的标准，如中国上海证券交易所、深圳证券交易所等。它的利用，极大地提高了信息供应的效率、信息交换的程度和信息使用的效率。

二、XBRL的特点与优势

XBRL为各种数据元素提供了一套标准化的标号和标记，使不同的计算机系统能够以统一的方式自动识别、处理、分析和比对这些业务信息。相较于传统做法，XBRL一方面大大减少了传统的人工数据录入；另一方面降低了从各种数据源提取相关业务数据的难度，使数据的可靠性和数据处理和使用的效率显著提高。

当XBRL应用于财务报告时，它可以为财务报告数据添加特定的分类标识，让计算机不仅可以“单独阅读”，还可以“批量阅读”财务报告；同时，它还可以通过内置的验证机制，使计算机可以自动对这些报告进行“分析”，这有利于行业比较、深入分析和大规模应用。

XBRL就像“积木玩具”，是一套标准组件，形式自由，可以设计成一架飞机，也可以设计成一艘船，可以根据自己的需求灵活组合。

（一）XBRL的特点

由于XBRL是基于XML的，它继承了XML的所有优点，如形式和内容分离、嵌套、自描述、自兼容性、良好的可扩展性和跨语言特性，都使它非常适合于数据交换和网络发布。XBRL在技术上具有以下特征。

1. 技术的开放性

XBRL拥有良好的开放技术架构，使得财务信息供应链中的任何人都可以在各种软件平台上免费准备、接收、交换和分析财务信息。

2. 可跨平台使用

因为XML文件可以跨平台使用，所以XBRL具有跨平台的优势。XBRL是互联网上用于商业报告的通用语言，在 Windows、Unix 和 Linux 等各种操作系统上，无须做任何修改即可使用 XBRL 文件。在不同的应用中，即使使用的数据库不同，只要将它们转换为 XBRL 格式，就可以实现数据交换。这使得信息可以通过 XBRL 在不同的操作系统、数据库和应用程序之间传输与交换。

3. 输出格式的多样性

XBRL 数据的特点是内容和格式分离，数据可以重复使用。同一个 XBRL 实例文档，如使用不同的样式表，可以生成多种企业报告，同时完成所有报告的编制，既能降低录入错误的风险，保证数据的一致性，又能减少重复录入，提高报表制作效率。

对于同一公司报告，XBRL 还可以以多种格式输出，例如在浏览器中查看、转换为各种数据格式以进行传输和输入或打印成纸质财务报告。

4. 强大的搜索功能

由于 XBRL 格式文件中的数据具有适当的标记，此标记包含多维和显式语义。不同于 HTML 那样基于文字内容进行搜索，其与标记对齐的数据搜索方式，不仅可以提高用户的搜索速度，而且可以确保搜索结果的相关性和准确性。XBRL 在数据处理方面的效率远远高于网络上常用的 PDF、Word、HTML 等格式的文件。

5. 深度分析功能

XBRL 可以在不同的信息之间建立连接，用户可以根据相关信息注释自顶向下查看数据源。这一数据跟踪功能直接提高了用户分析信息的深度，可以追溯问题的原因，快速找到问题的根源。

（二）XBRL 与传统财务报告的比较

传统的财务报告格式类似文本信息，主要由人阅读，而 XBRL 格式类似二维码信息，主要由计算机阅读。传统的财务报告格式就像汽车，服务于不同的目的时，需要完全不同的载体；XBRL 则像一列火车，可以按需求进行拆分和扩展，还可以重复利用。

（三）XBRL 的优势

1. 能使财务报告实时发布，增强财务信息的及时性

使用这项技术后，由于从交易类型、账簿记录、报告披露等环节的财务信息项标准高度统一，可以充分利用信息技术优势，缩短信息披露时间，使财务报告实时发布成为可能。

2. 能方便监管，提高会计信息的透明度

使用 XBRL 可以很容易地建立一个信息平台，将各种报告数据和会计准则、会计规范等定义文件放置在信息平台上，供利益相关方及时了解、监督财务状况，供注册会计师在线审查财务数据和数据源，这不仅提高了公司会计信息的透明度，也方便了

财务报告的审查。

3. 能提高财务报告编制和发布的效率

由于 XBRL 可以跨平台使用，会计系统和其他信息系统中的财务相关数据可以按照 XBRL 格式生成或使用，达到数据一次录入、多次使用的效果，提高了各种报表的编制效率和财务信息的准确性。

此外，它还可以用现成的应用程序完成书面财务报告的编制、网络财务信息的共享或上传到相关主管实体等，不需要多次单独操作，大大提高了编制和发布财务报告的效率。

4. 有利于财务报告与国际标准接轨

XBRL 将加速会计准则与国际趋同的趋势，国际会计准则理事会（IASB）也一直在关注 XBRL 研究的进展，希望能对不同国家的会计准则的趋同起到促进作用。XBRL 标准的出台本质上是准则制定的过程，对财务信息进行分类的过程实际上就是会计标准化的过程。如果执行了国际组织制定的分类标准，企业发生的每一项具体交易、业务和事项都可以被给予相同的标记，然后根据每个国家会计准则的要求对所产生的业务数据进行分类、组合、汇总和平衡，从而可以根据不同的会计准则编制财务报告，促进不同准则之间的转换。

三、XBRL 的技术构成

从技术层面上看，XBRL 有三个主要组成部分：技术规范（Specifications）、分类标准（Taxonomy）和实例文档（Instance Documents）。

（一）XBRL 技术规范

XBRL 技术规范是 XBRL 技术的核心文档，XBRL 国际组织的使命之一是开发、发布和推广 XBRL 技术规范和相关规范工具包。

技术规范主要用于定义 XBRL 的各种术语，标准化 XBRL 的格式，并解释如何设置 XBRL 实例文档和 XBRL 分类标准。到目前为止，XBRL 国际有多个版本的 XBRL 技术规范。

（二）XBRL 分类标准

XBRL 为报表中的每一项指定了不同的标签，所有标签集合的术语是分类标准。

分类标准定义了每一项数据的属性以及它们之间的关系等，这对应着行业内商业信息交换的一本词典。分类规范是以技术规范为基础，结合不同国家、行业、企业的实际情况制定的。XBRL 分类标准可以分为两个层次：财务报告分类标准和账簿分类标准。每个分类标准由一个 XML 模式和模式中包含的或由模式直接引用的所有链接库组成。

XML Schema 被视为声明一组元素的分类模式，包括元素命名、ID 属性、元素类型等。在分类模式定义文件中，为概念（以 XML 模式元素定义的形式出现的报告术语的定义）赋予一个特定的名称和类型，该名称和类型定义了基于概念定义的事实标准中允许的数据类型。

例如，如果报表中显示现金，则其数据类型为货币；如果实例单据中显示会计政策，则其数据类型为字符。

除了技术规范的要求外，分类信息中包括的模式文件还必须满足 XML 模式规范的要求。

分类标准中的链接库通过表达概念内的关系以及概念与其文档之间的关联关系来进一步表达概念的含义，通常包括以下五种类型的链接库文件。

（1）定义链接库文件，描述模式定义文件中包含的元素之间的层次结构关系。

（2）计算链接库文件，描述模式定义文件中包含的元素之间的计算关系。

（3）表示链接库文件，描述模式定义文件中包含的元素的展现顺序，通常展现顺序和定义链接库文件中描述的层次结构关系类似甚至一致。

（4）标签链接库文件，为模式定义文件中包含的元素定义个性化的标签，以便展现时使用，通常元素的标签名称与元素名称一致。

（5）参考链接库文件，为模式定义文件中包含的元素提供参考信息，如元素来源依据。

（三）XBRL 实例文档

尽管分类标准定义了报告的概念，但它不包含基于 XBRL 实例文档中定义概念的实际值。

除了实际值（如“Cash 500,000”），XBRL 实例文档提供必要的背景资料来解释实际值，而对于数字事实，XBRL 实例文档还记录度量的精度和度量单位。XBRL 实例文档是反映符合 XBRL 规范的财务报告的企业报告实例文档。XBRL 实例文档与其他 XML 文档相同，其内容和显示格式是分开的，即实例文档只描述数据内容，不包含格式信息（如字体、字号、颜色等）和显示形式（如计算机显示或纸张打印等）。不同的用户可以根据自己的需要进行设置或展示。实例文档必须格式良好，并符合技术规范的语法要求。

从形式上讲，实例文档是包含元素标记和相应元素内容的元素集合。一般而言，实例文档中的元素不是根据分类信息中指定的层次来组合的，它们的顺序是任意的。因此，不能从实例文档中检索文档元素之间的层次关系，也不能在具有分类信息的适当链接库中描述该层次关系。只有在分类信息模式定义文件（以及引入的模式定义文件）中声明的元素才能显示在实例文档中。链接库是模式定义文件的另一种描述，实例文档必须符合由链接库定义的规则，但这些规则不包括在模式验证中。当应用程序从实例文档中提取和使用数据时，链接库使数据之间的各种关系可供应用程序使用。

第三节 基于XBRL的网络财务报告标准

XBRL标准是会计信息化标准体系中一个重要的部分，XBRL财务报告是会计信息化标准体系的一个子系统。从21世纪初到现在的很长一段时间里，我国对于会计信息化标准化体系的研究首先是围绕XBRL标准展开的，且以XBRL网络财务报告研究为主，其发展经历了证券监管应用和实施通用分类标准两个阶段。

随着现代化信息技术的发展，会计信息化正向网络化、智能化方向发展。财务报告是会计信息系统运行的最终结果，与网络相结合的财务报告随着信息技术的应用在不断地创新。将XBRL技术运用于网络财务报告，是不可逆转的潮流，也有利于会计信息化标准体系的快速形成。

一、网络财务报告的发展

国际会计准则委员会（IASC）在相关研究报告中将“网络财务报告”描述为：企业通过万维网或者相关的基于因特网的通信技术来公开报告的经营业务和财务数据。按照这一概念，我们可以将网络财务报告的发展分为以下几个阶段。

（一）以网络为渠道，在线报送电子文档形式的财务报告阶段

电子文档是指将文本资料按照电子数码方式保存，并使用计算机或其他电子设备进行阅读的文档资料。这些电子文档通过网页发布，使用者既可在浏览器上联机阅读，也可将其下载后脱机阅读。电子文档所呈现的信息仍是静态的。这一阶段网络财务报告的主要特征是不同于传统财务报告以纸作为介质，而是通过互联网络在网站上向信息需求者按期提供和更新拥有传统固定格式及内容的财务报告。这一方式虽然在一定程度上提高了获取数据的便利性，但它只是将纸质财务报告存储电子化、传输网络化，并没有对财务信息进行改革与创新，缺少与信息使用者的互动，不能满足不同信息使用者的需求，也不利于会计信息的再加工、再利用。

（二）结合电子商务，实时向信息使用者提供财务信息阶段

随着会计信息化的普及，尤其是电子商务的兴起，基于网络实时处理的网络会计信息系统、财务共享、云会计等概念开始进入人们的视野。该阶段的财务报告是通过

基于互联网的计算机将企业发生的交易或事项实时地进行确认、计量、记录、报告，整个会计处理程序都是通过会计信息系统在交易或事项发生时做出处理。在这种情况下，信息使用者所获取的财务信息具有很强的时效性。随着电子商务和网络技术的不断发展，越来越多的信息使用者青睐这种模式的网络财务报告。但这一阶段要求提供会计信息的主机必须处于互联网环境中，而来自互联网环境巨大的安全风险加之信息提供标准的缺乏，使众多企业望而却步。同时，实时的业务信息有可能涉及企业的商业机密，企业不太可能会提供，即使提供，也不是全面的信息，完整的财务报告仍只能在某一期间业务全部完成以后才能获取。因此，实时信息的提供在企业内部有可能实现，对外只能停留于理论探讨层面。

（三）以 XBRL 技术按需向信息需求者提供多元化网络财务报告阶段

针对前两个阶段网络财务报告所存在的问题，XBRL 的出现让人们看到了曙光。这一阶段的网络财务报告是在原来通用财务报告的基础上，通过一些信息技术手段，可以使信息需求者根据自己的意愿选择符合自己需求的信息，并自动生成财务报告的一种模式。本阶段的网络财务报告相对于前两个阶段的财务报告而言，具有多元化、个性化和互动性等优点。根据信息需求者的需求，提供多元化网络财务报告是财务信息披露模式的最高阶段，也是最为理想的状态。随着信息技术的发展，特别是 XBRL 技术的产生，这一理想状态逐渐可以成为现实。

XBRL 产生之初，就引发了全球财务信息披露领域颠覆性的变革，在国内外得到了迅猛的发展。它是一个基于 XML 语言的高效的可以实现网络财务报告自动搜索相关披露信息的语言规范。通俗来讲，XBRL 是对基础会计数据进行加工，产生会计信息产品的一种标准，可以理解为“标准件”的会计信息，可以由信息使用者随意组装加工，是进行会计信息披露的一种新方式。其优势有四：第一是无须改变现行的会计规则与方法，企业也无须额外披露超出现存会计规则要求的信息，它仅是改进了企业编制、分析与发布财务报告信息的流程；第二是以标准化的标记来描述和识别每个财务信息项目，使财务报告的编报标准趋向统一，便于信息使用者获取和比较信息；第三是可以编制、发送各种不同格式的财务信息，交换与分析财务报表中所含的信息；第四是可以允许使用者跨系统平台传递、交换、分析信息，还可以确保搜索结果更为相关、准确，降低信息更新输入的次数，为横向和纵向分析提供基础。

二、传统财务报告系统的数据流程与 XBRL 技术对财务报告流程的整合

在企业数据流程的开始，数据通过记录交易和事项而产生，这些数据通过手工或自动被记录到交易数据库中去，而交易数据库的数据都将会进入企业的会计数据库，数据在此被处理并生成各种账簿、内外部报告和相关记录。企业管理者通过分析内部、

外部报告和相关信息，可以进行决策并引导企业进行改进。企业外部信息使用者通过分析外部报告，可以完成相关的决策。具体的数据流程见图8－2。在这种传统模式下，虽然数据由纸质的形式转化为电子的形式，但在各环节的传输使用中，数据的格式千差万别，兼容性不强，不便于系统间的相互衔接与传递。

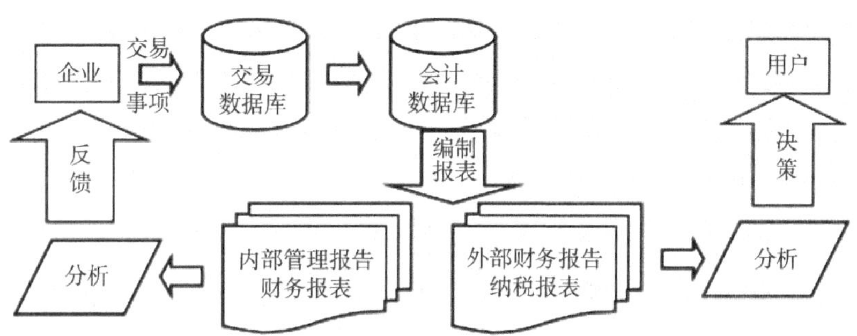

图8－2　传统财务报告系统的数据流程

若引入XBRL技术，则可以将传统模式转化为如图8－3所示的模式。此种模式下，由于数据采用统一的格式，可以将单个文件用于所有的环节，信息使用者可以随时随地获取相关信息。

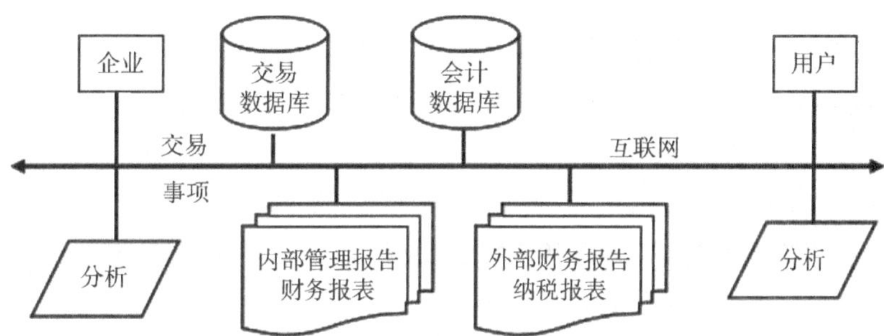

图8－3　XBRL技术对财务报告流程的整合

三、促进XBRL普及应用的对策

虽然XBRL具有很强的优势和很好的应用前景，相关标准也在国内推行多年，但其应用效果却不尽如人意，仍需从以下方面进行努力。

（一）建立统一管理机构，促进XBRL国内标准的统一

由于体制及利益因素，我国存在由财政部、上海证券交易所和深圳证券交易所主导的国内XBRL标准“三足鼎立”现象，这一现象在一定程度上影响了其在我国的推广应用。为此，应当成立以这三者作为统一的宏观管理者、以企业需求为基本出发点、各利益相关者和机构通力合作的组织，统一国内的XBRL标准。作为管理者，其工作

还应当进一步加强理论研究和技术推广，指导基层企业对分类标准的具体应用。

（二）普及 XBRL 教育在高校的教学推广，强化人才培训

目前，我国缺乏 XBRL 专业技术人才，一般的企业管理层和会计人员很少能熟练掌握 XBRL 的基本知识、技术规范和应用过程。这就需要我们培养大量符合需求的技术应用人才，但是国内很少有学校将 XBRL 技术知识置入会计专业教学中。高校是培养人才的摇篮，首先应对高校教师进行培训，使他们成为 XBRL 的有力推动者和传播者；然后，逐步在高校会计专业相关课程的教学中纳入 XBRL 知识和技能的培养，为 XBRL 的应用推广打下坚实的人才基础。

（三）加强会计软件的技术开发，促进 XBRL 应用简单化

当前，介绍 XBRL 的文章和书籍不少，但都不太容易理解。企业作为 XBRL 标准的具体应用者，面对的不应当是各种晦涩、抽象、难以理解的概念，而应当是具有可操作性的应用。这就要求会计软件公司充分利用自身的技术优势，参考企业需求，加强会计软件的开发，将 XBRL 分类标准融于财务软件中，使企业借助会计信息化平台，在录入信息时即可自动定义信息元素的分类，自动生成传统财务报告和符合分类标准的 XBRL 财务报告，减轻基层使用者的负担，促进 XBRL 技术的应用和推广。

目前，我国在 XBRL 的应用推广方面虽然有了一定的发展，但系列标准的应用仍然未能全面普及。所以，仍要不断探索 XBRL 标准推广中的难点，以促进我国会计信息化标准建设，实现会计信息化标准体系的全面建成。

第四节 XBRL 标准与 XBRL GL 标准的协同发展

目前 XBRL 的应用主要集中于财务报告（Financial Reporting，FR）和账簿（Global Ledger，GL）两个方面。我国相关研究和应用多集中于财务报告领域，对账簿领域尚未给予足够的关注。XBRL GL 是 XBRL 体系的重要组成部分，在 XBRL 整个体系中可以说起到了承上启下的作用，向上是对财务报告的进一步细化和支撑，向下是对基础业务和会计数据的汇总与统驭，因此 XBRL GL 对于深化 XBRL 技术在会计信息化领域的应用、充分发挥 XBRL 技术的优势具有重要意义，对于实现处理端的数据标准化也具有重要意义。

一、XBRL 标准发展现状

2002 年底，我国证监会组织沪、深证券交易所和相关软件公司对 XBRL 进行研究，

拉开了我国应用 XBRL 的序幕。2010 年 10 月 19 日，财政部和国家标准化管理委员会共同发布了《企业会计准则通用分类标准》和《可扩展商业报告语言（XBRL）技术规范》系列国家标准，这两套标准的发布是我国会计史上又一重大的里程碑，标志着我国以 XBRL 应用为基础的会计信息化时代的到来，也标志着财务报告领域的信息化标准诞生。其后，在 2015 年和 2020 年分别对相关分类标准进行了调整与更新。

二、制约 XBRL 深入应用的原因分析

在 XBRL 蓬勃发展的同时，人们发现，当前 XBRL 的应用主要是在信息供应链的中高端，即财务报告层面，主要是服务于监管机构和企业外部信息使用者，较少涉及企业内部层次的应用，而这一发展状况制约了 XBRL 的深入应用。

（一）XBRL 财务报告的生成需要借助额外工具实现，影响信息化效率的发挥

XBRL 格式财务报告数据不直接来源于账簿体系。目前，企业自身系统生成的财务报告大多数还是传统的 Word 或 PDF 等文本格式，要将这些格式的报告转换为基于 XBRL 标准格式的实例文档，只能通过附加工具软件完成，这一过程既影响信息的及时性，也会加重企业的成本负担。

（二）XBRL 应用未和企业实际联系，不能充分调动企业的积极性

当前，XBRL FR 应用已经取得较好成果，但其主要目的是为监管机构和企业外部信息使用者提供便利，而相关技术在企业内部的应用却很少。这一技术不仅未能体现在企业内部管理方面的优势，反而要企业负担相关转化成本，严重影响企业应用 XBRL 的积极性。

（三）信息数据供应链未完全形成通路，不便于 XBRL 的深入发展

目前 XBRL FR 的应用主要是对传统格式财务报告的一种转化，可以方便报告中数据的交流和利用，但财务报告中的数据是合计数据，是综合反映，要了解更小粒度数据，实现从报告层数据向下层次的查询与挖掘，难度极大。这同时也影响到基于 XBRL 的审计及相关学科的发展与应用。

三、XBRL FR 与 XBRL GL 协同推进

账簿数据作为编制财务报告的依据，是财务报告产出链上非常重要的环节，其质量直接决定了财务报告的质量。应用 XBRL GL 分类标准，可将繁杂的业务数据转换为标准的账簿数据，对于简化 XBRL 财务报告的生成、提高会计信息质量、推动和深化 XBRL 技术在会计中的应用，形成处理层面的数据标准具有一定的参考价值。

（一）XBRL GL 分类标准与 XBRL 财务报告分类标准之间的关系

从会计系统的报表、账簿层次的角度看，XBRL GL 分类标准是对 XBRL 财务报告分类标准的深化和前移，可将 XBRL 技术应用于日常会计核算和财务报告生成的全过程。XBRL GL 的应用将有助于降低在财务报告中应用 XBRL 所带来的转换成本，减少差错、提高效率。我国制定 XBRL 分类标准的切入点是从财务报告分类标准开始的，如何实现与 XBRL GL 的衔接，对制定一套较完整的高质量的 XBRL 标准具有十分重要的意义。因此，从标准制定和应用等角度研究 XBRL GL 分类标准与 XBRL 财务报告分类标准的关系，对 XBRL 财务报告分类标准的制定工作很有意义。

XBRL GL 实质上是将会计标准与信息技术相融合的过程，是对会计信息处理标准化的过程。因此，XBRL GL 分类标准的制定应当严格遵循会计准则，同时，XBRL GL 分类标准的制定又可反作用于会计规范的标准化。

（二）XBRL FR 与 XBRL GL 协同推进的意义

为了充分发挥 XBRL 技术的优势并进行全面、深入的应用，势必要将财务报告层次与凭证、账簿乃至业务层次相衔接，实现各层次数据同时标准化。为实现这一衔接，XBRL FR 与 XBRL GL 的协同发展势在必行。XBRL GL 是用于描述各交易涉及的信息和基于标准会计科目表的会计分录信息，可以保存有关交易的完整详细的数据资料。虽然 XBRL 国际组织于 2002 年便发布了 XBRL GL 标准，其后不断进行完善，但这一领域的研究和应用在我国还不够深入。

1. XBRL GL 可以提高 XBRL FR 的生成效率，丰富财务报告中信息的内容

通过 XBRL GL 的应用，可以减少传统报告到 XBRL FR 的转化，实现系统数据的无缝衔接，提高数据处理的速度和效率。同时，随着信息需求者对非财务信息的关注度进一步提升，XBRL FR 所提供的信息逐渐无法满足用户多元化需求，而借助 XBRL GL，可以实现信息的按需提供和自由组合。

2. 实现审计信息化的开展

XBRL GL 的应用，可以实现 XBRL FR 到账簿、凭证层次甚至交易详情的查询，甚至在授权范围内，可以实现本单位与外部单位之间的数据联查，从而增强报告中信息的可信度与透明度，促进审计信息化工作的开展。

3. 充分发挥 XBRL 技术优势，加强管理与控制，调动企业积极性

XBRL GL 的应用可以消除企业内各部门之间数据的差异，方便管理层从不同角度对信息进行全方位的查询、分析与利用。同时，企业内部审计部门和内控部门可以通过 XBRL GL，实现对企业全过程、全方位、实时的监督与控制，帮助管理层随时了解企业的经营状况、运行中的问题，减少和减轻可能产生的不良后果。

四、促进 XBRL FR 与 XBRL GL 协同发展的措施

当然，XBRL 本身是一门新兴技术，要实现财务报告与账簿体系的协同发展不是一蹴而就的事情，还需要从以下几个方面做出努力。

（一）加速 XBRL 技术规范的出台，增强规范的可理解性与可操作性

XBRL 系列标准的发布，表明侧重于财务报告的技术标准在我国已经成形。而 XBRL 账簿方面的技术标准在我国还属真空状态，所以应加快这一方面规范的制定与出台。由于 XBRL 不仅涉及会计相关学科，还涉及信息技术学科，其规范的专业化程度更高，因此，在规范制定时，既要考虑专业性，还应当兼顾可理解性和可操作性，或者在规范发布的同时，出台相关指南或说明，便于从业者学习与应用。

（二）加快 XBRL 技术的普及与人才的培养，为 XBRL 的发展提供后续支持

XBRL 技术相较于会计专业知识而言，专业化程度更高，也更为晦涩难懂。从长远发展来看，应当在各大专院校会计及相关专业普及 XBRL 技术知识与教育，开设相关课程，使学生能够了解并初步掌握这一前沿技术及其基本理论，为将来的工作打下良好基础。同时，还可开设 XBRL 专业，实现高层次专业综合人才的培养，为 XBRL FR 与 XBRL GL 的无缝衔接乃至其更为广泛的应用打下坚实的人才基础。

（三）加快会计信息化软件和企业管理信息化软件的改造与开发

信息化软件是企业实现会计信息化及至企业管理信息化的基础。各软件公司应当在会计电算化软件和 ERP 软件使用较成熟的前提下，对现有软件系统进行升级改造与开发，既强调软件操作的便利性，又能将 XBRL 技术融于其中，使会计人员经过简单培训即可掌握 XBRL 的应用。同时，更要注重充分调动企业应用 XBRL 技术的积极性与主动性，挖掘 XBRL GL 对企业内部管理控制方面的优势，实现二者的完美融合。

通过以上分析可以看出，会计信息化全面标准体系的建设，离不开 XBRL FR 与 XBRL GL 的协同发展。但同时要明确，XBRL GL 不是 XBRL FR 的补充，而是一种全新的 XBRL 应用，它不但为财务报告提供支持，同时也是一个独立的标准。XBRL GL 关注企业内部工作，XBRL FR 着眼于外部，二者相辅相成，共同构成标准体系的一部分。

第九章

智能财务及其应用

当下，通过小小的智能手机，人们就可以基本解决日常起居、出行、线上办公等活动。随着人工智能技术日益成熟，新一代人工智能技术已悄无声息地走进了大众的生活，并在零售、医疗、交通、教育、家居、物流、安防等多个领域开启了深入的探索。在会计领域，传统会计所能提供的会计信息在形式、时效性、相关性等方面受到人们越来越多的诟病，与人们对复杂问题分析和决策的需求相去甚远。人工智能的出现，使得现代会计系统在走过电算化、实现信息化后，得以向智能化方向迈进，智能会计或可有效解决人们在传统会计中碰到的各种困惑。

第一节　人工智能

人工智能的发展是一切智能应用的基础，也是会计智能化实现的前提。2016 年 3 月，人工智能领域的一个热点事件吸引了全球的目光：由英国 DeepMind 公司开发的 AlphaGo 以 4 比 1 的总比分战胜了曾获多项围棋世界冠军的韩国职业棋手李世石。这一事件让世人的目光再度聚焦于几经沉浮的人工智能技术，并在全球范围内点燃了人工智能的新一轮热潮。AlphaGo 可能仅仅是这轮人工智能热潮的一根导火索，其背后是新一代信息技术的深度推动：云计算为人工智能跨越式发展提供了强大的计算能力，大数据为人工智能开展大规模机器学习提供了丰富的数据资源，深度学习为人工智能认知模拟提供了一条新的有效途径，经济社会智能化进程的加速为人工智能落地带来了巨大的应用需求。新一代人工智能开始进入人类生活诸多领域，并产生深远的影响。

一、人工智能的基本概念

人工智能历经60多年的发展，加之与技术进步密切联系，其概念也更为复杂、更为丰富。一般在理解这个概念时，我们可以将其分为两部分——“人工”和“智能”，最通俗的理解是由人工创造并赋予机器类似人脑的智慧和能力。

（一）智能的概念

按照脑科学和认知科学的现有解释，从生理角度看，智能是中枢神经系统的信号加工过程及产物；从心理角度看，智能是智力和能力的总称，其中智力侧重于认知，能力侧重于活动。

智能一般具有如下特征：第一是感知能力，即具有能够感知外部世界、获取外部信息的能力，这是智能活动产生的前提和基础；第二是记忆和思维能力，即能够存储感知到的外部信息及由思维产生的知识，并利用已有的知识对信息进行分析、计算、比较、判断、联想、决策；第三是学习能力和自适应能力，即通过与环境的相互作用，不断学习、积累知识，使自己能够适应环境变化；第四是行为决策能力，即对外界的刺激做出反应、形成决策并传达相应的信息。具有上述特点的系统即可称为智能化系统。

（二）人工智能的概念

人工智能（Artificial Intelligence，AI）又可以称为机器智能，产生于1956年，时至今日，它已经是一个含义很广的术语。在它的发展过程中，不同专家从不同角度对其给出了不同的解释。

人工智能之父约翰·麦卡锡认为：人工智能是制造智能机器的科学与工程，特别是智能计算机程序。

英国学者玛格丽特·博登在《AI：人工智能的本质与未来》一书中给出的概念是：人工智能就是让计算机完成人类心智（Mind）能做的各种事情。

综合各种人工智能观点，可以从“能力”和“学科”两方面对人工智能进行定义。从能力的角度看，人工智能是指用人工的方法在机器（如计算机）上实现的智能。从学科的角度看，人工智能是一门研究如何构造智能机器或智能系统，使其能模拟、延伸和扩展人类智能的学科。

二、人工智能的产生与发展

英国数学家图灵（A. M. Turing）在他发表的《计算机器与智能》一文中提出了

“机器能思维”的观点，并设计了一个著名的测试机器智能的实验，称为“图灵测试”或“图灵实验”，这普遍被人们视为人工智能产生的一个标志。此后，人工智能随着信息技术的发展走过了一条波澜起伏的道路。按照人工智能在不同时期的主要特征，可以将其发展过程分为以下五个阶段。

（一）孕育期（1956 年之前）

自古以来，人类就有着用机器代替人们完成脑力劳动的幻想，这些幻想可以在世界各地的民间传说或神话故事中得到充分体现。在千百年的历史长河中，人工智能只是存在于神话或传说中，但这一切从 20 世纪 40 年代开始发生了变化。1943 年，美国神经生理学家麦卡洛克（W. McCulloch）和皮茨（W. Pitts）一起研制出了世界上第一个人工神经网络模型（MP 模型），开创了以仿生学观点和结构化方法模拟人类智能的途径。1948 年，美国著名数学家威纳（N. Wiener）创立了控制论，为以行为模拟观点研究人工智能奠定了理论和技术基础。1950 年，图灵发表了题为《计算机器与智能》的著名论文，明确提出了“机器能思维”的观点。至此，人工智能的基本雏形已初步形成，人工智能的诞生条件也已基本具备。通常，人们把这一时期称为人工智能的孕育期。

（二）形成期（1956 年到 20 世纪 60 年代末）

人工智能的诞生与一次历史性的聚会密切相关。为使计算机变得更“聪明”，或者说使计算机具有智能，1956 年夏季，当时在美国达特茅斯（Dartmouth）大学的年轻数学家、计算机专家麦卡锡（J. McCarthy）和他的三位朋友——哈佛大学数学家、神经学家明斯基（M. L. Minsky），IBM 公司信息中心负责人罗切斯特（N. Lochester），贝尔实验室信息部数学研究员香农（C. E. Shannon）共同发起，并邀请其他 6 位科学家，组成 10 人研究团队，在达特茅斯大学举行了一个为期两个月的夏季学术研讨会。这些来自美国数学、神经学、心理学、信息科学和计算机科学方面的杰出的年轻科学家，在一起共同学习和探讨了用机器模拟人类智能的有关问题，并由麦卡锡提议，正式采用了“人工智能”这一术语。从此，一个通过研究如何用机器来模拟人类智能的新兴学科——人工智能诞生了。在这次会议之后 10 多年中，人工智能领域取得了一大批重要研究成果。

（三）知识应用期（20 世纪 70 年代初到 80 年代初）

正当人们在为人工智能所取得的重要成就而高兴的时候，受技术条件所限，人工智能发展进入了一个瓶颈期，难以有所突破。面对困难和挫折，这一时期的人工智能科学家们反思并总结了人工智能发展过程中的经验和教训，又开创了一条以知识为中心、面向应用开发的新的发展道路。通常，人们把从 20 世纪 70 年代初到 80 年代初的这段时间称为人工智能的知识应用期，也有人称为低潮时期。

（四）从学派分立走向综合（20世纪80年代中期到21世纪初）

在人工智能领域，人们通常把1956年诞生的人工智能称为符号主义学派，把基于神经网络的研究称为连接主义学派。由于感知器模型所存在的局限性，连接主义学派从1969年开始后的十多年中一直处于低潮。直到1982年，霍普菲尔特提出了霍普菲尔特模型，神经网络才又开始逐步复苏。其真正重新兴起则是1986年鲁梅尔哈特提出的BP网络。BP网络的出现使得连接主义学派迅速崛起，并与符号主义学派形成了一种对立的局面。除上述两个学派之外，布鲁克斯教授于1991年研制成功了一个六脚机器虫，并提出了一种智能无须知识、无须推理，可通过进化来实现的观点，形成了人工智能研究领域的行为主义学派。一时间，人工智能领域三派鼎立。随着时间的推移和各自研究的深化，人们逐步认识到，三派各有长短，应取长补短、综合集成。从21世纪初开始，三大学派逐步走向综合。严格地说，到目前为止，学派综合仍然是人工智能发展的主流。

（五）机器学习和深度学习引领发展（21世纪初至今）

机器学习的历史几乎与人工智能相当。进入21世纪，人工智能依赖的计算环境、计算资源和学习模型发生了巨大变化，云计算为人工智能提供了强大的计算环境，大数据为人工智能提供了丰富的数据资源，深度学习为人工智能提供了有效的学习模型。机器学习和深度学习在一个新的背景下异军突起，以机器学习和深度学习为引领是这一时期人工智能发展的一个最主要特征，新一代人工智能兴起。

人工智能自诞生以来，相关理论和技术持续演进。直到近几年，得益于深度学习等算法的突破、算力的不断提升以及海量数据的持续积累，人工智能才得以真正大范围地从实验室研究走向产业实践。

三、新一代人工智能的特点

与以往人工智能的发展相比，2016年开始的第三次人工智能浪潮与前两次有着明显的区别。基于大数据和强大计算能力的机器学习算法已经在计算机视觉、语音识别、自然语言处理等一系列领域中取得了突破性的进展，人工智能技术的应用也已经开始成熟。同时，这一轮人工智能发展的影响已经远远超出学界之外，政府、企业、非营利性机构都开始拥抱人工智能技术，因此，这一轮人工智能的发展被称为新一代人工智能。

（一）新技术引领

新一代人工智能主要表现为大数据基础上的人工智能。人工智能概念经过多年的演化，特别是在移动互联网、大数据、云计算、传感网、脑科学等新理论、新技术的引领下，再加上经济社会发展强烈需求的驱动，人工智能呈现出深度学习、跨界融合、人机协同、群智开放和自主智能等的新特色。

（二）国家重视

现在，人工智能已经成为国际竞争的新焦点，新一代人工智能将成为未来30年全球科技竞争的主战场。自2016年起，先后有40余个国家和地区把推动人工智能的发展上升到国家战略高度，并将其视为国家核心竞争力的基本要素和重要标志，国家层面的政策不断发布。2016年4月，日本设立"人工智能技术战略会议"，作为国家层面的综合管理机构推进人工智能的技术研发及应用。2016年10月，美国国家科技委连续发布《为人工智能的未来做好准备》和《国家人工智能研究和发展战略计划》两个重要文件。英国政府于2017年10月15日发布了名为《在英国发展人工智能》的报告。2018年4月，欧盟委员会计划2018年至2020年在人工智能领域投资240亿美元。2018年5月，法国发布《法国人工智能战略》。2018年11月，德国政府出台《人工智能战略》，计划在2025年前投资30亿欧元推动德国人工智能发展。我国也非常重视人工智能产业的发展，在2015年5月由国务院出台的《中国制造2025》提出发展智能装备、智能产品和生产过程智能化。随后，人工智能相关政策进入密集出台期，目前已出台了多项国家层面的政策，推动了我国人工智能的快速发展，并在人工智能发展领域实现与世界同步。

（三）企业推动

历经起伏后，随着算力、大数据和算法上的突破，人工智能迎来了目前最佳的发展时期，并在全球掀起新一轮信息革命。从企业层面，世界各国众多科技巨头之间的"人工智能竞争"愈演愈烈。美国的谷歌、微软、脸书、IBM、亚马逊等公司，我国的百度、讯飞、华为、阿里等公司，都投入巨资，抢占人工智能的高地。根据中国科学院大数据挖掘与知识管理重点实验室所发布的《2019年人工智能发展白皮书》披露，全球人工智能企业排名前十名分别是：微软、谷歌、脸书、百度、大疆创新、商汤科技、旷视科技、科大讯飞、Anywhere Automation和IBM沃森。

纵观当今人工智能领域，其技术发展之迅猛、政府热情之高涨、企业竞争之激烈、社会需求之巨大，均呈现前所未有的迹象。也正因为有这些坚实基础的强力支撑和社会需求的大力牵引，新一代人工智能才得到长足的发展，相信新一代人工智能将为整个人类的科技进步和社会文明进步作出巨大贡献，并不断推动人工智能的全面进步。

四、我国的人工智能战略

发展人工智能是党中央、国务院准确把握新一轮科技革命和产业变革发展大势，抢抓人工智能发展的重大战略机遇，构筑我国人工智能发展的先发优势，加快建设创新型国家和世界科技强国，所作出的重大战略决策部署。我国人工智能虽然起步较晚，在基础层、技术层等层面相对一些发达国家会有一定的差距，但在国家政策的大力扶持下，在各方的共同努力下，在基础算法方面和其他国家差距并不大，甚至于还有所领先。

自2015年5月国务院出台的《中国制造2025》提出发展智能装备、智能产品和生产过程智能化后，人工智能相关政策进入密集出台期。

2015年7月，国务院发布《关于积极推进“互联网+”行动的指导意见》，将“互联网+人工智能”列为其中11项重点行动之一。2016年3月，十二届全国人大四次会议通过《中华人民共和国国民经济和社会发展第十三个五年规划纲要》，将人工智能写入“十三五”规划纲要。2016年5月，国家发改委、科技部、工信部、中央网信办4部委联合发布《“互联网+”人工智能三年行动实施方案》，这是我国首次为人工智能发展提出具体实施方案，也是对2015年7月“互联网+”战略中人工智能部分的具体落实。

2017年7月，国务院印发的《新一代人工智能发展规划》中描绘了未来十几年我国人工智能发展的宏伟蓝图，确立了“三步走”目标：到2020年人工智能总体技术和应用与世界先进水平同步；到2025年人工智能基础理论实现重大突破，技术与应用部分达到世界领先水平；到2030年人工智能理论、技术与应用总体达到世界领先水平，成为世界主要人工智能创新中心。这一规划的出台，标志着我国人工智能的发展进入新阶段，引发了新一代人工智能相关学科发展、理论建模、技术创新、软硬件升级等工作的整体推进。此后不久，北京、上海、天津、广东、浙江、江苏、福建等全国数十个省市纷纷发布“落实《新一代人工智能发展规划》行动计划”。2017年10月，人工智能被写进党的十九大报告。

2018年10月，中共中央政治局就人工智能发展现状和趋势举行第九次集体学习。习近平总书记在主持学习时强调，人工智能是新一轮科技革命和产业变革的重要驱动力量，加快发展新一代人工智能是事关我国能否抓住新一轮科技革命和产业变革机遇的战略问题。可以说，人工智能已经成为经济发展的新引擎，带来社会建设的新机遇。我国作为人口大国和制造业大国，加速发展人工智能不仅仅是国家层面的软实力较量，更是关乎国家经济社会发展走向的核心力量。过去几十年，我国凭借着低成本优势迅速抢占国际制造业市场，然而随着国际形势的不断变化，我国经济发展速度放缓，传统的低成本优势逐渐消失，制造业转型升级迫在眉睫。而人工智能所特有的深度学习、跨界融合、人机协同、自主操控等特征将为我国制造业再次腾飞发展提供关键助力。

2020年7月，为加强人工智能领域标准化顶层设计，推动人工智能产业技术研发和标准制定，促进产业健康可持续发展，国家标准化管理委员会、中央网信办、国家发展改革委、科技部、工业和信息化部等五部门联合印发《国家新一代人工智能标准体系建设指南》，明确指出，到2023年初步建立人工智能标准体系，重点研制数据、算法、系统、服务等重点急需标准，并率先在制造、交通、金融、安防、家居、养老、环保、教育、医疗健康、司法等重点行业和领域进行推进。

2020年10月，党的十九届五中全会通过了《中共中央关于制定国民经济和社会发展第十四个五年规划和2035年远景目标的建议》，其中对人工智能发展进行了重要表述。2021年9月25日为促进人工智能健康发展，国家新一代人工智能治理专业委员会发布了《新一代人工智能伦理规范》，旨在将伦理道德融入人工智能全生命周期，为从事人工智能相关活动的自然人、法人和其他相关机构等提供伦理指引。《新一代人工智能伦理规范》的发布标志着人工智能政策已从推进应用逐渐转入监管，确保人工智能处于人类控制之下。

五、人工智能对会计的影响

大型企业财务共享服务中心的建立和中小微企业云会计的大量普及，将分散的、基础的财务会计工作集中起来，进行专业化、标准化和流程化的再造，完成了财务会计工作的工业化革命。"大智移云物区"等技术的快速发展，正在促使未来成为一个"万物互联、无处不在、虚实结合、智能计算、开放共享"的智能时代。会计的未来是智能化。

（一）积极影响

人工智能对于会计行业发展的影响大部分是积极的，在兼具会计信息化优势的基础上，更体现出智能化带来的积极作用。

1. 强化风险管理，提升核心竞争力

在现代企业中，风险管理是不可或缺的一部分。在风险来临前，做好预警是首要工作。利用人工智能和财务专家系统相融合，创建出新的风险预警模型，通过对数据、信息进行不间断的记录与分析，用以识别并预警相关风险。风险被识别以后，企业可以通过不同的会计模型、运用不同的方式，对数据信息进行综合分析，协助企业作出正确的决策，以此提高决策的效率和准确性，让企业获得竞争优势。

2. 促进会计人员能力提升，加快转型

外部社会经济环境变化和技术进步，是会计改革和发展的原动力，也是推动会计人员发展的重要推手。最近几年，人工智能迅速发展并应用于会计中，会计的基础工作逐渐自动化、智能化，使会计工作者摆脱了烦琐的基础性工作，有效提升了工作成效。作为会计人员，必须积极转变传统会计工作与学习方式，学习更多的信息技术，加大对管理会计、财务管理等方面的研究与学习，强化财务与业务之间的深度融合，为决策提供强力支持，实现会计由价值参与者转变为价值创造者。

3. 显著提高会计信息质量

当前我国会计行业信息失真现象普遍存在，既有主观故意造成的，也有人为失误引起的。人工智能的引入，在很大程度上打破了会计原有分工协作模式，从原始凭证获取到报表生成实现全流程自动化处理，不给舞弊行为以可乘之机。而这也对审计工作产生了极大影响，审计的方法、重点等都将因此而改变。

（二）消极影响

面对人工智能及其他信息技术在会计中的应用对会计工作带来的巨大冲击，业界在乐观中夹杂着担忧，认为机遇中蕴藏着挑战。

从会计电算化到会计信息化，到财务共享服务、云会计的应用，随着人工智能技术在会计领域的应用逐步加深，RPA 财务机器人逐渐承担了更多的会计工作内容，尤其是基础性的会计工作将逐步脱离人工参与，而且管理会计工作也将更加依赖智能财务系统完成。这虽然能从整体上降低会计人员的压力，但与此同时，也减少了会计工作对人工的依赖。因此，各单位对会计人员的需求量也开始呈现下降趋势。会计人员会消失吗？主流观点认为："经济越发展，会计越重要。"随着信息技术的发展，会计将会产生脱胎换骨的变化，会计人员只有不断学习，驾驭新技术，为会计赋能，驱动价值创造，激发会计新的活力，才能为自己谋得一席之地。

人工智能是引领未来的战略性技术，正在对经济发展、社会进步和人类生活产生深远影响。各个国家均在战略层面上予以高度关注，科研机构大量涌现，科技巨头大力布局，新兴企业迅速崛起，人工智能技术开始广泛应用于各行各业，展现出可观的商业价值和巨大的发展潜力。人工智能已成为引领未来的新兴技术，会计将走上一个全新的"起跑线"。

第二节　智能财务

2021 年政府工作报告和"十四五"规划纲要中均多次提及"数字经济"的建设，数字化已经成为响应时代号召的重要法宝，数字经济成为社会发展关注的焦点。在数字经济时代，信息系统已经不仅仅可以进行数据收集、数据加工和数据展现，还能够通过机器的深度学习能力来实现对管理者决策的强力支持，甚至直接代替管理者进行智能决策。以标准化流程为特征的传统会计模式走到了变革的拐点，财务智能化时代拉开序幕。

一、智能财务的概念

国内外学者关于人工智能在会计领域的应用研究早已开始，但相较于人工智能，智能财务的研究起步要晚许多。2017 年普遍被认为是人工智能与会计领域深化融合的关键时期，四大会计师事务所纷纷推出了自己的财务机器人等诸多新型的智能工具，使国内外学界进一步将研究聚焦于智能财务。

（一）国外对智能财务的研究

美国等西方发达国家在20 世纪60 年代中期就基本建成了较为完整的会计信息化系统。在此基础上，1987 年，美国执业会计师协会（AICPA）发表了一份名为《人工智能和专家系统简介》的特别报告，首次将人工智能引入会计和财务管理领域，自此西方会计界对人工智能技术在会计、审计和财务分析与管理等方面进行了广泛而深入的探索和研究。

国外对智能财务没有固定的名称与专门的定义，其内容通过专家系统（Expert Systems）、人工智能（Artificial Intelligence）、智能系统（Intelligent Systems）和基于知识的系统（Knowledge-Based Systems）等相关领域的研究来体现。在人工智能对会计行业影响的研究中，从更广义的会计概念入手，研究跨度涵盖了人工智能技术发展的各个阶段，在会计专业上则包括基于 RPA 的自动化会计处理、辅助财务管理和财务分析、欺诈检测等，并逐渐向更广范围的税务与法务会计、金融投资等领域延伸。

（二）国内对智能财务的研究

目前，人工智能已成为我国的一项重大发展战略，对财务智能化的研究理所当然地成为当前财务转型的主要方向。2020 年 9 月举办的中国会计学会第十九届全国会计信息化学术年会的主题即为“智能财务赋能经济高质量发展”，这也从侧面印证了这一这趋势。近年来，国内关于智能财务的定义可谓仁者见仁、智者见智，并衍生了诸多相近的名词，如财务智能化、智慧财务、智能会计、智能财务等，但不论叫什么，只是角度不同，本质上讲的都是同一事物，为便于叙述，本书在本部分统一称为“智能财务”。

杨周南教授（2020）在全国会计信息化专业委员会的会议中提出了基于会计管理活动的观点。他认为：智能会计是基于智能化环境产生的，以会计管理活动论为理论基础，通过智能化资源、人的智能行为、智能化技术工具三要素，对泛在会计主体的价值运动进行智能管理以实现资源优化配置，协同微观会计与宏观经济政策的管理活动。①

---

① 杨周南．关于智能会计概念的讨论［A］．中国会计学会第十九届全国会计信息化学术年会，2020.

秦荣生教授等（2020）认为：智能会计是覆盖会计工作全流程的智能化。它涵盖三个层面：一是基于业务与财务融合的财务共享，这是智能会计的基础；二是基于商业智能的智能管理会计，这是智能会计的核心内容；三是基于业财一体化的智能会计，这是智能会计的发展方向。①

张庆龙教授（2021）将智能财务定义为：智能财务是在财务数字化转型与智能化应用过程中不断发展起来的新一代财务。它以人工智能等高科技作为基础设施与核心要素，实现人工智能与财务全面融合，并不断赋能财务组织，提升财务组织的服务效率，拓展财务服务职能的广度和深度，最终实现财务组织价值与颠覆性创新。②

总体而言，智能财务既是一个新的财务应用领域，也是一门新的财务应用学科。它基于先进的财会理论、工具和方法以及不断发展的人工智能技术，不断扩大、延伸人类财务专家的作用以及最终使智能程序成为人类财务专家的有力助手和工具；它借助智能程序和人类财务专家共同组成的人机一体化系统，通过探索人机协同的方式，高质量地完成企业复杂的会计和财务管理活动。智能财务是一个覆盖业务活动、财务会计活动和管理会计活动的全功能、全流程的智能化应用领域与应用学科。

时代在发展，技术在进步，智能财务的内涵和外延也将顺应技术与时代发展的变化而变化。

二、现代化信息技术与智能财务

“大智移云物区”等新型技术正以风卷残云之势改变着会计工作的岗位、流程、内容和模式，甚至整个会计行业，智能会计也在这大趋势下应运而生。

智能财务的发展与信息技术的进步高度相关，这些信息技术包括“大智移云物区”以及机器人流程自动化等关键技术。虽然许多技术最早的应用场景通常都不在会计领域，但引入会计后对会计的发展产生了颠覆性的影响。

云计算、大数据、移动互联、物联网和区块链等技术尽管看上去不直接与智能财务相关联，但它们都是智能财务发展的基础技术。云计算为智能财务提供了虚拟化、动态可扩展、按需部署的计算环境和强大算力；移动互联网可以改变智能财务的服务方式，实现随时随处的应用，可极大提高系统的灵活性；物联网和区块链技术为智能财务提供了无所不在的、去中心化的服务和可靠的信息，使其灵活性、安全性、可靠性和实时性都能得到很大的提高；电子支付、电子票据、电子档案等技术迈上了新台阶，为会计全面数字化转型扫清障碍；云会计、财务共享服务发展促进了业财融合，

---

① 秦荣生．数字化转型与智能会计建设［J］．财务与会计，2021（22）：4－6.

② 张庆龙．智能财务研究述评［J］．财会月刊，2021（3）：9－16.

与大数据一起使大量业务、财务及其他信息富集，为智能化提供了大数据支撑；人工智能、大数据技术借助于其强大的分析工具，保证了这些信息的真实性和可用性。这些不同层次的技术发展日新月异，极大地带动了智能财务的发展。

三、智能财务的重要作用

会计是企业天然的数据中心，而智能财务让企业交易数据和经营数据得以发挥更大的作用。通过数据智能分析加强企业与市场环境的数字化连接，借助智能化预测给企业的管理和决策提供更多依据，依靠数据价值给予企业业务发展更多维的方向，通过财务数字化提高企业在行业中的竞争力。依靠财务智能化转型，会计从传统的记账工作发展成为企业的“数字大脑”，以人工智能、大数据、云计算、区块链、知识图谱为代表的新技术已然在会计工作中为会计工作模式带来了巨大的改变，乃至影响着整个会计行业。智能财务基于先进的会计理论、使用多种智能工具、采用人机协同工作方式，可以解决会计的核算、分析、预测、管理等多种工作，是一种涉及全流程的智能化管理。

四、传统会计与智能财务的比较

（一）职能重心不同

传统会计的基本职能是核算与管理，核算是基础，管理是深化，两者互为依靠。在智能财务下，将以会计的管理职能为核心，凸显管理会计职能，基础的核算工作则完全由 RPA 财务机器人等自动化系统完成，会计人员的工作主要是在智能财务的辅助下作出决策，甚至完全依靠智能财务系统作出决策。

（二）工作重点不同

智能财务借助大数据分析工具对业务、财务进行分析，并利用广泛收集的企业内外的数据资料，搭建企业的数字化平台，为企业的精准、高效、个性化决策提供支撑。而传统会计更偏向于被动地对经济业务进行会计确认、计量、记录、报告及常规性的报表分析。

目前的人工智能应用主要还停留在为会计提供智能化解决方案的“弱人工智能”阶段。例如，利用 RPA 财务机器人可以自动完成传统生成凭证、记账、生成报表等核算工作；通过图像识别，智能识别票据真伪并自动提取有价值数据；通过大数据全样本分析，发现审计线索等。相信随着机器学习、自然语言处理、增强现实、边缘计算等智能技术的成熟和应用，财务智能系统将具备“感知环境—科学决策—优化控制”

的能力，进入“强人工智能”阶段。

第三节　基于 RPA 技术的财务机器人

信息化社会，多系统并存、数据孤岛等现象的普遍存在，加之人力成本的不断攀升，且财务部门的工作普遍存在操作量大、重复度高、差错率高等痛点，使企业财务工作的自动化需求越发显现。根据麦肯锡全球研究院对自动化的研究，42%的财务活动通过成熟的技术可实现全自动化，还有 19%的财务活动可实现近似全自动化，因此，财务工作的自动化就成为业界研究的重点。

2017 年 6 月，德勤将 RPA 技术在财会工作领域的应用包装为财务机器人。虽然 RPA 技术早已经不是新鲜事物，但它在会计中的首次应用却引来了极大的关注。紧随其后，普华永道、安永、毕马威会计师事务所也陆续推出了擅长不同方面、各具特色的财务机器人。在国内，金蝶、用友、元年科技等软件厂商也都各自研发并推广了财务机器人。RPA 技术的应用浪潮在整个财务领域迅速蔓延。实际上，财务机器人就是 RPA 技术与人工智能的整合，它的出现促使财务初步实现自动化，向智能化转型又迈进了一步。

一、RPA 概述

RPA 在国内的发展可追溯至 2001 年“按键精灵”的出现，这款软件可实现游戏的常规自动化操作，也可实现个人办公自动化，是国内最早的 RPA 产品。2010 年后，RPA 发展迅速，阿里巴巴推出了流程自动化产品“码栈”，帮助企业实现运营和服务售后等的自动化，同时艺赛旗等 RPA 公司相继成立，为企业提供流程优化解决方案。

机器人流程自动化（Robotic Process Automation，RPA）这个概念是由 Blue Prism 公司市场总监 Pat Geary 在 2012 年首次提出来的。虽然直至今日，大家对 RPA 概念的理解存在差异，但丝毫不影响它的发展速度。

（一）RPA 的定义

IEEE（2017）给出了 RPA 的定义：RPA 通过软件技术来预定义业务规则以及活动编排过程，利用一个或多个相互不关联的软件系统，协作完成一组流程、活动、交易和任务，需要在人工对异常情况进行管理后交付结果和服务。IEEE 强调了 RPA 具有预定义规则、活动编排、串接不同的系统等主要特征。

著名咨询公司 Gartner 在《2018 年人工智能技术成熟度曲线报告》中对 RPA 进行了定义：机器人流程自动化整合了用户界面识别和工作流执行能力。它能够模仿人们操作电脑的过程，利用模拟的鼠标和键盘操作来驱动与执行应用系统。有时候，它被设计成应用到应用的自动化处理。虽然它被称为机器人流程自动化，但是并不存在一个物理设备，相似于其他如工作流引擎和人工智能工具。Gartner 指出 RPA 能模仿人类，具有工作流执行能力，是软件而并非物理设备。

（二）RPA 的特征

结合各方对 RPA 的描述，其呈现以下三个特征。

1. 模拟用户交互

通过脚本语言的执行，RPA 在电脑桌面上实现与业务系统的交互，重复执行原有的人工操作。依据脚本语言的设定，机器人可以模拟人在系统上的诸如复制、粘贴、删除、录入等基本操作。

2. 基于明确的业务规则

RPA 同其他脚本语言一样，其执行的业务处理必须基于明确的业务处理规则，并且对业务处理的整个过程需要预先定义。

3. 非侵入式模式

RPA 是以外挂的形式部署在所使用的业务系统之上，基于明确的业务处理规则在原有的系统界面进行自动化操作，原有系统架构不会因为 RPA 的介入而受到影响，所以 RPA 技术能以不增加接口的方式实现与各个业务系统之间的集成。

从整体运用而言，当前的 RPA 技术具备基于业务流程的自动化处理能力，具备各类业务机器人的调度能力，同时也具备一定的基于固定规整的分析能力，能够在不同的业务系统之间建立信息交流与沟通。

（三）RPA 的功能

从功能上来讲，RPA 是一种处理重复性工作和模拟手工操作的程序，可以实现的功能见图 9－1。

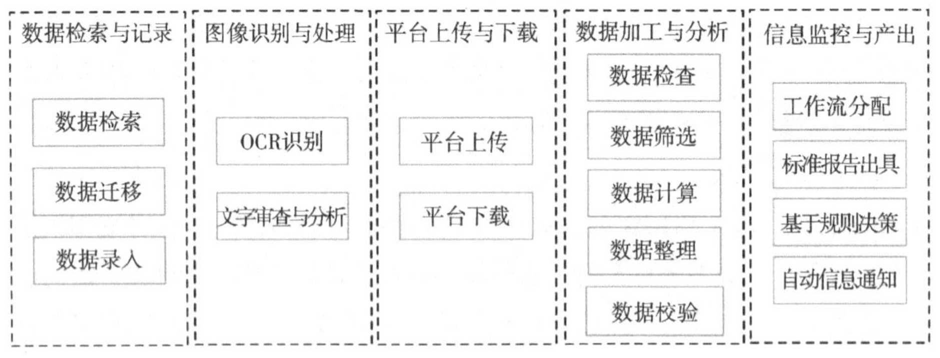

图 9－1　RPA 功能框架

（1）数据检索与记录。RPA 可以跨系统进行数据检索、数据迁移以及数据录入。

（2）图像识别与处理。通过光学字符识别（Optical Character Recognition，OCR）技术识别信息，并可在此基础上审查和分析文字。

（3）平台上传与下载。能够按照预先设计的路径，上传和下载数据，完成数据流的自动接收与输出。

（4）数据加工与分析。包括数据检查、数据筛选、数据计算、数据整理和数据校验。

（5）信息监控与产出。RPA 可以基于模拟人类判断，实现工作流分配、标准报告出具、基于规则决策、自动信息通知等功能。

（四）RPA 技术与人工智能技术

RPA 技术和人工智能技术都在一定程度上替代了原有的人工劳动，但是二者有很大的区别。RPA 技术只能依靠固定的脚本执行命令，并且进行重复、机械性的劳动；人工智能技术结合机器学习和深度学习，具有自主学习能力，通过计算机视觉、语音识别、自然语言处理等技术拥有认知能力，可以通过大数据不断矫正自己的行为，从而有预测、规划、调度以及流程场景重塑的能力。

RPA 技术与人工智能技术更像手和大脑的关系。RPA 技术倾向于重复地执行命令，人工智能技术更倾向于发出命令。除此以外，RPA 技术是自动化发展过程中的一个阶段。人工智能技术在企业中的应用还处在初步探索阶段，从短期趋势而言，企业更倾向于以标准化、逻辑清晰的 RPA 为基础，逐步向智能化程度更高的人工智能方向发展。未来，随着 RPA 技术的不断发展，RPA 与人工智能技术融合也是行业的一大趋势，基于 RPA 技术财务机器人就是这一结合的产物。

二、财务机器人概述

财务机器人是 RPA 技术和人工智能技术的结合及应用，是数字化的支持性智能软件，也被称为数字化劳动力（Digital Labor），它被看作智能财务发展的初级阶段。

目前被广泛应用的智能财务产品有 RPA 财务机器人、票据 OCR 系统、语音交互系统、财务专家系统、智能数据挖掘系统等，正在研发未来可能投入使用的还有财经语义网络、知识图谱管理工具、通用智能财务工具引擎、财经大数据机器学习系统、智能会计核算系统、智能财务共享服务系统以及智能财务决策支持系统等。

在实务方面，当前应用中最为成熟、应用场景最为广泛，也最被业界认可的就是基于 RPA 技术的财务机器人。

（一）财务机器人的概念

财务机器人是 RPA 技术运用于财务领域的产品，它可以模拟在现实工作中会计人员的工作流程并进行自动化操作。它适合代替会计人员完成工作量大、规则明确、重复率高的基础业务内容。我们可以把财务机器人当作财务部门的虚拟会计岗位，从事的工作为传统的人工操作中重复性的工作流程，只不过被放置在特定的流程节点进行自动化的工作。

（二）财务机器人的优势与局限性

1. 财务机器人与人工、传统信息系统的对比

具体参见表9－1。

表9－1　财务机器人与人工、传统信息系统的对比

人工	传统信息系统	财务机器人
需要集中培训，难度适中； 人工成本、管理成本、培训成本较高； 人员培训时间为2～6周； 投资回报期为2～3年	需要专家开发系统，难度较高； 软件开发成本高； 开发调试时间长，需要半年到1年； 投资回报期为3～5年	流程编写较为简单，难度较低； 开发成本低； 开发调试时间短，需要2～6周； 投资回报期少于1年

2. 财务机器人的优势

相较于传统人工的财务运作模式和传统信息系统的方式，财务机器人具备诸多优势。

（1）财务机器人可以全天候工作，有效提升工作处理效率、降低人力成本。7天×24小时工作模式，工作内容和时间可以随需而变，及时响应业务需求，弥补了财务人员工作精力及工作时间有限的问题。

（2）操作的正确率接近100%，极大地保障了工作质量，提高了工作效率，解放了会计人员。可以完成重复性操作，如相关数据的检索、下载、录入和审查；可以完成量大且易错的业务，如报销票据的审核、增值税专用发票的验证、与往来单位或银行的对账等。对基础性工作的替代，释放了大量的人员转型去做高附加值的财务工作，实现财务对业务的有力支撑和转型发展。

（3）不会改变原有系统的结构，可以实现异构系统的有机联系。RPA财务机器人以外挂形式部署，它是在用户界面进行操作，因此不会破坏企业原有的IT结构。

（三）财务机器人的局限性

基于RPA技术的财务机器人虽然有很多优势，但是与人工智能技术仅处于初步结合阶段，其发展仍有巨大的提升空间。

1. 无法处理异常事件

由于财务机器人基于固定的规则进行业务处理，当出现异常事件时，需要人工操

作进行干预，未能摆脱对人工的依赖。

2. 对运营保障的要求较高

财务机器人的有效运行对系统平台的稳定性、人员的素质和技能提出了更高的要求。

3. 需要跟踪优化机制

为了保障财务机器人正常、有序地运行，快速、高质量地响应业务需求变化，企业需要针对财务机器人设计完整、详细的跟踪优化机制。

三、财务机器人的应用分类

财务机器人可以按部署方式、操作场景、运行方式等标准进行分类，见表9－2。

表9－2　财务机器人的分类

分类依据	类型
按部署方式	公网单机财务机器人、公网联机财务机器人、内网单机财务机器人、内网联机财务机器人
按操作场景	查询类财务机器人、报送类财务机器人、处理类财务机器人、分析对比类财务机器人
按运行方式	全自动型、人机交互型

四、财务机器人当前应用的领域

目前，基于RPA技术的财务机器人在凭证与总账处理、会计核算、资金管理、成本管理、税务管理和报表处理等财务工作的各个环节均有应用。

（一）凭证与总账处理领域

财务机器人能在业务数据产生的同时推动财务数据的形成，能自动生成凭证，实现业务与财务一体化；可自动完成从凭证生成、期末结转到关账等日常操作，以及各种明细账和总账的核对与分析等工作。

（二）会计核算领域

财务机器人可以完成费用报销处理，各类往来账的比对、核销，各种业务和财务数据的校验和比对工作，如各种应收、应付的比对与核销等场景。

（三）资金管理领域

财务机器人可以完成收款管理、付款管理、收付款确认、各种资金往来的对账、各种电商平台的对账等工作。

（四）成本管理领域

财务机器人可以完成成本核算、成本还原和合并报表、预算编制等信息的采集、录入、整理与初步分析，以及企业各种业务数据的采集与分析工作，可充当企业战略与决策分析的有力工具。

（五）税务管理领域

财务机器人可以完成增值税发票、出行发票的图像识别、发票基本信息的查询与校验、发票台账的建立与管理、自动开具增值税发票以及相应的支付凭证、企业所得税等不同税种的税务信息申报等工作。

（六）报表处理领域

财务机器人可以完成企业内部报表处理、外部报表处理、各种报表的整理和比对等工作，可为企业业务决策与分析提供数据基础。

与传统财务流程相比，财务机器人由最初替代财务人员完成单一操作、重复率高的基础类财务工作，发展到现在可自行完成数据汇总、合并抵销、系统数据导出及处理等工作，乃至辅助财务人员进行财务诊断、分析等工作，应用领域更加广泛。

基于 RPA 技术的财务机器人解决了会计工作效率低、错误率高、人员占用多的问题，有利于推动会计与业务流程管理自动化，普通财会人员大量转岗，重新构建核心技能，推动管理会计数字化转型。随着人工智能技术的深入发展，财务机器人并不能算作人工智能方面的顶级发展技术，也不能算作“智能财务”的高级模式，财务机器人仅仅能算作财务领域最基础的应用。

五、财务机器人应用产生的影响

财务机器人的出现和大量应用不仅是技术进步的具象体现，更是财务工作人员工作思维方式发生变化的抽象展现。

财务机器人的运用，改变了原有的财务会计工作的方式和财务会计人员的观念，推动了财务组织的架构变革，同时对财务会计人员的素质和技能提出了更高的要求。财务组织中会出现新的技术团队和业务团队（财务机器人流程处理团队和特殊业务处理团队），前者负责财务机器人的管理和日常运维，后者负责辅助和拓展财务机器人的工作。同时，财务机器人使基础财务会计人员所占的比重进一步减少，从事公司经营支持和决策支持的财务会计人员比重随之上升；财务会计人员的工作内容也变得更有挑战性，他们不再从事基于规则的重复处理，而是将更多精力投入在流程优化、业务监控和数据分析上。

财务机器人的运用和其他新兴技术一样，推动了财务会计人员的转型。未来需要更多精通数据分析和预测、具备跨部门知识、善于与业务部门构建合作关系的各类复合型人才。财务会计人员要能够精通会计、擅长管理、熟练运用信息技术、洞察业务，并且具备战略远见，从而能够更好地参与商业模式创新的规划与实施、为企业提供更有见地的数据分析、推动企业新业务的布局和数字技术应用等。财会人员要不断创新，实现自身的转型与再造，重塑财务理念与知识体系，才能满足新时代的要求和企业的需求。

财务的自动化以财务机器人替代了基础的重复性人工劳动，实现了操作层面的资源优化。而财务的智能化则可结合机器深度学习的能力，利用信息系统来帮助管理者选择适合企业现状和发展规划的相应策略，实现全局资源优化。

第四节 大数据技术与会计

在人类历史上，从未有哪一个时代能像今天这样拥有如此体量的数据，并且每天依然会有大量新的数据产生。这些数据的产生没有限制，并不会像过去一样受到时间和空间的约束。大数据技术的产生，无论是对于科学技术的进步，还是对于信息技术的发展，都起到了重要作用。历经多年发展，大数据技术从一个新兴的技术产业，正在成为融入经济社会发展各领域的要素、资源、动力、观念，大数据技术也正引领会计走向更加智能化的新阶段。

一、大数据技术概述

（一）大数据的概念

大数据是一个比较宽泛的概念，从表面意思来理解，可以理解为信息繁多、规模庞大的数据。然而，大数据的本质并不是指数量上的庞大，也不是大于一个特定数字才叫作大数据，而是更强调数据的处理与应用。目前学界并没有对大数据给出一个统一的概念。

研究机构加特纳给出的理解是：运用传统工具无法处理的信息，可以采用大数据完成，也就是大数据需要新的处理模式，才可以富有强大的决策能力、发现力以及优化各个流程的能力，才能获取多样化的信息。

我国国家标准化管理委员会对大数据的定义是：大数据（Big data）是指具有体量巨大、来源多样、生成极快且多变等特征，并且难以用传统数据体系结构有效处理的包含大量数据集的数据。①

---

① 中国国家标准化管理委员会，中华人民共和国国家质量监督检验检疫总局．信息技术大数据术语［S］．GB/T 35295-2017；2017-12-29.

大数据其实是一个从量变到质变的转化过程，它代表着在现实生活中，无论是在经济方面，还是在社会实践方面，数据作为一种资源发挥着越来越重要的作用，与之有关的技术、产业、应用都会相互影响、共同前进。从根本上讲，发展大数据是为了数据背后所蕴含的巨大价值，如果大数据没有价值，那也就没有什么研究意义了。

（二）大数据的特征

大数据与传统数据相比，最明显的区别就在于大数据的4V特性，即规模性（Volume）、多样性（Variety）、高速性（Velocity）、价值性（Value）。“海量数据”的概念只强调量大，而大数据不仅仅是描述数据的量，还表现出其他特征，是要求通过专业化的处理来挖掘的有价值的信息。

1. 规模性

大数据的规模远远超过典型数据库和传统数据分析工具能够存储、管理与分析的量级，常规软件对其失效。现在，全球数据量已经从TB级别跃升到PB、EB乃至ZB级别。当然，数据量的变化只是最初阶段，更大的规模数据还在后面。

2. 多样性

多样性主要体现在数据的来源多、数据的类型多和数据之间的关联性强这三个方面。现代社会的感测设备、智能设备还有其他设备与日俱增，在这种大环境下，大数据不仅仅包含传统的关系型数据，还包含半结构化和非结构化数据，而这些数据之间存在复杂的关系。其中，爆发式增长的一些数据，如互联网上的文本数据、位置信息、感测数据、图像信息、音频文件、视频文件等，还有监控摄像机中的视频数据，它们都是非结构化数据。

3. 高速性

大数据的一个显著特征是数据的产生和更新的速度快得无法形容，同时人们对数据智能化和实时性的要求越来越高，人与人之间、人与机器之间、机器与机器之间的信息交流互动随时随地都在进行，都会带来巨量的数据交换。在数据交换过程中，最重要的一步是实时地呈现给用户。

4. 价值性

一般来说，海量数据中会含有一些很重要的内容，然而有价值的内容只是其中非常小的一部分，并且这些数据对于某一领域而言，可能是没用的，但是在另一领域中，这些数据又可能是极其重要的。另外，把这些数据进行重新组合并处理，会发现之前没有发现的价值，这可能是大数据最为重要的一个价值。

（三）大数据的类型

大数据不仅仅是数量众多、规模巨大，数据类型也非常复杂，在海量的信息内容中，只有大约20%的数据是结构化数据，大约80%的数据隶属于分布在社交网络、物联网、电子商务等领域的非结构化数据，如何创新手段充分利用非结构化数据是大数据研究的重要内容。

1. 按照数据结构分类

（1）结构化数据，即关系模型数据，现在许多的企业都是采用这种方式存放数据，如财务系统数据、信息管理系统数据、医疗系统数据等，其特点是数据间因果关系强。

（2）非结构化数据，即不适合用数据库二维逻辑表来表现的数据，包含所有格式的办公文档、文本、图片、音频、图像、视频等。其特点是数据间没有因果关系。

（3）半结构化数据，即在完全结构化数据和完全非结构化数据之间的数据，如HTML文档、邮件、网页等。其特点是数据间的因果关系弱。

2. 按照产生主体分类

（1）企业数据，即CRM系统里的消费者数据、传统的ERP数据等。

（2）机器数据，即机器生产的数据、软硬件设备生产的信息等，主要指的是呼叫记录、智能仪表、设备日志、交易数据等。机器数据是增长比较快的一种数据。

（3）社会化数据，即用户的行为记录、反馈数据等。在社交软件上的庞大用户群会产生巨大的数据量，同时，这些用户也会产生巨大的反馈数据，主要包括网络上的评论、视频、图片、个人信息资料等。

3. 按照数据的作用方式分类

（1）交易数据，即经过ERP、电子商务、POS机等交易工具所带来的数据。

（2）交互数据，即微信、微博、即时通信等社交媒体所产生的数据。交互数据现在在社交网站上越来越多，产生的数据类型也越来越丰富。

（3）传感数据，即GPS、RFID、视频监控等物联网设备带来的传感数据。

二、大数据技术与人工智能技术

随着大数据时代的到来，大数据正以迅猛之势席卷各行各业，给许多行业带来了机遇。面对众多结构化与非结构化数据，运用大数据技术挖掘有效信息并进行智能分析与决策，对提升企业价值具有重要意义，是实现会计智能化升级的必备条件之一。运用人工智能技术可高效地挖掘隐藏在大数据中有价值的信息，为企业管理提供决策辅助，人工智能技术则能借助大数据技术实现自我学习、自我进步。

其实大数据技术与人工智能技术具有极深的渊源。人工智能的概念提出后，在如何实现的过程中，出现了不同的模式。早期人们更多地研究如何采用类似仿生学的模式让计算机产生像人一样的思考能力。这样的研究方法在之后多年的时间里困扰着大量的研究人员，并没有取得突破性的进展。其后，另一种基于数据和统计学的研究思路出现，科学家们发现可以通过对大量数据的输入和结果的关系统计，让计算机达到类似人学习的效果。这种研究思路是一种思维模式上的变革。

在早期的时候，基于数据和统计的模式无法带来具有商业价值的应用，因为当时数据量不够大、算力不够强。而今天，大数据技术的快速发展，以及云计算对于算力的大幅提升，打破了原有因素的制约，使得人工智能发展出现了质的突破。因此，从这个角度来说，现代人工智能技术的发展和大数据技术的关系就异常紧密了。可以说，大数据技术是人工智能技术的核心与基础。智能时代的背后是数字时代，而大数据技术的应用将是会计人员的核心能力。

智能财务可以看作大数据技术与人工智能在财务领域的应用，在数据、流程、管理模式三个层面真正意义上实现业务与财务的融合和价值的创造，它最有价值的领域是智能分析、智能预测与智能决策。智能财务是由技术创新驱动的，但其影响不仅在技术层面，更使财务、管理模式、思维模式、技能需求等方面发生了革命性变化。

三、大数据技术对会计发展的影响

大数据技术的应用为会计发展提供了契机，推动了智能会计的进步。

（一）对财务会计的影响

1. 会计信息更全面、更相关

非结构化数据与结构化数据的共存，是大数据时代的标志之一。采用大数据技术可以将非结构化数据与结构化数据相结合，通过分析，发现海量数据之间的关系，并通过定量的方式，来反映、分析、评判企业的经营发展。

传统会计分析认为，会计信息的精准性无比重要，因此传统会计分析强调的是准确、精准。但大数据时代则更多地关注会计信息分析带来的效果。因为在传统会计信息体系中缺乏海量的数据支撑，获取的任何一个信息，都可能对会计信息产生至关重要的影响。所以需要保证这些信息的真实性、可靠性，才不会导致会计信息失真。在大数据时代，虽然数据繁杂，但人们却不用过于担心某一数据出现的偏差会给会计信息质量带来致命的影响，也不需要再通过耗费众多的成本来消除这些数据的不确定性。因此在大数据时代，数据所带来的效果，往往比传统会计信息的准确性更重要。

2. 会计计量呈现多元化

在传统会计中，为了满足不同人员的不同需求，除历史成本计量外，公允价值计量也经常被采用。但是公允价值的非唯一性和不可靠性，使得公允价值使用效果大打折扣，也给用户使用带来一定的困难。由于大数据时代的特性，越来越多的数据产生，会使得公允价值变得越来越透明化、清晰化，从整体上提高了公允价值的可信度和可靠性，因而多元化计量成为可能。在计量单位上，传统会计中的计量单位通常采用“元”，但是在大数据时代，将来有可能出现按需提供的个性化计量单位。

3. 会计人员的管理职能发生了转变

在传统会计中，基本上把会计人员的职能定位于收集单据、填制凭证、登记账簿、复核、结账、报告、归档等工作。而在大数据时代，会计人员所面对的，不仅仅是财务信息、财务单据，更多的是海量的业务信息与外部信息。如何收集信息、分析信息，并将有用的信息放置在合理的资源中，通过高效的财务管理流程实现有价值的财务数据，将资源配置在增长的领域中，是财务人员转变职能的体现之一。

（二）大数据对于管理会计的影响

管理会计是从传统财务会计中分离出来的，旨在为企业经营管理服务的一门会计学科。管理会计的重点任务在于优化企业经营管理、提高经济效益。因此在管理会计的核心理念中，创造价值与维护价值是最为重要的两点。

1. 提供更为全面的成本信息

在管理会计所提供的各类信息中，如何确定初始成本是核心。企业的经营活动，都离不开成本的确认，同时成本确认也贯穿于企业预测、编制计划和预算等各环节中。传统的成本确认和成本计量的信息来自企业内部，但在大数据时代，这些内部信息就显得不够全面。这时，外部信息可以为企业提供更为完整的决策依据，这些信息包含行业背景资料、企业所处行业的位置、竞争对手的信息和竞争定价策略、行业供应链的结构和变化趋势，等等。外部信息的收集就需要借助大数据工具，然后将这些数据加以分析，确定其内部关联性和相关性。因此，基于大数据的成本信息更为准确，也为企业的生产、经营、销售、管理等环节降低风险、提高管理水平和管理效率提供了有效的数据支撑。

2. 为决策和规划提供有力的数据支持

现在的企业运营的重点是以客户为中心，通过提供多类别、有针对性的服务，将提高企业核心竞争力为目的，通过成本费用、利润、资金运作等方面来制定多种管理方案，而管理会计通过综合评价这些方案的优劣性，来择优选出适合企业发展需要的最佳方案。如果没有海量的数据作为支持，就不可能获得全面的信息，作出准确的决策。尤其是数字化的时代，对大数据的分析和挖掘，显得尤为重要。

大数据的崛起与发展，为会计工作带来了前所未有的挑战与机遇，面对这些新的契机，如何使大数据为人们所用，如何将大数据与会计、人工智能相结合，真正为企业提供实时的经营决策参考，将是会计面临的主要任务。

第五节　中国企业财务智能化现状[①]

当前，我国企业对财务智能化相关技术的应用部署仍处于起步探索阶段，在此方面投入较少，且由于技术不是很成熟，对部分人工智能技术处于观望态度。为展现目前我国企业财务智能化发展现状，根据上海国家会计学院会计信息调查中心与多家单位联合发布的《2021 中国企业财务智能化现状调查报告》，我们来一探究竟。

一、调查数据

针对“财务信息处理的方式”的选择见图 9－2，无论在 2020 年还是 2021 年，绝大多数受访者都认可财务信息的处理方式需要自动化。在 2021 年数据中，有 39% 的受访者认为“需要全面自动化”，有 59% 的受访者认为“至少半自动化”，仅有 2% 的受访者认为“少部分自动化即可”。综合来看，在会计智能化的进程中，智能财务机器人只是初级应用，只完成了部分自动化。这也是自 2016 年德勤会计师事务所与 Kira Systems 联手推出“小勤人”后，财务机器人得到广泛重视与应用的缩影。

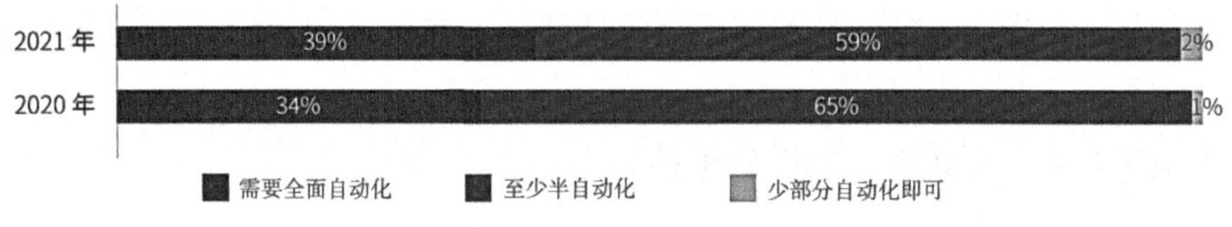

图 9－2　财务信息处理的方式

对“企业已经应用的管理系统模块”的调查见图 9－3，两年数据差别不大。2021 年的数据显示，应用最为普遍的是财务信息系统，达到 92%，这也体现出经过 40 多年的发展，我国会计信息化工作基本应用已经非常普及。经常与财务系统配合使用的采购管理系统（56%）、销售管理系统（47%）、库存管理系统（53%）加上人力资源管理系统（47%）毫无悬念地居于第二梯队，客户关系管理系统（28%）和研发管理系统（15%）应用得则较少。

① 本节数据来源于上海国家会计学院会计信息调查中心与多家单位联合发布的《2021 中国企业财务智能化现状调查报告》。

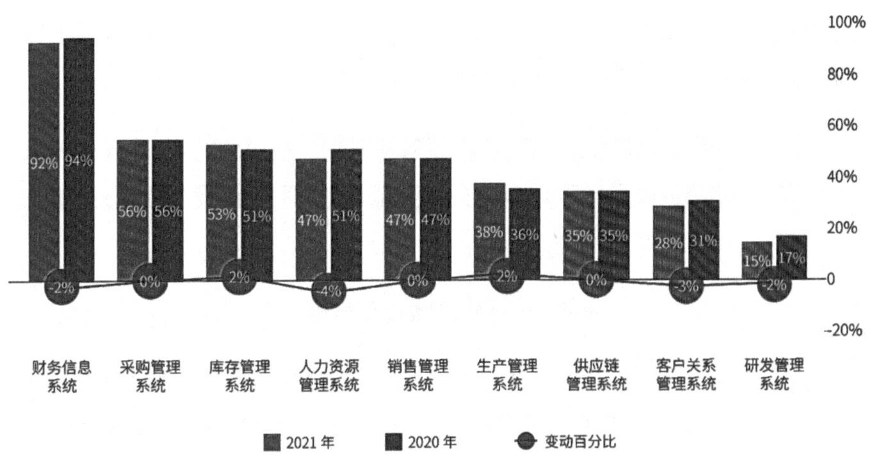

图 9－3 企业已经应用的管理系统模块

针对“智能财务的管理范围”的选择中见图 9－4，2021 年的调查中有 52% 的受访者认为智能财务的管理范围“需要全面覆盖业财管的内容”，有 35% 的受访者认为“必须包含财务会计和管理会计”，只有 13% 的受访者认为智能财务的管理范围“主要是财务会计”。

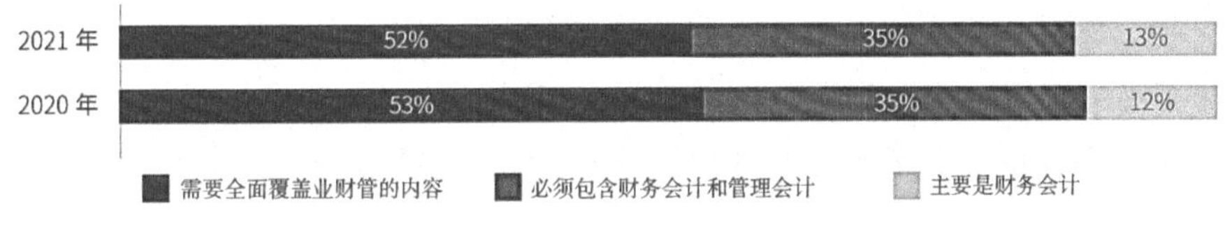

图 9－4 智能财务的管理范围

针对“人工智能技术使用的意愿”的选择见图 9－5，2021 年有 45% 的受访者认为“必须大量使用”；有 33% 的受访者认为“部分使用即可”，人们对人工智能技术的接受度比较高；有 22% 的受访者认为“只要能自动化和智能化，使用什么技术无所谓”。其实会计自动化是会计智能化的冰山一角，反映出人们对智能化概念的理解不是很全面。

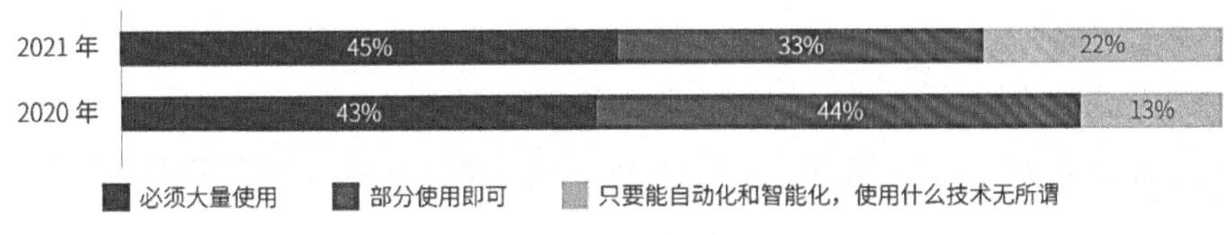

图 9－5 人工智能使用的意愿

针对“最终的财务管理模式”的选择见图 9－6，2021 年有 85% 的受访者认为最终的财务管理模式将是“人机一体化协同管理”，这几乎成为大家的共识；有 12% 的受访者认为最终的财务管理模式将是“以人为主，智能计算机只是辅助而已”；认为计算机将“取代人类专家”的仅有3%。这也反映人们开始意识到，即使在强人工智能时代，会计人员依然大有可为，但必须转换理念、强化技能学习，实现人机的协同。

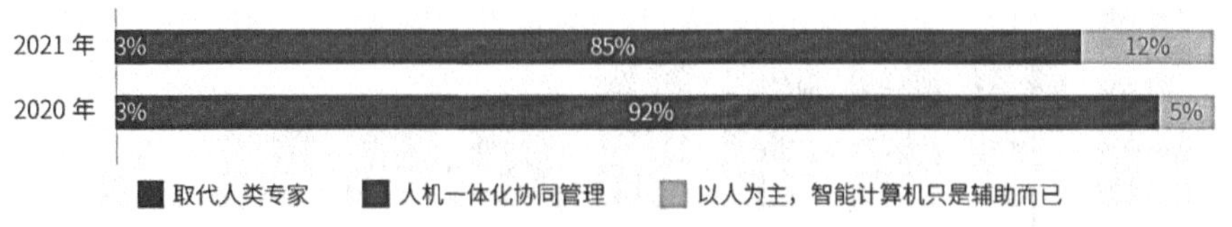

图9-6　最终的财务管理模式

2021年，有81%的受访者认为智能财务提供的服务是“标准化和个性化并重”，有13%的受访者认为“主要是标准化服务”，有6%的受访者认为主要提供“个性化服务”。2021年与2020年的数据一致。见图9-7。

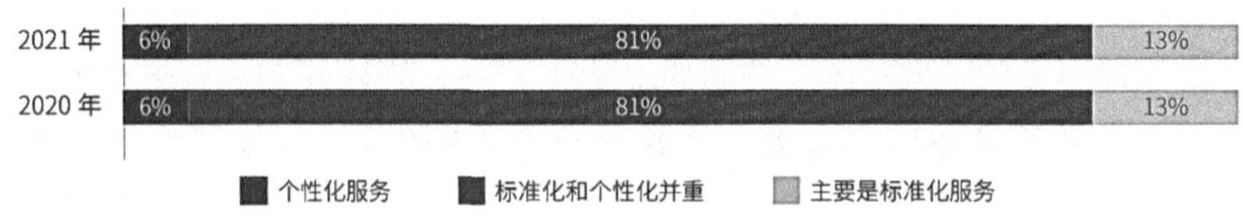

图9-7　智能财务提供的服务

2021年，面对“实现智能财务需要解决的问题”，有高达89%的受访者认为实现智能财务需要从“管理和组织上巨大的变革”着手，有9%的受访者认为“只要从技术上改变”，有2%的受访者认为“只要从理念上变化即可”。见图9-8。不难发现，当前信息技术已经不是财务智能化发展的主要障碍，一旦智能化改革的理念落地及启动，管理和组织变革就必须紧跟智能会计发展的要求。

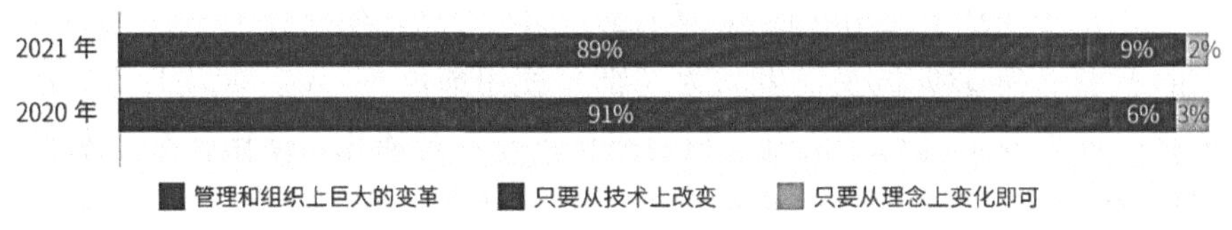

图9-8　实现智能财务需要解决的问题

对“智能财务所带来的收益”这一问题，2021年，受访者选择“使业务流程标准化和智能化”占比27%，选择“提高企业的管理和控制水平”占比21%，选择“提高企业的生产经营效率”占比15%。见图9-9。这一方面是由于经过现代化信息技术多次洗礼，另一方面是由于智能化财务现在处于初级探索阶段，对于智能财务带来的收益，人们的感受没有以前那么直接和明显。

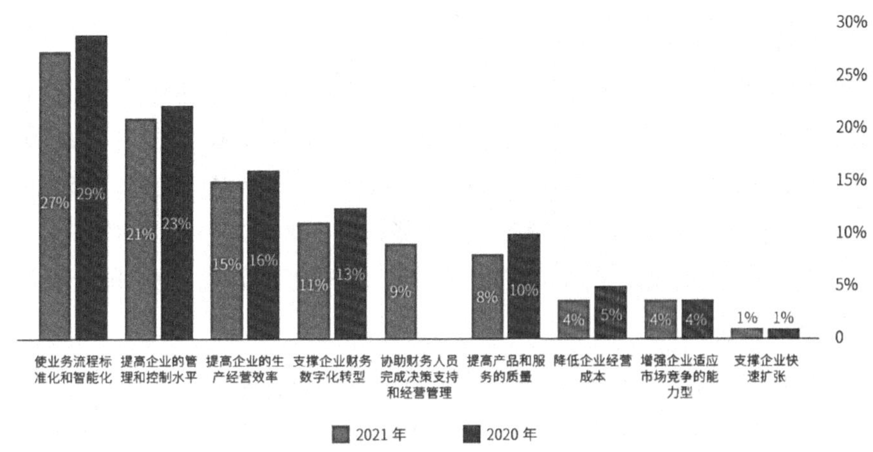

图 9－9 智能财务所带来的收益

二、我国企业财务智能化的特征

汇总分析调查报告中的数据，当前我国企业财务智能化呈现以下特征。

（一）企业智能财务理念已广泛普及，但建设进度与应用程度不均衡

企业会计人员认为，目前智能财务的重点聚焦在会计的基础交易工作上，缺乏对绩效、风险控制和经营预测等方面的智能化考量。在财务分析、预测、决策等工作中，会计人员人工操作的比例依旧很大，误判、漏判现象可能频发，这从侧面也反映出智能财务在部分财务场景的应用程度不高，为企业数字化转型提供的支撑也不够。约 6 成的受访者认为财务信息处理方式至少要达到半自动化，超过 4 成以上的受访者认为全面自动化的财务信息处理方式一定会在未来普及。智能财务作为财务领域的新兴趋势之一，其建设规划不够系统体系，大部分企业建设过程出现零散化、碎片化、复用性较差的问题，缺乏对整个财务智能化大局的统筹考虑，财务智能化的推进方式和打破传统理念的决心还有待加强。

（二）智能财务建设使企业更注重信息技术的输出效果

大部分企业管理者及经验丰富的会计人员认为，智能财务给企业带来的收益主要集中在使业务流程标准化和自动化、提高企业的市场竞争力，而在智能财务建设过程中，大数据、人工智能、移动互联网、云计算、区块链、物联网等新一代信息技术不仅要提升企业内部体验，也要提高生态圈的外部体验。在企业智能财务的建设与应用实践中，在关注企业本身战略发展和内在能力提升的同时，以客户为中心，加强与供应商的联系，根据客户和供应商需求，结合新一代信息技术设计流程方案，加强客户和供应商的体验感。这与国家提出的“双循环”概念不谋而合，使智能财务服务于企业的内部与外部双循环，为企业创造价值。

（三）智能财务建设的重点之一仍是组织协同

智能财务建设需要管理和组织上的变革，这一点大部分受访者都持支持观点。组织变革又以发展组织协同能力为重点，需要优化组织架构以增强协作能力。组织协同不只是财务人员的协同，也是跨部门、跨业务的协同。智能财务的建设与应用不仅是财务部门的首要任务，同时也与营销部门、市场部门、战略部门及IT部门等息息相关，能否在人员与人员之间、部门与部门之间构造良好的协作机制，也是能否促使智能财务良性循环的关键所在。

（四）企业财务智能化转型需要更多的复合型财务人员

在创新改革的号角下，财务人员对企业财务信息的熟悉程度较以往已有了大幅提高，这得益于企业财务智能化转型的战略指导及财务人员对于智能财务改革意识的自我提升。因此，财务智能化转型一定需要适配复合型财务人员，但目前各企业对于这类人员的配置仍处于不均衡状态。随着智能财务建设的加速，财务人员智能化接受程度也大大地改进，尤其是全球新冠肺炎疫情的发生极大地促进了线上业务及云计算概念的发展落实，线上工作对员工的智能化分析及数字化运用能力提出更高的要求，需要企业全方位支持财务人员的素质培养及建设有效的移动智能平台。与此同时，要加强会计科技创新的培训工作，从而不同程度地增强财务人员的信息技术能力。

（五）财务智能化需要企业管理者更多的支持与重视

调查显示，大部分受访者认为企业推动智能财务最关键的因素是“领导或管理层对智能财务的价值认识”及“领导或管理层实施新项目的重视程度和决心”。这项结果和往年的调查结果相吻合，因此，在企业财务智能化建设过程中，企业管理层的肯定及鼓励仍然非常需要。财务智能化建设需要企业高层自上而下的核心凝聚力，在一定程度上决定了企业的改革是否能真正成功，企业高层的战略意识和执行决心影响着财务智能化转型的效果。

三、会计人员面临的冲击

我们在享受人工智能给会计工作带来的诸多便利之余，也应该充分意识到它对会计岗位构成的挑战。

随着会计信息化的发展，企业的财务、业务边界在逐渐模糊。一方面基础的核算性工作随着技术发展被财务机器人逐渐替代；另一方面，数据逐渐成为驱动经济增长的一个重要因素，涉及决策、评价、数据分析等工作的重要性越发凸显。会计人员面临着是否愿意学习新的技能、是否愿意培养面向未来的技能、是否有一种开放的心态拥抱变革而不断提高自己等选择。

关于“智能化带来的冲击”，受访者的担心和顾虑最多的关键词有：安全性、失业、管理层重视、信息化基础、资金投入、实施效果、人员素质等。见图9－10。安全依然是会计信息化关注的重点，失业成为会计人员最担心的问题之一，人员素质也成为会计人员关注的重要方面。

图9－10　智能化带来的冲击

面对信息技术的影响，面对失业的威胁，在“会计人员应对转型的方式和学习方向”的选择上，学习成为大多数受访者的首选方式，业财融合、人工智能、新技术、管理会计等是多数受访者认为的主要学习方向，也是会计人才培养的重要方向，加强数据分析能力、向管理会计转型是多数受访者的共识。见图9－11。

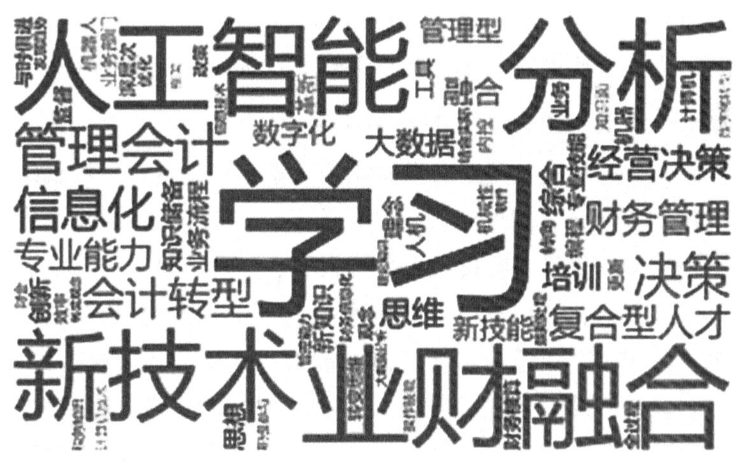

图9－11　会计人员应对转型的方式和学习方向

四、智能财务发展展望

（一）智能化背景下会计人员的能力培养方向

随着大数据、人工智能、移动互联网、云计算、物联网、区块链等新一代信息技术的创新迭代和应用落地，新技术在财务领域应用也受到越来越多的关注。然而，从传统的会计核算到引入财务机器人实现财务自动化，再到未来的财务智能化，新技术的应用只是智能工具的优化和管理能力的提升，无法完全取代会计人员的综合处理能力和判断能力。通过调查可以发现，随着企业智能财务应用的深入，会计人员通过对智能技术新认知、数据分析、业财融合、懂业务的复合型财务、价值创造型财务等能力的提升，得以培养自身综合素质，从而适应智能化背景下会计转型升级。相比 2020 年，受访者认为“以人为主，智能计算机只是辅助而已”的比重有所增加，因此，智能化背景下的会计人员的能力培养将会是未来面临的一项重大课题。

（二）组织因素仍然是企业推动智能财务的关键因素

“大智移云物区”等广义智能技术，使财务流程更加自动化、财务场景更加智能化、财务决策更加数字化，也是智能财务建设的重要因素之一。2020 年和 2021 年的调查均显示，组织因素的关键程度高于技术因素、人员因素、财务因素。在组织因素中，尤其是“领导或管理层实施新项目的重视程度和决心”“领导或管理层对智能财务的价值认识”两个因素明显高于其他因素。通过调查发现，智能财务建设是一个系统性工程，关键影响因素也较多，既要考虑组织因素的关键作用，也要关注信息系统和信息技术的因素作用，因此企业需要考虑各种不同关键因素对智能财务建设的影响作用。

（三）智能财务的建设具有一定的高回报效益

智能财务建设不是一项重在短期回报的业务变革，而是企业一项长期的投入项目，只有对其进行长期的投入，才能得到持续性的收益。虽然智能财务建设过程中的模式升级、系统建设、工具修复等需要投入大量的人力、财力、时间，但从调查可以看出，使业务流程标准化和智能化、提高企业管理和控制水平是企业主要的收益来源，而对降低企业经营成本、增强企业适应市场竞争的能力、支撑企业快速扩张等收益关注度不高。与此同时，虽然智能财务建设需要加大科技投入的比率，但更需要企业在智能财务建设中坚定改革意识，尽可能地持续投入、持续开发，以发展的眼光看待智能化进程，而不要拘泥于眼前的成本与利益的短期回报。

（四）智能财务将强调孵化合作和生态建设

财务智能化建设依托于科技赋能，强调智能化意识对财务转型整体的统筹布局。智能财务的重要目标之一是完成企业数字化的可持续发展，建立企业内部计划、采购、生产、仓库、物流、销售，以及与供应商、客户关系的数字化生态。在智能财务建设过程中企业的发展潜力能够通过具体、细化的目标逐渐释放出来，如加强渠道融合、建立数据评估体系等可执行目标，达到降本增效、价值创造的管理目标。

（五）智能财务建设将促进企业建立数字化人才激励机制

财务人员的技术能力水平是企业智能财务转型的关键指标，建立全面、复合型的财务人才队伍对财务智能化建设有着重要的推动作用。未来企业需要制定晋升渠道、福利待遇、绩效考核等政策制度激发财务老员工、吸引新员工，并通过激励机制提高企业财务人员对于智能化战略的感知、对数字化创新的热情、对数字化建设的思考，激发财务人员自主地投入智能财务的建设中去。同时，企业要积极主动地避免和解决领导层不重视、人才转型速度慢、资金不到位、信息系统落后、数据资产可用性低等智能财务建设和应用的担忧问题。

在未来，智能财务仍然是热门话题及企业重要创新改革方向之一，财务智能化建设将与企业各个业务中枢密不可分，基于大数据的分析预测、模型建立、管理决策，是企业数字化转型的重要抓手，是企业打破旧壁垒的技术引擎，是企业突破格局谋发展的坚实基础，能助力企业完成新时代的转身。

未来的智能财务实践将向“大智移云物区”等新技术应用的高级阶段迈进，即强智能阶段。在该阶段中，主要是对人工智能技术中的认知智能的运用，即模拟人类大脑的概念理解和逻辑推理能力，进一步形成概念、意识和观念。认知智能将促进财务共享服务效率提升。企业财务智能化转型将是涵盖业务活动、财务会计、管理会计、管理活动的全面共享，并将智能技术融入全面共享中，极大程度地提高财务共享服务的效率。

结 语

会计一直在变革中前行。今日之社会已经进入一个以“数字技术、人工智能、万物互联”为代表的第四次科技与产业革命时代。在这个新时代，人类社会的生产生活方式、消费形态、经济范式、管理模式和营商环境都发生着复杂的、系统的和深刻的变化。会计作为服务于经济和管理工作的经济信息系统，正面临着百年未有之大变局。

一、会计是古老的、是社会的，它不会消亡

从远古的结绳记事、刻记记事（计数），到近代意大利帕乔利的复式簿记，再到会计电算化、会计信息化；从开始只是“生产职能的附带部分”，在“生产时间之外附带地把收支及支付日期等记载下来”，到后来“从生产职能中分离出来，成为特殊的、专门委托的当事人的独立的职能”。纵观会计发展的悠久历史，不难发现，会计发端于社会生产力和科学技术的不断发展，起源于由此带来的社会财富的不断丰富以及管理和分配这些财富的不断需求。可以说，从会计产生的那一刻起，它就是社会化大生产的产物。发展到今天，现代会计已经成为以公司制为代表的现代商务世界的底色，它不仅是现代商业制度化的起点，也是记录现代商业繁荣发展的技术基础和通用商业语言。

只要发展社会经济，就离不开市场。市场不仅是配置资源的基础性手段和决定性力量，也是发展经济和治理经济必须坚守的经济制度信仰和体制机制底线。只要发展市场经济，就离不开对它的科学管理，而科学管理须臾离不开会计。会计的重要性在于解决由企业“两权分离”所带来的信息不对称，在于维护产权制度和明确利益关系。信息公开透明是市场公平、公正和有序的基础，是价格形成、企业决策和社会理性的前提；产权清晰是发挥市场配置资源决定性作用和更好发挥政府作用的基石；利益驱动和责权统一是经济发展、社会进步和文化繁荣的动力。在可以预见的未来，经济与管理必不会缺席于人类经济社会的繁荣进步，会计的管理需求也将更加迫切。

经济越发展，会计越重要，会计永远不会消亡！

二、会计是技术的，它需要变革

会计是社会的，同时它也是技术的。会计的技术性至少包括内在和外在技术性这两个方面，会计的变革源于会计内在技术性与外在技术性的辩证呼应。伴随着第四次科技浪潮的兴起，人类社会的经济业务、企业形态、管理场景都已或都将发生根本性变化。当前，由于“大智移云物区”等新一代信息技术的迭代发展，会计从来没有面临像今天这样严峻的冲击和挑战。以记账、算账、报账为主要内容的会计核算，或将被智能财务机器人所替代；人机次第联结去模拟或实现人的会计思维和财务决策也即将成为现实；以出纳、审核、分录、成本、总账、报表为主要表现的低端会计岗位，或将被以预算、司库、风控、税务筹划、数据分析、战略财务、咨询与服务为主要表现的中高端会计岗位所取代。与此同时，在信息技术推动下，会计也逐步实现了从刻画时代到手工会计，再到电气时代的会计电算化，又到互联网时代会计信息化的进阶式转变。在新一代信息技术的引领下，会计要借助大数据和人工智能等技术，聚焦价值管理和数字运营，实现会计核算自动化、会计决策智能化、会计分析可视化、会计服务共享化、会计系统云端化和业务财务一体化。智能时代的会计，将以数字经济为前提、业财融合为基础、财务共享及云会计为平台、人工智能为支撑，在宏观和微观经济管理领域主要发挥大数据分析和辅助决策信息支持的作用，实现人机协调、协同进化。

会计是古老的，是社会的，也是技术的。它将随着社会经济和信息技术的发展，不断变换形态，完成变革，完成历史赋予它的神圣使命。

经济越发展，社会越进步，技术越先进，会计也将越发重要，其变革将一直持续。

参考文献

[1] 成政. 基于 XBRL 的网络财务报告及其在我国应用研究 [D]. 厦门：厦门大学，2008.

[2] 叶民. 上海市老年护理院财务管理系统的设计与实现 [D]. 成都：电子科技大学，2011.

[3] 张庆龙，董皓. 财务共享服务模式探讨及其选择 [J]. 中国注册会计师，2012 (2)：66－69.

[4] 林莉莉. 我国中小企业会计信息化的云计算应用模式研究 [D]. 北京：中国财政科学研究所，2014.

[5] 张立亨. 基于利益相关者的财务会计报告模式研究 [D]. 济南：山东大学，2013.

[6] 许金叶，朱鸯鸯. 区块链信息技术对会计监督的影响研究 [J]. 会计之友，2018 (1)：156－160.

[7] 陈曙光. 会计集中核算到财务共享服务的发展分析 [J]. 中国管理信息化，2020，23 (9)：55－57.

[8] 陈曙光. 基于 XBRL 的财务报告与账簿体系的协同发展分析 [J]. 中国乡镇企业会计，2014 (10)：211－212.

[9] 吕志明. XBRL 财务报告研究 [D]. 天津：天津财经大学，2011.

[10] 陈曙光. 网络财务报告发展分析 [J]. 山西高等学校社会科学学报，2013，25 (10)：13－15.

[11] 曾雪云，马宾，徐经长，等. 区块链技术在财务与会计领域的未来应用：一个分析框架 [J]. 财务研究，2017 (6)：46－52.

[12] 谢诗芬. 会计信息化：概念、特征和意义 [J]. 湖南财政与会计，1999 (11)：34－36.

[13] 聂钰珊，张丽. 论区块链会计发展的影响及展望 [J]. 财政监督，2018 (23)：89－94.

[14] 应唯. 携手共进，积极稳妥 推进我国会计信息化标准建设——在首届

XBRL GL 研究介绍暨会计财务信息标准化、内部控制和风险管理研讨会上的讲话[J]. 新会计，2009（11）：3－6.

［15］余蓉晖. 论信息技术与会计系统变革［D］. 广州：暨南大学，2000.

［16］孙甲. TCL 集团财务共享服务模式的案例研究［D］. 桂林：广西师范大学，2016.

［17］陈曙光. 会计电算化下企业内部控制的完善［J］. 中国乡镇企业会计，2013（9）：194－195.

［18］陈曙光. 会计中的信息技术应用及其影响分析［J］. 财会学习，2021（36）：64－67.

［19］薛阳. B 企业财务共享服务中心模式选择分析［D］. 西安：长安大学，2018.

［20］陈楚天. 企业财务共享服务中心模式创新研究［J］. 财会通讯，2012（23）：65－66.

［21］刘勤，杨寅. 改革开放 40 年的中国会计信息化：回顾与展望［J］. 会计研究，2019（2）：26－34.

［22］唐大鹏，王伯伦，刘翌晨. "数智"时代会计教育重构：供需矛盾与要素创新［J］，会计研究，2020（12）：180－182.

［23］李闻一，刘勤，范文林，等. 智能财务赋能经济高质量发展［J］. 会计研究，2020（11）：187－189.

［24］莫尔迪恩，滕晓东. 信息技术与会计理论实践的融合研究［J］. 会计之友，2021（7）：2－8.

［25］周卫华. 信息技术对会计理论与实务影响的演变与发展［J］. 会计之友，2019（5）：120－124.

［26］于瑞华. 信息技术时代会计的发展方向：事项法会计［J］. 财会月刊，2006（17）：64－66.

［27］欧阳电平，陈潇怡. 论信息技术环境下会计信息系统的演进［J］. 武汉大学学报（人文科学版），2004（4）：437－442.

［28］阎达五，张瑞君. 关于利用信息技术建立会计教学新模式的思考［J］. 会计研究，1998（11）：1－6.

［29］王跃堂，毛旦霞，罗慧. 会计的核心竞争力：信息技术的挑战与展望［J］. 会计研究，2004（1）：65－68.

［30］蔡立新，王琳惠. 论会计信息系统可信性保障机制——基于区块链技术［J］. 财会月刊，2017（22）：10－14.

［31］张媛，董成杰，张轲珍，等. 新时代会计与治理创新研究——中国会计学会

2020 年学术年会观点综述［J］．会计研究，2020（12）：183－185.

［32］中国会计学会会计信息化专业委员会．辉煌历程：中国会计信息化 30 年［M］．北京：中国财政经济出版社，2009.

［33］钱大伟．云计算环境下我国中小企业会计信息化建设研究［D］．南京：南京大学，2016.

［34］苌道琪．浅谈大数据时代的财务转型［J］．中国国际财经（中英文），2018（5）：42－44.

［35］吴晶晶．业财融合下的财务管理问题研究［D］．北京：首都经济贸易大学，2018.

［36］高策然．×集团财务共享服务中心运营效果及其优化研究［D］．衡阳：南华大学，2018.

［37］钟玮，贾英姿．区块链技术在会计中的应用展望［J］．会计之友，2016（17）：122－125.

［38］孙玫．我国中小企业会计信息化之云会计模式研究［D］北京：．首都经济贸易大学，2017.

［39］田高良，陈虎，孙彦丛，等．“大智移云物”背景下的财务转型研究［J］．财会月刊，2019（20）：3－7.

［40］石汝贵，张景胜，丁姗姗．区块链技术与会计变革探讨［J］．金融会计，2019（2）：22－26.

［41］樊斌，李银．区块链与会计、审计［J］．财会月刊，2018（2）：39－43.

［42］郭道扬．会计史研究：历史·现时·未来（第三卷）［M］．北京：中国财政经济出版社，2008.

［43］严行方．会计简史：从结绳记事到信息化［M］．上海：上海财经大学出版社，2017.

［44］吕廷杰．信息技术简史［M］．北京：电子工业出版社，2018.

［45］会计信息化委员会秘书处（财政部会计司）．会计信息化委员会暨 XBRL 中国地区组织成立大会专辑［M］．北京：中国财政经济出版社，2009.

［46］曲吉林．信息技术与会计变革［M］．北京：中国财政经济出版社，2010.

［47］刘勤，吴忠生．智能财务研究蓝皮书（第一辑）［M］．上海：立信会计出版社，2021.

［48］何日胜．云会计［M］．北京：清华大学出版社，2017.